新发展格局下的中国经济

余淼杰◎著

科学出版社
北 京

内 容 简 介

“十四五”期间，中国要立足新发展阶段，贯彻新发展理念，构建新发展格局，推动中国经济的高质量发展。那么，如何在新发展格局下发展中国经济？本书从“十四五”期间中国将要发生的重大变化入手，从区域经济一体化与全球价值链重构、国内国际“双循环”新发展格局构建、中美经济展望三方面展开阐述，从多个角度系统全面地分析了新发展格局和中国经济面临的新挑战，以期以中国经济的“双循环”为主要推手，助力构建中国经济的新发展格局，实现在大变局中开好新局。

本书包含北京大学余淼杰教授的时评、专访和策论，内容深入浅出，观点新颖鲜明，论证扎实可信，适合希望了解中国经济的广大读者阅读。

图书在版编目（CIP）数据

新发展格局下的中国经济/余淼杰著. —北京：科学出版社，2021.9

ISBN 978-7-03-069630-4

Ⅰ. ①新… Ⅱ. ①余… Ⅲ. ①中国经济-经济发展-研究 Ⅳ. ①F124

中国版本图书馆 CIP 数据核字（2021）第 175830 号

责任编辑：杭 玫 李秉乾/ 责任校对：贾娜娜

责任印制：霍 兵 / 封面设计：润一文化

科学出版社 出版

北京东黄城根北街 16 号

邮政编码：100717

http://www.sciencep.com

三河市春园印刷有限公司 印刷

科学出版社发行 各地新华书店经销

*

2021 年 9 月第 一 版 开本：720 × 1000 B5

2021 年 12 月第二次印刷 印张：18 1/2

字数：275 000

定价：185.00 元

（如有印装质量问题，我社负责调换）

作 者 简 介

余淼杰，北京大学博雅特聘教授、教育部长江学者特聘教授、国家杰出青年基金获得者、北京高等学校卓越青年科学家、美国加利福尼亚大学戴维斯分校经济学博士、黄廷方/信和青年杰出学者。系北京大学国家发展研究院党委书记；任中华人民共和国商务部经贸政策咨询委员会委员、中国国际研究联盟秘书长，是全球经济管理类前 1%高引论文经济学家。中华人民共和国商务部主办的《国际贸易》《长安大学学报》执行主编，*Review of International Economics*、*China Economic Journal* 副主编。曾被联合国、亚洲开发银行、中华人民共和国财政部、中华人民共和国商务部、国务院参事室和多个地方政府聘为专家顾问。曾被专门邀请到联合国总部做中国经济发展报告。主要研究领域为国际贸易和中国经济发展。曾在 *Economic Journal*、*Review of Economics & Statistics*、*Journal of International Economics*、*Journal of Development Economics*、《经济研究》、《管理世界》等国内外顶级一流期刊上发表论文 150 多篇，出版中英文专著、教材、时评随笔十余部。

独著论文曾获英国皇家经济学会奖，是首位获得该奖的华人经济学家。曾获吴玉章人文社会科学奖、张培刚发展经济学优秀成果奖、教育部高等学校科学研究优秀成果奖、北京市哲学社会科学优秀成果奖，并五次获得安子介国际贸易研究奖。

著作《加工贸易与企业生产率》获刘诗白经济学奖、胡绳青年学术研究奖、全国贸易发展研究奖、中国青年经济学家奖。同时教学深得学生好评，曾获北京大学教学优秀奖、北京大学教学教材奖，为教育部首批中国经济学教材之《中国开放型经济学》主编。为《人民日报》海外网专栏作家，时评《余淼杰谈中美贸易》《“贸”似如此》曾被评为当当、亚马逊最佳外贸畅销书。

在 2018 年北京大学百廿校庆中，作为北京大学中青年优秀教师代表受到习近平的亲切接见。2019 年和 2021 年分别作为国家杰青 25 周年优秀代表和专家代表参加由李克强主持的座谈会。

目　　录

一、导　　论

"十四五"期间中国将要发生的大变化……3
中国经济发展助力精准脱贫……15
中国应如何推进地区经济贸易合作?……21
拜登政策的本质……27

二、时　　评

自由贸易区"添丁"，中国加快构建全面开放新格局……35
全球化并未逆转，中国开放重在多元化发展……39
自由贸易区扩容，中国全面开放新格局正加快形成……46
第四季度中国可能会出现报复性消费……49
中美大变局下的中国经济"双循环"……52
党的十九届五中全会将"创新"提升到前所未有高度的深刻意涵……65
RCEP 助力大变局中的中国经济"双循环"……73
如何应对中国在服务贸易领域的三大挑战?……78
发展要兼顾城乡协调和区域协调……83

三、热点访谈

（一）区域经济一体化与全球价值链重构

全球供应链不可能“去中国化”，后疫情时代经济发展应把握数字导向和知识密集……90
RCEP“扩大朋友圈”对亚太经济贸易发展有三大意义……93
RCEP 开启区域经济一体化新篇章……95
RCEP 为新冠肺炎疫情下全球经济复苏注入新动力……97
相互开放利于中国企业开拓日韩市场……100
全球最大自由贸易区落定，看 RCEP 如何冲破内卷……102
RCEP 时代是最好战略机遇期，企业应多元化布局……109
全球形成三个经济贸易圈并立格局，中国应该扩大对新兴国家的出口……112
国内企业应做好出口多元化布局……114
从 RCEP 到 CPTPP，开启更开放的未来……115
从 RCEP 到 CPTPP，发力区域经济贸易合作，做好经济“外循环”！……121
全球化呈现新趋势：区域经济贸易合作成主流……124

（二）国内国际“双循环”新发展格局

自由贸易区七年六扩容，将为新发展格局积累哪些经验？……134
2020 年制定实施首批综合授权事项清单……139
GDP 数据公布前，中国成了 IMF 的“全球唯一”……145
北京大学师生热议习近平在深圳特区建立 40 周年庆祝大会上的讲话……149
浙江要在构建新发展格局中当好“领头羊”……158
成都要用好双机场优势，打造自由贸易空港……160

成渝可以“前店后厂” ……165
比较优势不明显时，产业如何错位发展？……168
《非凡“十三五”：外贸从大到强》……169
中国 24 个省份 2020 年前三个季度经济正增长 全国年增长约达 2.5%……173
党的十九届五中全会精神解读 ……175
进博会：新时代共享未来，“双循环”相辅相成……178
在开放中创造机遇，在合作中破解难题……183
读懂党的十九届五中全会精神，理解“双循环” ……185
“十四五”时期要素市场化配置：破除壁垒，实现城乡双向流动……187
“放管服”改革深化，数字经济市场准入放宽，平台经济将迎利好！……192
上海作为科创产业的策源地，是推动国内国际“双循环”彼此促进的重要枢纽……195
中国官方别具匠心，为困难企业设立“休眠期” ……200
2020 年中国无惧新冠肺炎疫情，提前实现脱贫目标 ……202
《中欧双边投资协定》完美收官 给世界经济复苏吃下一颗定心丸……205
“世界经济持续波动，中国经济一边独好”，外贸好形势将持续……208
构建“双循环”六大建议！保证居民收入持久性上升 ……213
中国网民近 10 亿　农村占三成　数字经济扶贫成效显著……218
脱贫攻坚战取得全面胜利，国家乡村振兴局挂牌接力 ……220
虹桥国际开放枢纽引领构建全面开放新格局，推动长江三角洲一体化发展……226
新发展理念引领高质量发展 ……230
做好开局，2025 年中国 GDP 有望超过美国……235
构建新发展格局的重点是要做好“双循环”工作 ……240
促进外贸外资稳中提质，贸易数字化是关键……244
为什么中国对增速目标的态度在改变？……250

相约 2035 展望社会主义现代化壮美图景 ……255
何为新发展，如何高质量——解读中国五年规划发展密码 ……259
企业出口目标应向新兴市场倾斜，未来需考虑中日韩三国的自由贸易区建设 ……261

（三）中美经济展望

美国大选倒计时，谁能重振美国经济？ ……264
过去四年，特朗普交出了一张怎样的经济答卷？ ……267
拜登能让经济重回正轨吗？ ……273
耶伦若任美财长，美中贸易战会终止吗？ ……278
华裔美国人凯瑟琳·戴或任美贸易代表，美对华贸易会更强硬吗？ ……280
拜登急推 1.9 万亿新冠肺炎疫情救助计划，对世界经济是喜是忧？ ……282
拜登政府维持对华关税旨在赢得谈判筹码 ……285

一、导　论

“十四五”期间中国将要发生的大变化

国际货币基金组织预测2021年第四季度全球将摆脱新冠肺炎疫情的影响

我们现在用“三新”来刻画中国目前的阶段：立足新发展阶段，贯彻新发展理念，构建新发展格局。新发展阶段是指“十四五”开局，中国将进入新发展阶段。新发展理念在“十三五”规划中提出，包括创新、开放、协调、绿色、共享。新发展格局最重要的环节是建立以国内大循环为主体，国内国际双循环相互促进的新发展格局。新发展格局于2020年提出：2020年5月14日，中共中央政治局常务委员会会议讲得很清楚，“充分发挥我国超大规模市场优势和内需潜力，构建国内国际‘双循环’相互促进的新发展格局”。换言之，中国的比较优势不再是劳工比较便宜，而是超大规模的市场优势及内需的巨大潜力。7月30日，中共中央政治局会议也谈到这点，用的词是“加快形成”，因此可以看到中央对“双循环”的定位在不断提高。不过要强调一点，以国内大循环为主体，绝对不等于闭关锁国。因为目前中国经济体量是15.8万亿美元，大约占全球经济的18%，但是世界上还有约82%的经济，如果关起门来，再怎么做也是约18%，会失去约82%的市场。因此我们在讲国内大循环时，绝不是说要闭门造车。明确了这一点后，我想从四个方面谈新发展格局。第一方面，新发展格局下的背景是什么？第二方面，新发展格局下，中国面临哪些新的挑战？第三方面，构建新发展格局，中国有哪些潜在的优势？第四方面，如何做好中国经济“双循环”？

第一方面，新发展格局下的背景是什么？国际货币基金组织（International Monetary Fund，IMF）2020 年对全球经济研判的数据，一年调整了三次，最新的一次是 2020 年 10 月的调整，当时 IMF 对全球的经济判断是全球经济大概率会下滑，全球经济下滑 4.4%，美国下滑 4.3%，只有中国预计保持正的增速，为 1.9%。中华人民共和国国家统计局（简称国家统计局）的数据已经公布，2020 年中国的经济增速是 2.3%，美国的数据也公布了，下滑 3.5%。新型冠状病毒肺炎（简称新冠肺炎）疫情后中国的国内生产总值（gross domestic product，GDP）已到美国的 77%。2019 年，美国经济是 21.43 万亿美元，中国经济是 14 万亿美元，中国经济是美国经济的 2/3。新冠肺炎疫情后，中国上升 2.3%，美国下滑 3.5%，同时人民币也经历了升值，美国 2020 年的 GDP 是 20.3 万亿美元，中国的 GDP 是 15.8 万亿美元。换言之，2019 年中国占美国经济的 67%，2020 年中国已经占美国经济的 77%。各国什么时候能从新冠肺炎疫情的影响中恢复？从数学上来讲，代表世界平均水平的线应该在发达国家和发展中国家间，但是我们发现世界水平的线在发达国家和发展中国家之上，如图 1 所示。

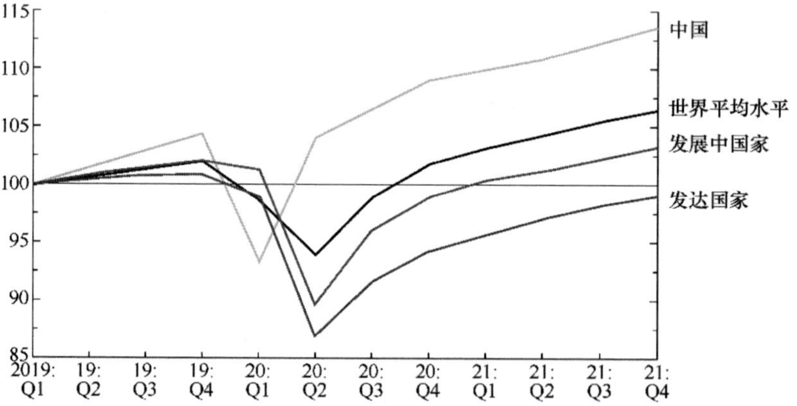

图 1　世界 GDP（季度水平）（截图）

中国经济是一枝独秀，第一季度虽然有略微的下跌，但反弹后又实现了平稳增长。根据 IMF 的判断，2021 年第四季度全球将摆脱新冠肺炎疫情的影响。从图 1 中可见，在 2021 年第四季度时，发达国家开始接近原来 100%的初始水平了。

新发展格局下，中国面临的两大挑战

第二方面，新发展格局下，中国面临哪些新的挑战？我们处于百年未有之大变局,大变局下我们面临哪些挑战？我觉得可以从两方面理解。第一，以世界贸易组织（World Trade Organization，WTO）为代表的多边经济贸易合作机制停滞不前。第二，全球价值链面临断裂的风险。

第一，以 WTO 为代表的多边经济贸易合作机制停滞不前。有以下三个证据。一是特朗普政府的贸易保护主义。特朗普政府执政的 4 年间一直推行贸易保护主义和贸易单边主义，奉行美国优先政策，不只针对中国，也针对其他国家，对中国主要采取征收高关税的贸易单边主义政策。二是 WTO 的争端解决委员会在 2019 年 12 月 11 日之后陷于瘫痪。因为争端解决委员会有 7 位大法官，裁决一个案件需要 3 位大法官，以前 WTO 运行得很顺利，但是目前美国阻拦 4 位大法官的任命，所以勉强剩下 3 位大法官能继续工作，但是这 3 位大法官中又有 2 位因为已经任职两届不能继续干了，于是这 2 位大法官也退出了，目前实际上只有 1 位大法官，即中国的代表赵宏，但是赵宏在 2020 年 11 月离任了，于是另外 1 位大法官接任，所以目前只有 1 位大法官，这样导致 WTO 无法解决两个国家的贸易争端。换言之，WTO 已经退化成为它的前身关税及贸易总协定了。三是美国不断“退群”，特朗普上台后就退出了跨太平洋伙伴关系协定（Trans-Pacific Partnership Agreement，TPP）和 WHO，并放弃了之前美国所做的许多气候方面的多边协议。

第二，全球价值链面临断裂的风险。我们看到 2020 年上半年的论调很有“意思”：许多声音一直强调外资从中国撤资，产业从中国转移回欧美。这也是我们目前构建新发展格局面临的新挑战。

中国发展经济“双循环”的优势

第三方面，构建新发展格局，中国有哪些潜在的优势？中国发展经济“双循环”的优势有哪些？我认为至少有四点潜在优势。第一点是巨大的市场规模。我们有 14 亿人口，4 亿中等收入群体，人均 GDP 也达到 1 万美元，接近中等收入国家水平。巨大的市场规模有两个概念值得强调：第一个概念是随着地区贸易壁垒的不断协作，国内一个统一大市场正在形成；第二个概念是中国经济已经达到美国经济的 77%。假设中国每年经济增速是 5.5%，假设美国也从新冠肺炎疫情中恢复，美国每年经济增速比较好的话是 2%。再假设人民币的汇率在 2022 年底升值到 1 美元兑 6 元的话，那么在 2025 年中国的“十四五”规划完成后，中国经济将超过美国成为全球第一大经济体。第二点是中国全产业链的比较优势。在联合国调查中，中国是唯一一个具有联合国所列的所有工业门类的国家，包括 41 个大类，207 个中类，666 个小类的完整工业体系。我们观察 2019 年中国的海关出口数据可以发现，中国的出口产品在海关 HS6 位编码下的出口产品是 7932 种。如果我们再细化，细到跟美国一样 10 位编码的水平的话，那么中国的出口产品是 14 000 多种。第三点是中国的产业集聚有利于专业化的分工。中国的生产非常有特色，它的每一座城市都有一个亮丽的工业名片，是产业集聚的现象，如深圳和东莞做电子、汕头做玩具、廊坊做家具、邢台做羊绒。产业集聚有什么用？产业集聚可以帮助企业降低固定成本，实现规模经济递增，获得更高的利润。中国的规模以上（年销售在 2000 万元以上的企业）工业企业，基本上都分布在工业园区附近或者里面，这跟我刚才所提的产业聚集现象也高度吻合。第四点是交易成本优势。这点可以与刚才提到的全球价值链断裂的风险相结合。我刚才提到有些产业要撤离中国的市场，特别是一些劳动密集型产业，但是能不能撤回欧美？答案是否定的。可以从劳动、市场两个角度分析这个问题。第一，劳动。劳动密集型产业顾名思义是劳力密集投入，所以应对比两个指标：劳工成本和劳动力生产率。中国劳工成本在沿海地区差不多是 750 美元，美国是 4200 美元，中国的劳工成本只有美国的 1/5 左右，但中国的生产率差不多是美国的一半，美国劳工做一双鞋需要一个小时，中国劳工大概需要两个小时，尽管中国的生产率只有美国的一半，但中国的劳务工成本约为美国的 1/5，因此中国在这方面是有比较优势的。第二，市场。中国有靠近市场的优势，若美国将诸多劳动密集型产业转移到国内，其主要的市场还是在中国，美国还得把产品跨过太平洋运输到中国卖，运输成本是很高昂的。因此，外资撤离中国，不符合企业利润最大化的要求。当然我们也应客观地看到，劳动密集型产业不去欧美，不代表它们一定会留在中国。事实上，劳动密集型产业正在向东南亚国家转移。因为东南亚国家劳动力成本更低，如越南、孟加拉劳工成本只有中国的 1/4 左右，但是他们的劳动生产率却达到中国的一半，因此这些东南亚国家在劳动力方面更有比较优势，但资本密集型产业还会留在中国。因为资本密集型产业，除需要劳工外，还需要全产业链的配套，东南亚国家是没有具备这个条件的。

如何做好中国经济“双循环”

第四方面，如何做好中国经济“双循环”？涉及两点：一是关于“内循环”；二是关于“外循环”。关于“内循环”，我认为应该做好五件事情。第一件：用公开、公正、公平的原则来推进要素的市场化配置。2020 年 4 月，中央出台了《中共中央 国务院关于构建更加完善的要素市场化配置体制机制的意见》，这份文件中提出的要素除了常见的土地、劳工、资本外，还提出了一种新要素：数据。数据作为生产要素写进中央文件是有史以来第一次。10 月，《深圳建设中国特色社会主义先行示范区综合改革试点实施方案（2020—2025 年）》也强调了数据产权保护规则，同时也强调土地的供给要增加，除了保证基础农田外，要允许一些农业用地转化成为建设用地。其实这点主要是为了控制好房价。同时我们也要做好各种企业间协同发展。既要保证做大做强国有企业，又要保证中小企业民营企业充分发展。因为民营经济贡献了中国 50%的

GDP，60%的税收，70%的创新，80%的就业，还有 90%的企业数目，因此民营经济也非常重要。

第二件：要构建全面开放新格局来推进贸易的自由化。构建全面开放新格局，是在十九大明确提出来的。我认为构建全面开放新格局要做两件重要的工作：一是自由贸易试验区；二是自由贸易港。我们先来看自由贸易区工作的进展。2013 年开始我们建立了上海第一个自由贸易试验区，目前我们已经有 21 个自由贸易试验区。我的判断是在“十四五”完成时，甚至不用到“十四五”完成，在未来一两年内自由贸易试验区会实现胡焕庸线以东全覆盖。胡焕庸线以东目前只有吉林、山西、江西和贵州四省没有自由贸易试验区，在 2021 年或 2022 年，这四省将会建立自由贸易试验区。那么，自由贸易试验区到底能做什么？

（1）准入前国民待遇加负面清单。外国投资者进入自由贸易试验区投资，受准入前国民待遇，对外国企业与国内企业一视同仁。负面清单也是一个进步。以前我们采用正面清单的方式，在清单上列出来鼓励型产业、限制型产业、禁止型产业。负面清单反过来讲，意即在负面清单上的产业不能投资，但不在这个清单上的产业，法无禁止即可为。

（2）推进投资便利化。也就是平时所讲的“一线放开、二线管住”。产品进入自由贸易试验区，主要做加工出口，不用交进口关税，另外进行单一的窗口管理，实施数据多跑腿，企业少跑腿，促进投资便利化。

（3）进行金融方面试点改革。金融方面试点改革客观来讲，相对贸易方面改革进展缓慢。主要是因为金融方面的改革有一个放大效应，因此要比较谨慎。而且从事实上来讲，在一个小的区域内，如在 20 平方千米的自由贸易试验区实现成功并不代表放开到全国能取得一样的成功。

（4）简政放权。改事前审批为事中事后监管报备，这也是作为改善营销环境的重要举措。2020 年 6 月出台的《海南自由贸易港建设总体方案》基本上分两步走，在 2025 年“十四五”规划完成时实现一个早期收获，2035 年初步实现社会主义现代化时达到全面开放。早期收获的意义在于，实现商品的自由流动和要素的自由流动。商品的自由流动已经基本实现了，因为通过实施零关税政策基本就可以实现。现在要实现要素的自由流动，包括人员、数据、资金等，重点在于推进贸易的自由化和投资的便利化。全面开放的重点在于制度创新，主要包括制度集成创新。具体一点儿，如个人所得税，我们目前是累进税，年收入 100 万元以上就会采用 45%的高边际税率，但是在海南，不管年收入是 100 万元还是 1000 万元，最高税率都是 15%，类似于新加坡和中国香港的水平，强调在贸易方面做好防走私的工作，在金融方面要做好防诈骗的工作。但是，当我们讨论海南自由贸易港时，我们不应该把自由贸易港理解为河港或海港。因为内陆城市也能搞“自由贸易港”，如果一座城市有两个机场，是有可能搞自由贸易空港的，一个机场通常只能满足客运，无法满足太多货运需要，而两个机场可以在满足客运需求的基础上，满足自由贸易港所需承载的货运需要，因此，北京、上海、南京、成都等都是有可能的。

第三件：推进贸易的自由化与投资的便利化。国务院办公厅出台了《国务院办公厅关于进一步做好稳外贸稳外资工作的意见》，提出了 15 项工作措施，目标是推进“六稳”（即稳就业、稳金融、稳外贸、稳外资、稳投资、稳预期）。很多观点把“六稳”理解成一个平行的关系，我认为“六稳”是一个循序渐进的过程。稳预期是起点，告诉大家中国目前正面临百年未有之大变局，以及新冠肺炎疫情给中国带来了困难，给其他国家也同样带来了困难。稳就业是终极目标，一切都是为了稳就业。而为了稳就业，则必须通过四种方式来实现，即稳外贸、稳外资、稳投资、稳金融。

第四件：通过积极的财政政策和稳定的货币政策扩大居民的消费。现在很多人说我们要拉动内需，扩大消费。这是对的，但事实上不容易。因为要扩大消费，必须做到两点。第一点，保住就业。稳就业的前提是稳企业，企业不能倒闭，因此要通过稳健的货币政策对中小微企业纾困。2020 年 3 月，中国人民银行召开了一个重要会议，其实有两层意思，第一层扩总量，第二层调结构。具体的工作是增加 3000 亿元专项再贷款，5000 亿元再贷款再贴现，投放到市场的这 8000 亿元能够使中小微企业活下去。第二点，增加可支配收入。可支配收入要想增加，就要减税降费，而减税降费的钱来自积极的财政政策。那么，针对积极的财政政策我们先要回答两个问题：钱从哪里来？钱用到什么地方去？首先，关于钱从哪里来的问题。2020 年我们有 28 万亿元左右可以用，原来的财政赤字约为 19.7 万亿元，2020 年财政赤字约为 3.76 万亿元，特别国债增加 1 万亿元，地方专项债券 3.75 万亿元，这是中国能用的钱。中国应对新冠肺炎疫情约有 5.4 万亿元的财政刺激规模，包括再贷款约 1.8 万亿元、新增财政赤字约 1 万亿元、抗疫特别国债约 1 万亿元、地方专项债券约 1.6 万亿元。其次，关于钱用到什么地方去的问题。第一，新增 2 万亿元全部投向地方县级基层，钱一定要到基层去抗疫。第二，支持“两新一重”（新型基础设施、新型城镇化及交通、水利等重大工程）。“两新一重”对拉动中国经济发展是非常重要的。通过“两新一重”推动“四化融合”（新型工业化、信息化、城镇化和农业现代化）。这里要指出一个误区，工业化和城镇化不是必然联系在一起的。有的国家只有城镇化，没有工业化，如南非。这种情况会导致贫民窟，因为工人来城市想打工，但找不到工作，就形成了贫民窟。有的国家只有工业化，没有城镇化，这种国家劳工成本很高，导致企业的利润很低，因此工业化的发展就成为无源之水、无本之木。新型工业化和信息化的结合，就是我们平时所讲的 5G（5th-Generation，第五代移动通信技术）+AI（artificial intelligence，人工智能）。信息化和城镇化的结合，就是我们讲的智联互通的城市。农业的现代化不必多说，特别是在东北地区，我们要推行农业现代化。

第五件：发展以都市圈、城市群为重点的区域经济一体化。中国的城市群中，长江三角洲城市群、粤港澳大湾区、京津冀城市群的经济活力最强。客观来看，相对长江三角洲城市群和粤港澳大湾区，京津冀城市群还没有连成一体。因为北京和天津经济不错，但是北三县（三河市、大厂回族自治县和香河县）相对差点。除了上述三大城市群外，成渝城市群的成都和重庆经济也不错。长江中游城市群“三足鼎立”：武汉、南昌、长沙经济不错。因此，五大城市群其实是三大城市群发展得比较好，理解了这五大城市群，也就理解了为什么我们要建湖南自由贸易试验区，湖南自由贸易试验区的作用是对接粤港澳大湾区产业向内地的梯度转移。因此，“内循环”我们要做好以上五件事。

中国经济“外循环”如何做，要回答一个问题：经济全球化的趋势还存在吗？许多人因为特朗普的贸易保护主义就怀疑经济全球化已经不复存在，实际上经济全球化依旧存在，只不过是表现形式发生了变化。经济全球化的核心是贸易全球化，贸易全球化有两个基本特征：生产地区化和贸易多边化。一个产品，不论简单还是复杂，如汽车、手机等，都是由不同的国家或地区生产其中一部分零部件，然后另一些国家或地区将其生产、装配再卖到全球各国。尽管贸易全球化出现了一些“回头浪”，但生产地区化和贸易多边化依旧没有改变。2000 年全球的贸易格局有两大中心节点：一个是以德国为核心的欧洲联盟（简称欧盟）经济贸易区；另一个是以美国为核心的亚太经济贸易区。目前的全球贸易格局也很清楚地呈现出三大中心节点，德国依然是欧盟经济贸易区的中心节点，美国是美洲的中心节点，但美国只剩下两个“小兄弟”国家，即墨西哥和加拿大，中国逐渐成为亚太经济贸易区的中心节点。三个经济贸易区联系紧密、相互相称，因此需要强调的是，这是“三足鼎立”而非三足孤立。中国经济“外循环”要做的是顺应这个潮流，推进地区经济贸易合作，以地区经济贸易合作来逐渐取代多边经济贸易合作。不是不要 WTO，只是 WTO 的地位相对会下降，而地区的经济贸易合作协议的重要性将不断提升。我认为要做以下几件重要的事：大力推进“一带一路”倡议的落地。“一带一路”有“海上丝绸之路”和“陆上丝绸之路”。“海上丝绸之路”和“陆上丝绸之路”都重要，但根据目前的经济贸易状况，中国应优先发展“海上丝绸之路”。因为中国与“海上丝绸之路”的主要国家，特别是东南亚国家联盟（简称东盟）十国的经济贸易联系远高于其他国家。在 2010 年我们签署了《中国-东盟自由贸易协定》（“10+1”），“1”指的是中国，“10”指的是东盟十国。东盟十国分 3 个层次：2 个富国（新加坡、文莱），4 个中等国家（泰国、马来西亚、印度尼西亚、菲律宾），4 个欠发达国家（越南、缅甸、老挝、柬埔寨）。中国与 2 个富国、4 个中等国家在 2010 年已实现零关税，中国与另外 4 个相对较弱的发展中国家在 2015 年实现了零关税。有了东盟的基础，2020 年签署的《区域全面经济伙伴关系协定》（Regional Comprehensive Economic Partnership，RCEP）才能够顺利落地，我们也可以看到中国对“一带一路”沿线国家和地区及东盟十国的投资远高于其他国家。因此，对于“海上丝绸之路”，我们不仅可以开展贸易，还可以投资，但对于“陆上丝绸之路”的国家或地区，我们优先发展贸易，做进口或出口，投资在未来逐步地推动，因为“陆上丝绸之路”的地缘政治比较复杂。

在签署 RCEP 之前，中国已经签署了 18 个自由贸易协议，由于 RCEP 的签署，中国现在签署了 19 个自由贸易协议——增加了日本。RCEP 从 2012 年到 2020 年最终签署经历了长期谈判，总共 15 个国家。2019 年，RCEP 签署国的贸易总额约占全球的 27.4%，人口约占全球人口的 30%，GDP 也接近全球的 30%，RCEP 是全球人口最多、经济贸易规模最大、最具发展潜力的自由贸易协定（free trade agreement，FTA）。此外，通过 RCEP，中国与日本也间接有了自由贸易协议。中国与韩国虽然也有自由贸易协议，但韩国与日本没有自由贸易协议，因此现在相当于中国与日本、日本与韩国都间接有了自由贸易协议，这是 RCEP 相对此前的协定的一个重要突破。RCEP 在商品贸易、服务贸易、投资、自然人流动四方面也有推进。

商品贸易方面有以下四点重要内容。第一点，参与国之间 90%的货物将实现零关税。有的马上实现零关税，有的则 10 年之内实现零关税。第二点，实施统一的原产地规则（rules of origin，ROO），在 RCEP 范围内可以累计计算产品附加值。例如，苹果手机是美国加利福尼亚州设计，中国生产并出口的。如果现在中国将它们卖到韩国，韩国可能会给中国一个更低的关税的好处，但前提是它们必须是从中国原产地出口，但中国原产地出口的话，必须达到相应的附加值，通常是 35%。中国在苹果手机生产中的附加值为 3%～5%，远没达到 35%。现在 RCEP 可以把 15 个国家的附加值都算上，如日本和韩国的芯片、摄像头等高附加值，若能达到 35%的话就可以享受更低的关税，这就是 ROO。第三点，禁止归零。比如中国出口一件衬衣到日本去，在日本卖 10 元，但日本同等衬衣卖 20 元，中国的售价比日本的价格低 10 元，所以日本要收中国 10 元的关税，但现在在禁止归零条款下，假设中国的一个产品出口到日本去，在日本卖 20 元，但日本国内卖 25 元，这样，中国产品比日本产品便宜 5 元，在原来的做法下，中国比别国卖得便宜的部分的不算，但现在是禁止归零，这 5 元的差价也得算上。第四点，6 小时通关。总的来说，超过 WTO 的相关规定。

服务贸易方面采用负面清单和正面清单相结合的模式。比较发达的 7 个国家采用负面清单，包括中国在内的发展水平相对较低的 8 个国家采用正面清单，但是 6 年之内正面清单必须变成负面清单。

投资方面，投资全部采用负面清单，这一点对中国及其他国家都是利好的消息，非常有利于中国企业“走出去”到东盟国家投资。

自然人流动方面，对居民及商务人士可以更方便地发放签证。

目前，中国积极表态加入《全面进步泛太平洋贸易协议》（Comprehensive and Progressive Agreement for Trans-Pacific Partners，CPTPP），要加入 CPTPP，中国可能在 4 个方面需要做出进一步的努力：知识产权、劳工标准和国有企业改革、环境保护、数据流动。

知识产权方面。2018 年博鳌亚洲论坛开始，中国一直在强调加强知识产权的保护。同时，《中华人民共和国外商投资法》（简称《外商投资法》）的落地也使得中国在推动知识产权保护方面继续向前一步。

劳工标准和国有企业改革方面。中国一再强调，要推进国有企业改革，更好地做好一些具体工作，如加强在岗培训、维护资方和劳方双方利益等。

环境保护方面。2020 年中央经济工作会议确定，“我国二氧化碳排放力争 2030 年前达到峰值，力争 2060 年前实现碳中和”，生态文明也写入《中华人民共和国宪法》（简称《宪法》）。

数据流动方面。数字经济占中国 GDP1/3 以上，一方面要做好隐私的保护；另一方面要强调对数据跨境流动的适度开放，做好云服务。

《中欧全面投资协定》（EU-China Comprehensive Agreement on Investment，CAI）对中国非常重要，CAI 是以中国为核心节点的亚太经

济贸易地区与欧盟经济贸易区的深度合作，CAI 将会扩大双方的开放，中国在制造业，特别是汽车、金融、房地产、私人医疗、国际海运，以及国有企业所经营的领域向欧盟开放。欧盟在制造业、批发零售、可再生能源，以及能源产业向中国开放，这些是双方开放的投资领域。中国未来的经济是发展数字导向型和知识密集型产业，并在这些产业链上爬升。知识密集型产业方面，中国或许会在美国和德国之后，但数字导向方面不一样，中国和其他国家相差不远，某种程度上甚至在同一个起跑线上。

总之，新冠肺炎疫情重袭之下，中国经济已经回暖，并成为全球经济表现最好的国家。2020 年全球经济增速为负，中国经济增速为 2.3%。全球化的结构和方向发生了一些变化，但全球化作为一种基本的方向并未发生变化。中国应对未来挑战最重要的是优先发展数字导向型、知识密集型产业，实现产业链的爬升，然后通过“双循环”发展中国经济，构建新发展格局。

原载于 网易研究局 2021 年 2 月 10 日 作者 余淼杰

中国经济发展助力精准脱贫

2020 年 10 月底，党的十九届五中全会在北京举行。大会做出两项重要判断：第一，随着第十三个五年规划的顺利完成，中国在中华民族伟大复兴的道路上迈出了新的一步。第二，当前中国处于百年未有之大变局，一方面中国正处在转变发展方式、优化经济结构、转换增长动力的攻关期，“三期”叠加影响持续深化；另一方面，外部环境进一步趋紧，保护主义、单边主义持续蔓延，全球动荡源和风险点显著增多。此外，新冠肺炎疫情更是对中国经济提出了巨大的挑战。尽管经济形势和国际形势都发生了巨大的变化，中国仍然处于发展的战略机遇期，机遇大于挑战。我认为这主要体现在以下两方面。

第一，中华人民共和国成立以来中国经济实现了巨大的腾飞，创造了中国经济发展的奇迹。以不变价格衡量，中国的 GDP 在过去的 70 多年增加了 174 倍。以美元现价计算，中国目前是世界第二大经济体。以购买力平价计算，中国在 2014 年就已超越美国成为全球第一大经济体。从人均 GDP 的角度来看，中国人均收入超过 1 万美元，已达到中等收入国家水平。从财政收入的角度来看，中国 2019 年财政收入为 19 万亿元，在过去 70 年间，实现了年均 12.5%的增长。从商品贸易的角度来看，中国 2019 年的商品贸易总额是 4.62 万亿元，70 年间增长了 2380 倍，位居全球第一位。从“引进来”的角度来看，中国 2020 年接受外商对华直接投资的规模为 1350 亿元，位居全球第二位。从“走出去”的角度来看，中国 2019 年对外直接投资将近 1400 亿元，位居全球第三位。在过去的 70 年间，中国经济常年保持较高的速度增长，特别是改革开放以来，中国经济增速基本保持在 10%左右。2001～2008 年的这段黄金时间，中国经济的增速甚至超过了 10%。目前，全球经济持续低迷，中国经济外需疲软，中国经济的增长速度有所下滑，但仍然能够保持在年均 6%左右的增长水平。2020 年，在新冠肺炎疫情的冲击之下，中国经济表现出了强劲的韧性，率先从全球经济下行中恢复，成为拉动世界经济的“火车头”。IMF 对中国经济 2020 年的增长率的估计是 1.9%，中国是全球主要经济体中唯一一个保持经济正增长的国家。中国有 23 个省、5 个自治区、4 个直辖市、2 个特别行政区，每个省级行政区（包括省、自治区、直辖市）的经济规模其实类似一个国家，且各个经济体的经济规模还在快速提高。例如，广东省 2017 年的经济总量与印度尼西亚的经济总量相似，2020 年的经济总量与韩国的经济总量相似。治大国如烹小鲜，巨大的经济规模和多级行政管理体制对有效治理提出了很高的要求，更反映出了中国经济增长取得伟大成就的珍贵与不易。此外，中国在减贫上也取得了举世瞩目的巨大成就。中华人民共和国成立以前，中国有 97%的人口生活在贫困线以下。截至 2020 年，中国只有 500 多万的人口生活在贫困线以下，只占全国总人口的 0.3%～0.4%。中国还在人均可支配收入、人口预期寿命、婴儿死亡率、义务教育覆盖率等指标上实现了长足的进步。

为什么中国经济能实现奇迹式的发展？一般而言，有以下几种解释。第一，中国人比较勤劳，因此经济增速很快。勤劳是中华民族的传统美德，经济增速保持较高水平是最近 70 多年所特有的现象，因此勤劳不能够解释中国经济的奇迹。第二，中国受到东亚文化和儒家文化的长期影响，有勤劳、节俭的传统美德，在经济上表现为高储蓄。由于文化浸染是一个长期的历史积淀，同样不能解释中国经济短期的高速增长。第三，中国经济的奇迹增长源于较好的运气，这显然是不具有说服力的。此外，有观点认为中国经济的高速增长源于改革开放。改革开放固然是其中一个非常重要的因素，然而从全球视角来看，有许多国家一样也实行了对内改革和对外开放的政策，但并没有取得和中国一样的成就。这意味着，中国的改革开放具有特殊的政策设计和特征，它们进一步支撑了中国经济的高速增长。

我认为，中国经济增长的一个重要源泉在于：中国的改革和开放是务实求真和与时俱进的。

第一个例子是中国的发展战略。改革开放以前，中国为建立工业体系，实现民族独立和国防安全，采取了重工业优先发展的战略，并取得了一定的成效。改革开放以后，中国采取了出口导向的发展战略，这恰好符合中国城市化水平较低、人口较多导致的劳动力成本较低的比较优势。当劳动力的成本较低时，企业会有更高的利润率，从而有进一步扩大生产的想法，但是由于国内收入水平较低，对产品的需求不足，因此，过剩的产出就必然要进行出口，所以出口导向型的发展战略完全符合经济的现实图景。金融危机以来，全球经济持续低迷，中国经济外需疲软，因而进行了适时调整，转向了以内需驱动的经济发展战略。2020 年，中国提出以国内大循环为主体，国内国际双循环相互促进的发展战略，并在党的十九届五中全会、“十四五”规划说明中对“双循环”进行了多次诠释和说明。可以说，务实求真和与时俱进是中国宏观政策设计的底色。

第二个例子是中国的加工贸易。加工贸易曾经占中国出口的半壁江山，改革开放早期，中国通过参与加工贸易融入全球一体化进程，在全球贸易中获益颇丰。20 世纪 90 年代同期的印度，其 GDP 是中国的 8 成左右，但由于其错失了发展加工贸易的契机，在 2020 年其 GDP 只占中国的 1/5 左右。加工贸易的进入门槛较低，技术水平要求较低，对劳动力的需求较大，可以创造大量的就业。以近年为例，中国 8 亿人就业比例中，第二产业占比为 29%，即有将近 2.4 亿人从事第二产业工作。其中 1 亿人从事制造业方面的工作，在这 1 亿人的制造业就业中，加工制造业至少贡献了 2000 万的就业岗位。

第三个例子是中国的汇率机制非常务实。国际金融的“不可能三角”理论表明，一个国家不可能同时实现资本的自由流动、独立的货币政策（即独立的利率）和固定汇率，即在这三项政策中最多只能选择两项。换言之，如果选择独立的货币政策，那么在汇率制度上有固定汇率制度和浮动汇率制度两种选择。如果选择固定汇率制度，就不允许资本的自由流动；如果选择浮动汇率制度，就必须允许资本的自由流动。中国在 2005 年以前选择固定汇率制度，同时限制资本的自由流动以保证货币政策的独立性。随着国际形势的变化，中国在 2005 年以后，特别是 2008 年以后，采用了浮动汇率制度并逐步开放资本部门。

以上三个例子表明，中国在经济发展过程中，审时度势，采取实事求是、求真务实的宏观政策，这是中国经济发展取得举世瞩目的巨大成就的重要原因。同时，这对我们理解“四个自信”具有重要的意义。“四个自信”包括道路自信、理论自信、制度自信和文化自信。首先，坚定“四个自信”要牢固树立道路自信，就是树立走中国特色社会主义道路的自信。中国经济发展取得的巨大成就，恰恰证明了中国特色社会主义道路的合理性和科学性。其次，牢固树立“四个自信”关键是要深刻学习习近平新时代中国特色社会主义思想的重要理论，系统全面地把握这一重要理论。再次，牢固树立“四个自信”重在深刻地认识到社会主义制度的优越性，做到制度自信。制度自信的核心特征在于中国特色社会主义强调有效市场和有为政府的有机结合、公平和效率的辩证统一，这具体体现为中国经济增长的奇迹，以及在减贫上取得的巨大成就。最后，树立文化自信关键在于把马克思主义与中国传统优秀文化有机结合起来。

中国仍处于战略发展的机遇期的第二点体现在中国在减贫上取得的巨大成就。在经济发展中，效率与公平之间的平衡是重要的议题。效率是指通过改革开放把经济蛋糕做大，提升经济规模；公平是指通过二次分配、减贫脱贫扶助来降低收入的不平等性。

具体而言，中国经济的脱贫路径是渐减的一条线，随着经济的发展，贫困率在不断地降低。而非像其他国家，经济增长到一定程度之后贫困率就不再下降。在不同的发展阶段，中国经济发展对脱贫的作用对象和贡献是不同的，但都呈现为正面的影响。1978 年以前，中国的减贫成就主要体现为以教育、卫生和人均预期寿命的改善为主要标志的非收入性贫困的极大缓解，同时1978年之前的减贫工作为后续大规模的收入性贫困的减少奠定了基础。1978年以后，中国经济的快速增长使得国家有能力进行更大规模的转移支付，从而进一步推动脱贫事业的发展。数据显示，1978～2000年，中国的贫困率从97.5%下降到49.8%。2005年贫困率下降到30.2%，2010年贫困率下降到12.7%。2020年，中国的贫困率降低到0.3%，脱贫事业取得了巨大成就。

中国的脱贫经验可以从四个阶段进行分析。第一个阶段是1978～1985年。该阶段的政策主要表现为农业发展驱动的减贫模式，通过实行家庭联产承包责任制、农产品市场化、大力发展乡镇企业来实现脱贫，这一阶段，中国的贫困人口从2.5亿人降低到1.25亿人。第二个阶段是1986～2000年。该阶段的政策主要关注地区脱贫，通过农业的工业化及城镇化来实现脱贫。第三个阶段是从2001～2012年，主要的特征是国家主导发展农村经济的脱贫模式。第四个阶段是2012年党的十八大以来推广的精准扶贫。精准扶贫具有以下五点重要特征：第一，实行“第一书记挂帅”的集中统一领导机制，从而克服条条块块的行政壁垒，保证政策横向到边，纵向到底。同时通过“五级书记挂帅”，整合政府资源，克服行政系统内部的摩擦，将资源迅速转向最需要的贫困地区的贫困人口。第二，建立建档立卡的贫困户识别登记系统。各地因地制宜，制定了甄别贫困户的标准，确保能够覆盖到每一位贫困人员。第三，根据贫困户的具体情况，选择不同的扶贫手段，以确保扶贫效果的精准施策，避免扶贫资源使用的偏离和错配。第四，创新扶贫方式。第五，对贫困退出引入了严格的第三方独立评估，监督保障脱贫攻坚战政策的有效性和顺利实施。

一言以蔽之，中国经济发展的奇迹和脱贫取得了举世瞩目的巨大成就。经济发展和脱贫攻坚的出发点都是为了切实提升人民的福祉，真正落地践行“为人民服务”的初心。同时，中国务实求真、与时俱进的政策设计，实现了效率与公平的有机统一，是马克思主义活的灵魂，也是马克思主义在21世纪最好的实践。

整理自余淼杰在北京大学国家发展研究院纪念恩格斯诞辰200周年、列宁诞辰150周年国际学术研讨会上的讲话稿

中国应如何推进地区经济贸易合作?

党的十九届五中全会明确提出“当前和今后一个时期，我国发展仍然处于重要战略机遇期，但机遇和挑战都有新的发展变化”。应对战略机遇期的重要路径是“双循环”，因此必然涉及“外循环”的讨论。我们需分析目前“外循环”的现状。

经济全球化并未衰落，中国的机遇在于地区经济贸易合作

理解中国经济“外循环”，首先要把握经济全球化的现状。尽管经济全球化进程出现了一些“回头浪”，但是全球化的基本趋势并未改变。经济全球化的核心是贸易全球化，而贸易全球化的生产地区化及贸易多边化这两个特征并未因一些国家的贸易保护主义和贸易欺凌行径而发生改变。从另一个角度来看，经济全球化进程也呈现出新形态，逐渐由以 WTO 代表的多边合作机制向与本国经济紧密相关的国家或者地区交流转变，即从全球多边经济贸易合作演化成地区经济贸易合作。

目前全球贸易区大致分为三大块：第一是美国为首的美墨加三国协议；第二是以德国为核心的欧盟区；第三是以中国和日本等国为主的东盟“10+6”，即 RCEP 和中国倡导的“一带一路”经济贸易区。当今的全球经济贸易格局，就是从该“三足鼎立”的贸易拓扑图中拓展出来的。换言之，中国可以通过地区经济贸易合作助推经济“外循环”。我认为，最重要的方式是继续推进“一带一路”倡议。“一带一路”倡议包括“海上丝绸之路”和“陆上丝绸之路”。中国应优先发

展“海上丝绸之路”，包括双边贸易与投资等。因为中国与以东盟国家为主的“海上丝绸之路”沿线国家和地区的经济贸易联系更紧密，从进口、出口、投资等方面来看，中国与东盟十国的合作体量都远高于其他“一带一路”沿线国家和地区。“陆上丝绸之路”还是应以贸易为主，投资为辅，因为“陆上丝绸之路”沿线国家和地区的地缘政治形势比较复杂，这也会涉及投资的安全及回报的问题。在具体的实现路径上，要更好地借助 RCEP、CPTPP 及 CAI 来推进“海上丝绸之路”成为推进中国经济“外循环”的重要一环。

RCEP 的四个重要突破

RCEP 的成功签署主要基于《中国–东盟自由贸易协定》（“10+1”）的成功实施。中国与东盟 6 个较发达国家的自由贸易协议关税逐年下降，2015 年下降到零关税。同时中国也与 4 个较不发达的国家（柬埔寨、越南、缅甸、老挝）积极开展合作。目前全球有 18 个自由贸易区，在签署 RCEP 之前，中国主要同“一带一路”成员签署自由贸易区协议，也包括冰岛、秘鲁和智利。在签署 RCEP 之后，日本也加入进来。换言之，通过 RCEP，中国与日本也间接有了自由贸易协议。中国与韩国虽然也有自由贸易协议，但韩国与日本没有自由贸易协议，因此现在相当于中国与日本、日本与韩国都间接有了自由贸易协议，这是 RCEP 相对此前的协定的一个重要突破。RCEP 是全球人口最多、经济贸易规模最大，最具发展潜力的自由贸易协定之一，目前 RCEP 覆盖接近 5 亿人，占据全球经济总量的 13%。通过签署 RCEP，中国和日本建立了自由贸易关系，使中国与自由贸易伙伴贸易覆盖率增加至 35% 左右。

RCEP 有四点突破值得重视。第一点，RCEP 有利于商品贸易自由化，主要体现在以下几个方面。一是 RCEP 规定成员国之间 90%的货物贸易将实现零关税（部分商品立刻实施零关税，部分商品分 10 年实现）。二是实施统一的 ROO，即在 15 个 RCEP 国家范围内实现原产地的累积计算，使一些产品享受到 ROO 待遇。三是贸易救济中纳入“禁止归零”条款。此前反倾销机构在计算倾销幅度时，只会计算出口产品价格低于本国产品价格的那部分差值，而忽略了出口产品价格高于本国产品价格的那部分价值（将其差额归零）。而 RCEP 则强调禁止归零。第二点，RCEP 在《贸易便利化协定》方面也有一些支持的举措。例如，对需快运、易腐货物等争取 6 小时通关，减少了不必要的贸易壁垒，特别是技术性贸易壁垒；关于卫生和植物卫生措施方面的协定。第三点，RCEP 在服务贸易方面，采用正面清单和负面清单相结合模式。日本、韩国、印度尼西亚、马来西亚、新加坡、文莱、澳大利亚 7 个国家采用负面清单，其余 8 个国家，包括中国采取正面清单，并在 6 年之内，正面清单全部变为负面清单。第四点，RCEP 投资便利化方面，全部采用负面清单的模式，还设有和 WTO 争端解决机制。

CPTPP 议题广度、自由化深度超过 RCEP

一个 FTA 有两个大国的参与会非常成功。目前 CPTPP 只有日本一个大国，拜登上台后美国很有可能会重新加入 CPTPP。中国目前积极表态考虑加入 CPTPP 谈判，这是一个非常明智的选择。RCEP 和 CPTPP 既有差异也有联系。

第一，RCEP 和 CPTPP 的成员既有差别也有联系。RCEP 与 CPTPP 共同的成员是新加坡、文莱、澳大利亚、新西兰、日本、越南、马来西亚，而 CPTPP 拥有北美自由贸易区的两个国家，即加拿大、墨西哥，同时也包括南美的两个国家，即智利、秘鲁。

第二，RCEP 更注重“灵活性”和“高标准”的权衡。即，“标准不太高，但是强调灵活性”。对发展中经济体，RCEP 给予特殊和差别对待，CPTPP 要求一视同仁。CPTPP 在劳工标准、环境、竞争政策、国有企业、知识产权、互联网和数字经济等方面均设定了高标准。

第三，关税水平方面。RCEP 规定零关税覆盖达到 90%以上，CPTPP 则要求覆盖到 99%，并且基本上符合“三零标准”：零关税、零补贴、零壁垒。

第四，服务贸易和投资准入方面。RCEP 使用了正面引导加负面清单的模式，而 CPTPP 则只采用负面清单模式。

第五，议题内容上。RCEP 仍以传统议题为主，不包括劳工标准、国有企业，CPTPP 则包括劳工标准、环境、竞争政策、国有企业、知识产权、互联网和数字经济。

目前中国积极考虑加入 CPTPP，这是一个非常明智的决定，也是一个积极的信号。因此，我们要分析两点：第一点，中国有没有能力加入 CPTPP；第二点，加入 CPTPP 中国还要做什么。其中，关于中国有没有能力加入 CPTPP 的问题，可以从四方面来考虑。其一，知识产权方面。2018 年博鳌亚洲论坛开始，中国一直在强调加强知识产权的保护。同时，《外商投资法》的落地也使中国在推动知识产权保护方面继续向前迈出一步。其二，劳工标准及国有企业改革方面。十八大和十九大多次提出要加强国有企业改革。一是“推动国有资本做强做优做大”，二是“培育具有全球竞争力的世界一流企业”。其三，环境保护方面。2020 年中央经济工作会议确定，“我国二氧化碳排放力争 2030 年前达到峰值，力争 2060 年前实现碳中和”。其四，数据流动方面。首先，数字经济目前占中国 GDP 的 36.2%。其次，数字贸易是数字经济的重要体现形式，数字贸易包括电子商务、服务数字贸易、数据贸易（如阿里云）。另外，对于数据流动既要加强隐私的保护，也要对跨境流动保持适度开放的态度。关于加入 CPTPP 中国还要做什么的问题，也可以从四方面来考虑。首先，商品贸易方面，中国平均关税还有 7.5%，还需进一步降低关税，这一点可以通过 RCEP 完成。其次，服务贸易方面，中国会在 6 年内从正面清单变成负面清单。再次，投资方面，CAI 对中国是有利的。最后，知识产权方面，中国积极鼓励企业创新，党的十九届五中全会也明确提出“强化国家战略科技力量，提升企业技术创新能力，激发人才创新活力，完善科技创新体制机制”。

CAI 是中国的新机遇

CAI 从 2012～2020 年，经过 8 年谈判，如期签订。相对传统的 FTA 和《双边投资条约》（Bilateral Investment Treaty，BIT），CAI 覆盖了四方面内容：一是市场准入的承诺；二是公平竞争的规则；三是可持续发展；四是争端解决。CAI 是高水平的互利共赢的协定，当中美关系更复杂时，中欧的合作关系更加紧密，更加深入的经济贸易合作其实对中国及欧盟都是互利共赢的。中国和欧盟的合作有两点值得注意。

第一，中欧双边经济贸易投资的数额还需进一步增加。中国对外直接投资是 1329.4 亿美元左右，其中对欧盟的直接投资只有 117 亿美元，只占对外直接投资的 0.1%左右，与欧盟经济体的体量相比是比较少的，所以，中国对欧盟的直接投资应该进一步增加。

第二，中欧双方开放的领域。中国将会开放新能源汽车、金融、地产、医疗、国有企业涉及的领域等。欧盟将开放能源产业、制造业、批发零售、可再生能源产业。

CAI 在四个方面起了重要作用，第一，市场准入方面。中国首次在服务业及非服务业两个产业都承诺要实行负面清单，并且中欧双方在企业数量、产量、营业额、董事高管、研发、出口、总部市值等方面有具体制度的设置。第二，公平竞争方面。在补贴透明、国有企业产业开放、加强技术转让的监管、制定好关于行政执法和金融监管的相关标准这些议题都取得了共识。第三，可持续发展方面。主要涉及劳工标准和投资环境，聚焦自由贸易和公平贸易两方面，也达成了一致。第四，争端解决方面。CAI 建立了协议的执行和争端协调机制，欧盟对接方为执行副总理，中方为副总理，并且由独立专家团来监管落地情况，最终保证相互的投资得到保护，国家对企业的补贴保持透明，改善双方市场准入条件，确保投行竞争监管程序的公平和透明。改善劳工标准，支持可持续发展，形成更高层次互利共赢的经济开放水平。具体而言，我们将会看到中欧双方：相互的产业可以相互进入；独资企业可以在中国开设。CAI 可以帮助中国拉动欧盟抵制不公平的贸易壁垒。从 RCEP 到 CPTPP

再到 CAI，我们可以看到中国的开放在进入一个新的层次，中国的经济也会越来越好。

原载于 网易研究局 2021 年 2 月 1 日 作者 余淼杰

拜登政策的本质

拜登政策的本质依旧是美国优先，美国未来面临许多挑战

拜登上台之后，会推翻特朗普的绝大多数政策，特别是在全球化方面。特朗普政府推行的是贸易保护主义和贸易单边主义，拜登政府的核心是重塑美国国际形象，虽然也会强调美国优先，但是不会像特朗普那样赤裸裸。未来，拜登政府会重新加入到由美国主导的多边经济贸易合作或区域经济贸易合作中。从具体的组织来看，美国会重新加入 CPTPP、WHO、《巴黎协定》；美国也会重新提出对部分全球化组织改革的方案，如改革 WTO 力求美国的新规则能在 WTO 内部通过，包括劳工、环境、国有企业、市场经济、汇率操纵这些议题的界定方面，美国会重新考虑。对这些议题的界定，拜登政府会比特朗普政府更灵活，做到相对公平，因此我判断它会重新激发 WTO 的活力。即便如此，WTO 作为一个全球经济贸易合作的重要机构，它的作用在拜登时代也是会下降的，这主要是因为区域的经济贸易合作诸边化已逐渐取代了全球多边化，成为一个主要方向。从本质上来讲，拜登政府依旧是奉行美国优先政策。

从宏观上来看，拜登政府的首要任务是控制住新冠肺炎疫情的蔓延。其次，辅之以积极的财政政策和宽松的货币政策。最后，回归全球化。拜登政府的目标是保证美国每年有 2%的经济增速。

从微观上来看，拜登政府的财政政策会以增税为主，这与特朗普政府的减税政策不同。拜登政府的增税政策可从两个角度解读：一是增税可以减少财政赤字，在一定程度上缓解美国的财政压力，但是增税的

力度取决于税基和税率之间的比较，以及拜登政府选择拉弗曲线上的哪一个点为政策目标。二是增税可以缩小贫富差距。拜登政府主要对美国富裕阶层增税，目前美国富人的最高税率是 37%左右，拜登政府会将这个税率提高到 41%左右，和奥巴马时代差不多。总体来讲，这个政策将产生一个积极的影响，因为美国目前贫富差距非常大，前 10%的人占据了 70%的财富，非常容易引起社会矛盾和社会割裂。拜登政府增税政策的积极意义大于消极意义，有利于降低收入差距。有的观点认为对富人增税会影响到富人的工作积极性，其实富人对增税是不敏感的。

货币政策依旧会走量化宽松的路子，保持美元处于相对“比较软”的状态。换言之，美元相对于人民币来说，将处于贬值的状态。我在 2019 年底时就已经预测过，在 3 年之内（即到 2022 年底），1 美元兑换人民币会到 6 元左右。那时很多人不相信，目前也就是 2021 年 1 月，美元与人民币的兑换比例为 1 美元兑换 6.5 元，所以在剩下两年之内甚至一年之内，人民币都有望触及 1 美元兑换 6 元这个水平。

拜登政府宣布的 1.9 万亿美元的新冠肺炎疫情刺激计划对稳定美国经济、拉动美国经济的增长特别重要。这让我想起 2009 年奥巴马的 7000 亿美元（相当于 4 万亿人民币）经济刺激计划。短期内通过这种凯恩斯式的经济刺激，是能够激活美国经济的，但我们也要注意到美国经济还会出现很多挑战。例如，未来美国货币政策依旧会走量化宽松的路子，但是选择菲利普斯曲线的哪个位置？政策决策者必须面临高通胀和低失业，以及高失业和低通胀的徘徊。在格林斯潘时代，美国政府比较好地处理了这对矛盾，这对于拜登政府来说也是一个挑战。我认为拜登政府也会在这两者间取一个平衡值，失业和通胀都不要处于一个太高的位置。还有一个挑战也是美国必须面对的：金融脱离实体。美国的金融泡沫不断积累。2008 年后，美国的金融监管尽管做得好一些，但不代表没有泡沫，实际上泡沫随着时间的推移越来越大，美国还是有爆发金融危机的可能的。

拜登政府的产业和实体及区域政策有三点值得注意：第一点是新能

源政策；第二点是拜登政府对待蓝领工人的态度；第三点是短期内拜登政府是否会对美墨加三国协议进行调整。对新能源政策的讨论在于，新能源政策会不会对原油价格造成冲击，我认为是不会的。拜登政府的核心是新能源技术的研发与应用，实现对传统能源的逐步替代，但这不会对原油价格造成冲击。拜登政府的新能源政策只是使美国对原油的需求相对变少，但除了美国以外，其他经济体对原油的需求依旧是强劲的。另外，从目前来看影响原油价格的因素主要取决于供给端而非需求端。目前原油并没有被大量开采，因此新能源不见得导致原油价格明显下跌。对于拜登政府对待蓝领工人的态度也值得一些笔墨讨论。全球化使美国许多传统行业，如汽车产业等受到了冲击，因此这些传统行业企业的破产率及员工的失业率都相对比较高。对待这些蓝领工人，拜登政府可能会采用贸易调整援助（trade adjustment assistant，TAA）政策进行扶持。意即如果该产业受到了国际贸易的冲击，政府会加以补贴。关于短期内拜登不会对美墨加三国协议进行调整。拜登政府肯定会拆掉美墨边境墙，扩大墨西哥移民的灵活度，放松移民的进入难度，更好地打造美国和墨西哥之间的交流和沟通。至于“毒丸条款”，即如果任何一方与非市场经济国家签署协议的话，那么该协议自动失效。我认为拜登政府短期内也不会废除这些条款，它考虑更多的可能是如何拆掉美墨边境墙，促进美墨两国经济的更深度融合。

欧盟面临的选择不是中、美二选一，未来中国要深入加强与东盟和欧盟的经济贸易合作

在进出口方面，对中国2020年未“按约完成”《中美第一阶段经贸协议》（又称《中华人民共和国政府和美利坚合众国政府经济贸易协议》），责任不在中方。按照协议，中国2020年应该在2017年的基数上进口不少于767亿美元，2021年在2017年的基数上进口不少于1233亿美元。2020年，中国的完成度大概是45%，我认为责任不在中国。根据《中华人民共和国政府和美利坚合众国政府经济贸易协议》第七条第

六款规定，如因自然灾害或其他双方不可控的不可预料情况，导致一方延误，无法及时履行本协议的义务，双方应进行磋商。新冠肺炎疫情是最大的不可抗因素，在遭受这么严重的新冠肺炎疫情的情况下，中国不但没有停止进口,反而努力扩大进口。之所以 2020 年中美贸易顺差上升，主要是由于美国封国封城，需要大量中国的消费品，因此中国虽然扩大进口，但是美国同步地扩大对中国出口产品的需求，导致中国的贸易顺差进一步扩大。这也从侧面说明了中国的贸易顺差是由中国的比较优势而不是政策或者关税的高低所决定的。拜登上台后，《中美第一阶段经贸协议》还是会继续执行，2021 年中国会积极扩大进口，中国 2020 年有望完成在 2017 年的基础上扩大进口 1233 亿美元的目标,但哪怕如此，中美 2021 年的贸易顺差依然会继续扩大，因为美国需要中国更多的产品。给定这个现状，我认为中美两国应该相向而行，争取能够签署“中美第二阶段经贸协议”。如果要签署“中美第二阶段经贸协议”，我建议中国方面应进一步积极扩大进口，我们要让拜登政府意识到，跟中国继续打贸易战，对美国来说是没有好处的。因此，我们要敦促美国取消现在仍有的对中国出口 3700 亿美元产品的税目。从 2021 年来看，拜登政府也非常需要“中美第二阶段经贸协议”。当然，如果到了 2023 年底，假设中美已签署了“中美第二阶段经贸协议”且协议结束，那么中美是不是还能够签“中美第三阶段经贸协议”？这里要打一个很大的问号，因为这主要取决于中美两国经济贸易发展的态势。从长远来看，中美两国的贸易摩擦依然是长期存在的。

欧盟对中国经济发展非常重要。第一，中国已经成为欧盟的最大贸易伙伴，且欧盟是仅次于东盟的中国的第二大贸易伙伴。第二，欧盟在中美贸易中起到至关重要的作用。美国对中国的产品征收高关税，中国也进行反制。反制之后，美国产品以更高的关税进入到中国市场，因此对中国的物价有上涨的影响。为了缓解物价上涨的压力，中国从欧盟进口相应的产品，并且欧盟的产品和美国的产品有很大的相关度，替代性很高，因此欧盟对推动中国经济发展是非常重要的。拜登上台会进一步推进欧洲跟美国的自由贸易协定，但美国团结欧洲签署自由贸易协定并不会阻碍中国和欧盟继续全面推进 CAI。对于欧盟来讲，这并不是一个二选一的过程，因此不管美国跟欧盟的关系如何，中国和欧盟是一定要继续推进 CAI 的。此外，中国跟东盟的合作应该进一步扩大。“海上丝绸之路”和“陆上丝绸之路”都要继续推进，但是产品应该注重差异化。中国目前已经签署了 RCEP，与东盟国家有比较良好的经济贸易基础。RCEP 有一个重要的内容：投资方面，可以要求各个国家进行负面清单的投资。换言之，中国企业可以更容易地进入这些市场，所以从这个角度上来讲，我建议中国应在“海上丝绸之路”方面形式多样化，意即除了一般的贸易外，还可以进行投资。中国出口到东盟的产品中劳动密集型产品居多，但也有一部分资本密集型产品。未来，可以把握东盟国家工资较低的优势，将中国劳动密集型产业转移到东盟国家去投资建厂。“陆上丝绸之路”方面，中国还是应该以贸易为主，投资为辅，因为“陆上丝绸之路”沿线国家和地区的地缘政治形势比较复杂，这也会涉及投资的安全以及回报问题。所以在当下的阶段，应以贸易为主，把产品卖出去或者买进来就好。对“一带一路”沿线国家和地区的贸易出口方面，我认为目前要更多地以资本密集型产品的出口为主。比如钢、铁、水泥、电解铝等，这些是我们产能比较充裕的产业，但是对“一带一路”沿线国家和地区来讲是非常稀缺的，同时这些产品也是发展基础设施所必需的投入品。这里会涉及一个问题：这些国家是否有钱购买？我认为中国可以通过对这些“一带一路”沿线国家和地区进行无息或者低息的贷款，通过丝路基金及亚洲基础设施投资银行来支持这些国家经济的发展，同时也促进双方贸易的发展。由上可知，区域经济贸易合作已经成为时代发展的主要潮流。

但是，这并不代表全球产业链会脱钩，从全球经济贸易地图来看，以美国为首的美墨加三国协议、以德国为核心的欧盟区及以中国和日本等国为主的东盟“10+6”呈“三足鼎立”之势，但是“三足鼎立”不等于三者独立，也不是三足孤立，而是三者相辅相成。例如，CAI 是连接中国和欧盟之间的两大经济贸易区，CPTPP 很好地连接了亚太地区和美洲地区。所以，区域合作诸边化将会是全球化发展的方向和重要形式。

换言之，全球化的基本趋势并不会发生根本性改变，只不过从多边合作改成了区域合作。

原载于 网易研究局 2021年1月25日 作者 余淼杰

二、时　评

自由贸易区“添丁”，中国加快构建全面开放新格局

2020 年 9 月 21 日，国务院印发《关于北京、湖南、安徽自由贸易试验区总体方案及浙江自由贸易试验区扩展区域方案的通知》。至此，7 年间，自由贸易区已覆盖全国 21 个省份。

2013 年以来，自由贸易试验区已经进入到第六批。到现在，自由贸易试验区布局已经逐步形成由点到线再由线到面的、非常鲜明的、不断开放的过程，也即全面开放的过程。

2020 年 9 月 1 日，习近平在中央全面深化改革委员会第十五次会议上强调，“推动更深层次改革，实行更高水平开放，为构建新发展格局提供强大动力”。他强调，“要把构建新发展格局同实施国家区域协调发展战略、建设自由贸易试验区等衔接起来，在有条件的区域率先探索形成新发展格局，打造改革开放新高地”。①

跟“十四五”规划一脉相承

从习近平的上述重要讲话中，我们能更好地理解三大新增自由贸易试验区的意义——第六批自由贸易试验区的设立，跟“十四五”规划一脉相承，强调通过工业化、城镇化和农业化“三化融合”来切实落地都

---

① 石璐言. 习近平主持召开中央全面深化改革委员会第十五次会议强调：推动更深层次改革实行更高水平开放 为构建新发展格局提供强大动力[EB/OL]. http://www.gov.cn/xinwen/2020-09/01/content_5539118.htm[2021-01-27].

市圈一体化发展。体现在新一批自由贸易区上，主要强调重点发展京津冀城市群、长江三角洲城市群、长江中游城市群。可以看到，北京自由贸易试验区获批后，和天津、河北形成一条自由贸易试验区带；安徽自由贸易试验区获批后自然地加入长江三角洲经济一体化；湖南的自由贸易试验区则有一个特殊作用——对接南部粤港澳大湾区，打造更紧密的中非经济合作。

具体来看，北京自由贸易试验区的亮点是服务贸易和数字经济。在全球化格局发生深刻变化的背景下，中国要继续加强作为亚太地区价值链中心节点位置的作用和功能。如何实现这一点，就是要打造一个知识密集数字导向的全球价值链，这是尤为重要的。北京有众多的总部企业、头部企业，把北京和其他自由贸易试验区加以区分，差异化发展，说明了中央对北京自由贸易试验区寄予厚望，也说明了北京自由贸易试验区的独特作用，能够更好地体现北京作为首善之都的特殊历史地位。

此外，北京自由贸易试验区的战略定位包括助力建设具有全球影响力的科技创新中心，强调与北京市改革联动，各项改革试点任务具备条件的可在中关村国家自主创新示范区全面实施，并逐步在北京市推广试验。从某种角度上讲，北京自由贸易试验区可以跟上海自由贸易试验区，以及海南自由贸易港相提并论，因为它也有独特的方向。

北京自由贸易试验区获批后，京津冀协同发展尤为重要，尤其是差异化统一协调的工作。既要充分发挥北京作为首都、文化中心、头部经济、总部经济的特色，也要发挥河北作为北方制造业大省及河北保定白沟作为商品集散地的作用。常说“南义乌北白沟”，白沟是重要商品集散地。如果能把京津冀自由贸易区打造成为类似于“前店后厂”的模式，不可谓不创新。前面是天津海港滨海新区，后面是河北制造区及商贸区，而北京作为服务贸易及文化中心，在里面起到引领的作用，三者可以相辅相成，共同发展。

自由贸易区还需下“深水区”改革

中部地区的湖南对自由贸易区向往已久。湖南有一点优势很明显，即在中部省份中，湖南是有效连通长江经济带及粤港澳大湾区的重要纽带。客观讲，现在五大城市群中，长江中游城市群已经取得一定发展，但还有更大发展空间。湖南在之前的经济贸易发展中广泛承接广东的“腾笼换鸟”，部分加工贸易企业从粤港澳大湾区转到粤北的韶关，再从粤北的韶关转到湖南南部，可以说是粤港澳大湾区经济带的溢出或者是外延。

另外，湖南也是长江经济带的重要地区，长沙是长江中游城市群三大中心城市之一，其经济发展在中部起到引领作用。此次，江西没有成为第六批自由贸易区，有一定遗憾。相对湖南来讲，江西在对接粤港澳大湾区方面还有提升空间。

安徽这次获批自由贸易试验区，对于其加入长江三角洲一体化具有三方面明显“加持”：第一，往北承接了产业转移和聚集；第二，在芜湖—马鞍山一线发挥沿江优势，可继续融入长江三角洲一体化；第三，安徽有中国科学技术大学的支撑，可以发挥科技中心独到的人才优势，为自由贸易区对长江经济一体化提供智力支持，有利于上海、江苏、浙江及安徽差异化发展，各自发挥比较优势。

从地理位置上看，第六批获批以后，胡焕庸线以东基本上所有的省、直辖市都有自由贸易区了，只剩下中部的江西、西部的贵州、北部的山西及东北的吉林这四省还没有自由贸易试验区。预计在“十四五”期间，第七批自由贸易区有望覆盖这四个地区。

所以，在我看来，在不远的将来，胡焕庸线以东所有省、直辖市都会设立自由贸易区，形成东、中、西部自由贸易区全覆盖，这对切实落地构建全面开放新格局的目标是个重要的举措。换言之，中国构建全面开放新格局的步伐正在加快，我们有望看到新发展局面在短期内形成。

过去数年，自由贸易区在原来的出口加工区的基础上，很好地做到了“一线放开、二线管住”，法无禁止即可为及准入前国民贸易负面清单，同时也很好地落实了贸易的自由化及投资的便利化，并实现了政府的简政放权，改事前审批为事中事后监管报备，这都是实在的成果。

我预计，下一步开放还将涉足“深水区”，这主要体现在自由贸易区的设计方面。改革和开放是相互融通的过程，在改革中推开放，在开放中促改革，两者是相辅相成的作用。自由贸易区下一步需要下“深水区”改革，有这么两点：一是在服务贸易领域，需要进一步深入改革和发展；二是金融方面的开放，必须继续地深入进行。

在中国提出构建“双循环”格局背景下，自由贸易区扩容自有其深意。在全球深刻变化，中国面临百年未有之大变局及在新冠肺炎疫情影响下，中国正通过不断扩大开放，构建推进全面开放的新格局，来切实推进贸易全球化。

原载于《每日经济新闻》 2020 年 9 月 23 日 作者 余淼杰

全球化并未逆转，中国开放重在多元化发展

未来区域经济贸易合作将取代全球的多边合作

“十四五”期间全球化依然是世界的主流趋势，尽管这些年来逆全球化行为不断发生、贸易保护主义不断被强化、贸易欺凌主义有所抬头。但是从长远来看，特别是在“十四五”阶段，全球化依然是主要的态势。

第一，因为全球化的最核心特征是贸易的全球化及生产的地区化，这两个特征并没有发生改变。任何制造品从简单的铅笔到复杂的飞机，它们基本上都是由一个地区专门化地生产一种部件，然后把这些部件运到另外一个地方加工包装，之后装配运到全球各个地方去，这叫作生产的地区化和贸易的全球化。这两个特征并没有因为全球化的格局和行为而发生根本的改变，这两个特征依然广泛存在。

第二，尽管 WTO 等主要的多边经济贸易协调机制受到了一定的挫折，但是地区贸易协议、地区贸易合作不断地取代多边经济贸易合作机制，特别是以 WTO 为代表的多边经济贸易机制，发挥着越来越重要的作用。从这个角度来讲，全球化并没有过时，只不过是形式发生了变化。

我同意未来全球化式微，区域化将越来越重要的观点，但并不等于全球化与区域化会产生冲突，区域化也是全球化的一种表现形式，即区域经济贸易合作将取代全球的多边合作。换言之，因为区域的经济贸易合作主要是每个国家发力于跟自己经济贸易联系比较紧密的国家或地

区，而不是发力于全球的整个贸易体系，所以地区的贸易一体化也是全球化的一种表现形式，这两者并不是冲突的关系，而是不同表现形式的关系。

至于全球化的产业大分工是否被区域化的自给自足替代，客观地讲在区域里，如亚太经济贸易区的区域经济贸易合作里，已经形成了一个区域的产业分工，虽然一些产品的零部件来自其他区域，但在本区域基本上可以形成产业一体化，形成一条链的产供销格局。

WTO 的发展目前几近瘫痪，未来 WTO 可能会出现新的形式。换言之，WTO 依然会存在，但会在不同国家的要求之下，产生某种程度的改革或者变革。

WTO 的两个根本特征依然会存在：一是贸易的非歧视性原则，非歧视性原则主要体现为最惠国待遇和国民待遇；二是公开、公平、公正的贸易。

但在某些条款上应该会有所调整，如如何界定发展中国家和发达国家，以及重新界定发展中国家和发达国家的权利和义务等，可能会发生改变。

东盟对推动中国经济的发展发挥了不世之功

我非常看好中国和东盟及中国和欧盟之间的发展前景。从目前的态势来看，“海上丝绸之路”的经济贸易发展比较顺畅，东盟十国是“海上丝绸之路”的主要构成国家，2010 年所形成的中国和东盟自由贸易区，对推进中国和东盟两地的经济发展发挥着至关重要的作用。到 2015 年，中国和东盟已经完全实现商品的零关税，实现真正的自由贸易，中国和东盟的经济贸易也紧密地联系在一起。

中国从东盟进口大量原材料，从日本、韩国进口核心零部件，在中国进行组装、装配、加工后销售到全球各地区，从而中国成为全球的制造中心。由此可见，东盟对推动中国经济的发展发挥了不世之功。

中国和欧盟在未来的发展前景也非常广阔，中国和欧盟最近签订的

《中华人民共和国政府与欧洲联盟地理标志保护与合作协定》对商品的ROO做了重新界定，未来中国和欧盟在战略利益、商品的互补性等方面都有广泛的一致性，因此欧盟将会成为中国第二大贸易合作伙伴，这点是不容置疑的。

现在全球基本上形成以中国为核心节点的亚太经济贸易圈、以德国为中心节点的欧盟经济贸易圈，以及以美国为中心节点的北美自由贸易圈。在中美经济贸易关系紧张的背景之下，中国和欧盟在商品的需求上互补性更高，对中国和对欧盟都是正面作用。对中国而言，从欧盟进口跟美国相类似的产品，可以降低中国通货膨胀的压力，切实做好扩大进口的工作，提升老百姓的幸福获得感。对欧盟而言，通过扩大对中国的出口，可以创造更多的就业机会，给欧盟的经济打上强有力的一针。

未来五年，中国跟东盟主要发力于更好地构建区域经济合作伙伴关系RCEP，RCEP是中国跟东盟十国及日本、韩国、澳大利亚、新西兰等国的重要经济贸易合作平台，它实现了商品90%的零关税，推进了服务贸易。

目前中国和东盟在RCEP上的合作取得了阶段性成果。2019年11月，15个成员国已经签订了初步协议，有望在未来的“十四五”规划中，推进进一步合作，实现目标的早日落地。

未来五年，开放的重点在于开放的多元化

未来五年，中国进一步扩大开放的重点在于开放的多元化，开放多元化有不同的层次和含义。

一是出口的目的地多元化。之前中国出口的主要目的地是美国和欧盟国家。随着中美关系的日趋复杂化，中国应该扩大对东南亚国家及其他新兴国家，特别是金砖五国中另外四国的开放。通过出口目的地的多元化来提升中国的对外开放程度。

二是贸易形态的多层次化。之前中国的贸易形态主要是线下实体外

贸出口。之后随着数字经济的重要性的不断提升，中国将继续推进数字贸易，实现数字商品贸易（即电子商务）和数字服务贸易（即各种软件进出口服务等）的大力发展。所以贸易新业态应该发生深刻的变化。

三是出口主体实现多元化。国有企业、民营企业、来华投资的外资企业都继续扮演重要角色，成为出口的不同主体，发挥不同的优势，如民营企业数量多，可能在小商品或者简单的制造品上有比较优势，应该出口跟消费、民生领域更为紧密的商品；而国有企业集中在大中型商品，在机器设备、机械制造等产品上发力。

外资流入中国市场，一是会带来不同的技术，外国技术和中国技术合一，可以产生“1+1>2”的熊彼特创造效用；二是外资如果流入实体经济，可以创造出更多的工作机会；三是如果来投资的外资企业是高科技产业，那么还可以有一个正向的溢出效应。

此外，对增加市场的流动性、促进现代企业管理、实现更为成熟的公司治理、提供更为成熟的公司治理模式提供更好的参考。这是外资流入中国对中国经济的正面作用。

对于外资被大幅引进中国是否会导致公司实控权流失的问题，主要取决于政策的刺激作用，如果外资公司的控股不是最大的股东，即外资公司的控股没有得到绝对的 51%的股权，就不用担心实控权的流失。如果某家公司外资股权达到了相对的多数,但外资股权相对比较分散的话，其实实控权也不会失控。

国有企业引进外资可以采用国有混合控股的形式，由国家作为最重要的法人，把其他股份引进外资控股，我觉得这是国有企业改革的一个方向。

贸易顺差不见得是好事，贸易逆差不见得是坏事

新冠肺炎疫情影响之下，中国贸易顺差不断扩大是事实，未来五年中国是否应该继续扩大出口要从两个角度来看待。第一，如果是因为中国的企业本身有竞争力，它的出口在不断扩大，那么这是值得鼓励和肯

定的，是中国企业水平和能力的体现。但如果是人为地采取与 WTO 规则不相匹配的“为出口而出口”的政策的话，那就可能会授人以柄，所以未来中国应该继续保持产品的核心竞争力，保持一定的出口规模，不见得要以大力扩大出口的比例作为目标，事实上这个出口比例也是难以持续的。所以因为企业的自身竞争力，中国的出口不断地扩大，这是值得肯定的，但我们没有必要“为出口而出口”。事实上，中国的出口很难长期保持像目前这么高的比例，一个国家的出口比例历史上能达到15%是绝无仅有的，现在中国已经差不多了。

贸易顺差不见得是好事，贸易逆差不见得是坏事，特别是对美国而言，贸易逆差绝对不是坏事，中国用大量的贸易顺差去购买美国的国债，用大量的商品贸易顺差去购买美国的服务贸易。例如，中国商品贸易顺差大大提高了居民的收入，但居民可能会把孩子送到美国去留学，向美国购买高等教育服务。从这个角度来看，用中国的商品贸易顺差去购买国外的服务，导致中国服务贸易的逆差，从长期来讲是趋向平衡的。

未来五年应该继续优化产品的出口结构。出口具有更多附加值的产品，这是发展的重中之重。旅游、教育、运输、医疗等都是服务贸易的大项，如果要扩大服务贸易出口，就应该深刻提升这些服务产品的质量。旅游方面，中国有很多的旅游资源，但在品牌和服务质量上可以更好地提升，如景点配备更多英文的自助服务等。教学教育方面，中国的高等教育水平近年提升明显，但总体上和欧美一流大学相比还是有差距的。所以，提升中国高等教育水平并努力做到扩大高等教育出口是我们努力的一个方向。医疗方面，中国可以出口中医医疗，出口美容方面也可以借鉴美国和韩国成功的经验。

未来五年净出口的比重应该不变，占 GDP 的 3%左右；消费有望进一步提升，可以提升到 60%～67%，未来五年中国应该继续扩大消费的贡献率。消费贡献的提升取决于居民持久性收入的提升，如果居民的持久性收入没有明显提升，那么居民的消费提升就走不远，将成为无源之水、无本之木。所以应该努力提升居民的持久性收入：一是创造更多的就业机会；二是继续减税降费，特别在社会保险、教育、医疗等方面提供更加优质、价格更加合理的服务，降低老百姓的负担，提升他们的持久性收入。只有这样，消费才能实现真正持久性上升。

胡焕庸线以东自由贸易区全覆盖是未来工作重点

现在从 18 个自由贸易区变成 21 个自由贸易区，新设立的 3 个自由贸易区的战略意义非常大，国家基本上达成胡焕庸线以东自由贸易区全覆盖的目标。就目前来看，胡焕庸线以东只剩下山西、贵州、吉林、江西四省没有自由贸易区，未来这四省设立自由贸易区是第七波工作的一个重点。

战略意义方面，这是中国在初步战胜新冠肺炎疫情重袭之后的一个新举措，也说明中国进一步地推进全面开放新格局的决心和理念是不变的，通过自由贸易区，可以更好地实现在开放中改革，在改革中开放，以及二者相互促进的良性关系。

之所以选择北京重点发展服务贸易，从供给角度来看，是因为北京是中国的文化中心，同时北京的服务贸易的基础比其他地方更加有优势；从需求角度来看，服务贸易之后会成为新时期的一个重要贸易形式，北京的旅游资源丰富，头部经济特征明显。所以，选择北京发展服务贸易，有非常好的示范作用，也能够体现出北京作为全国首善之区的一种带头和引领作用。

海南自由贸易港是全面开放新格局的一种具体的体现形式，它的建设分两步来实现：第一步是 2025 年即未来五年内实现早期收获，第二步是到 2035 年全面实现。海南自由贸易港的落成，对切实推进中国跟东盟国家、“海上丝绸之路”的经济贸易合作具有重要作用。因为海南自由贸易港在五年之内要初步建立以贸易自由便利和投资自由便利为重点的自由贸易港政策制度体系，税制方面也有一些新的制度创新。所以海南自由贸易港从长期来讲，将成为制度创新高地，可引领中国对外开放工作。

粤港澳大湾区跟海南自由贸易港是相辅相成的，粤港澳大湾区是海南自由贸易港发展的大后方，海南自由贸易港是粤港澳大湾区改革和开放的前排兵，所以二者是相辅相成的关系，而不是取代的关系。

中国强调对外开放，强调全面开放新格局，目标要做到双向立体的开放。既要对外引进外资，也要强调中国企业“走出去”；既要强调东向，也要强调西向，向东是“海上丝绸之路”，向西是“一带一路”；平面的话是空港和河港，立体的话是自由贸易空港。所以“双向”和“立体”两方面相互促进。

“十四五”期间，我相信中国可实现自由贸易区在胡焕庸线以东全覆盖。自由贸易区通过以点连线、以线覆面不断推进，面积不断扩大，对中国经济的促进作用会越来越大。

负面清单在未来会越来越短，继续深化法无禁止即可入的管理制度，同时实行准入前的国民待遇，不断地构建良好的营商环境，在这方面，江苏自由贸易区的苏州片区是做得比较好的一个范例，值得其他地方学习。

原载于 网易研究局 2020 年 10 月 12 日 作者 余淼杰

自由贸易区扩容，中国全面开放新格局正加快形成

2020 年 9 月 21 日，国务院印发《关于北京、湖南、安徽自由贸易试验区总体方案及浙江自由贸易试验区扩展区域方案的通知》。2013 年以来，自由贸易试验区已经进入第六批，自由贸易试验区布局已经逐步形成由点到线、由线到面的全面开放过程。

北京自由贸易试验区设立，助力京津冀协同发展

2021 年 9 月 1 日，习近平主持召开中央全面深化改革委员会第十五次会议强调，要把构建新发展格局同实施国家区域协调发展战略、建设自由贸易试验区等衔接起来，在有条件的区域率先探索形成新发展格局，打造改革开放新高地。由此，我们能更好地理解新一批自由贸易区设立的意义——通过工业化、城镇化和信息化“三化融合”重点发展京津冀城市群、长江三角洲城市群、长江中游城市群。具体来说，北京自由贸易试验区获批后，和天津、河北形成一条自由贸易试验区带；长江三角洲经济一体化；湖南的自由贸易试验区则有一个特殊作用——对接南部粤港澳大湾区，打造更紧密的中非经济合作。

《关于北京、湖南、安徽自由贸易试验区总体方案及浙江自由贸易试验区扩展区域方案的通知》明确提出，北京自由贸易试验区围绕助力建设具有全球影响力的科技创新中心，加快打造服务业扩大开放先行区、数字经济试验区，着力构建京津冀协同发展的高水平对外开放平台。在

全球化格局发生深刻变化的背景下，中国要继续加强作为亚太地区价值链中心节点位置的作用和功能，尤为重要的一点，就是要打造一个知识密集、数字导向的全球价值链。北京有众多的总部企业、头部企业，把北京和其他自由贸易试验区加以区分，差异化发展，点明了北京自由贸易试验区的独特作用，能够更好地体现北京作为首都的特殊历史地位。

北京自由贸易试验区获批后，京津冀协同发展尤为重要，尤其是差异化统一协调的工作。既要充分发挥北京作为首都、文化中心、头部经济、总部经济的特色，也要发挥河北作为北方制造业大省及河北保定白沟经济贸易区的作用。常说“南义乌北白沟”，白沟是重要商品集散地。如果能把京津冀自由贸易区打造成为类似于“前店后厂”的模式，不可谓不创新。前面是天津海港滨海新区，后面是河北制造区以及商贸区，而北京作为服务贸易及文化中心，在里面起到引领的作用，三者可以相辅相成，共同发展。

全面开放新格局未来可期

目前，在中国的城市群格局中，长江中游城市群已经取得一定发展，但还有更大的发展空间。湖南是有效连通长江经济带及粤港澳大湾区的重要纽带。客观讲，现在五大城市群中，长江中游城市群已经取得一定发展，但还有更大发展空间。湖南在之前的经济贸易发展中广泛地承接广东的“腾笼换鸟”，部分加工贸易企业从粤港澳大湾区转到粤北的韶关，再从粤北的韶关转到湖南南部，可以说是粤港澳大湾区经济带的溢出或者是外延。长沙是长江中游城市群三大中心城市之一，其经济发展在中部起到引领作用。

对于安徽加入长江三角洲一体化具有三方面明显“加持”：第一，往北承接了产业转移和聚集；第二，在芜湖—马鞍山一线发挥沿江优势，可继续融入长江三角洲一体化；第三，安徽有中国科学技术大学的支撑，可以发挥科技中心独到的人才优势，为自由贸易区对长江经济一体化提供智力支持，有利于上海、江苏、浙江及安徽差异化发展，各自发挥比较优势。

从地理位置上看，第六批自由贸易区获批以后，胡焕庸线以东基本上所有的省份都有自由贸易区了，只剩下中部的江西、西部的贵州、北部的山西及东北的吉林，这四省还没有自由贸易试验区。预计在“十四五”期间，第七批自由贸易区有望覆盖这4个地区。可以预期，在不远的将来，胡焕庸线以东自由贸易区全覆盖，这对切实落地中国构建全面开放新格局是一个重要的举措。中国构建全面开放新格局的步伐正在加快，我们有望看到新发展局面在短期内形成。

改革和开放是相互融通的过程，在改革中推开放，在开放中促改革，两者是相辅相成的。接下来，加快全面开放新格局应在自由贸易区的设计上下功夫。在服务贸易领域，需要进一步深入改革和发展；在金融方面的开放，必须继续深入进行。

在中国加快构建“双循环”新发展格局的背景下，自由贸易区扩容自有其深意。面临百年未有之大变局及新冠肺炎疫情，中国正通过不断扩大开放，构建推进全面开放的新格局，来切实推进贸易全球化。

原载于《前线》2020年10月20日 作者 余淼杰

第四季度中国可能会出现报复性消费

第四季度中国经济恢复疫前水平没问题

中国前三季度的经济增长由负转正，证实了我们之前的预测：下半年中国经济的恢复会加快，这体现在第三季度经济增长 4.9%，第四季度的经济增速会比第三季度要更好，有望在 5%以上，第四季度中国经济恢复到新冠肺炎疫情前的水平没问题。

从第三季度的数据中可知中国经济已经取得了抗击新冠肺炎疫情斗争重大战略成果阶段性胜利，我并不认为未来防控新冠肺炎疫情会对经济发展有多大的拖后腿作用。相反，中国已经在抗疫中取得了较丰富的经验，新冠肺炎疫情对中国经济的影响已经微乎其微。

IMF 预测中国 2020 年的经济增速是 1.9%，我预测中国全年经济增速为 2.3%～2.5%。

抗疫时空差给中国在大国竞争中带来机会

近期新冠肺炎疫情在欧美国家进一步反弹，但市场波动不会像之前那么大。因为遭受新冠肺炎疫情冲击后，一开始的反应会比较大，随着新冠肺炎疫情的常态化，不同的国家特别是欧美国家在新冠肺炎疫情中逐步部分复工、复产，所以经济的变化不大。当然美国现在的风险还非常高，在复工复查中并没有很好地控制住新冠肺炎疫情。

同时也要注意到在发展中国家，特别如印度等国家，新冠肺炎疫情对它们 2020 年的经济冲击很大。据 IMF 估算，2020 年的新冠肺炎疫情会导致印度经济下滑 10%左右。

中国相对其他国家，率先在新冠肺炎疫情中恢复，而其他国家应该要到 2021 年第三、第四季度才能够在新冠肺炎疫情中恢复过来。所以，中国经济毫无疑问地已经成为引领世界经济增长的“火车头”，这也可以从 IMF 对中国现在的预测中体现：目前大的经济体中，只有中国的经济增长是正数，其他国家增速都为负数。

所以抗疫的时空差给中国带来的更多是机会。在新冠肺炎疫情重袭之下，中国经济一度比较困难，但通过积极的财政政策、稳健的货币政策中国已经率先从新冠肺炎疫情中恢复起来。中国的抗疫经验成为其他国家抗疫借鉴学习的蓝本，特别是积极地采用财政政策来应对经济的衰退和萧条，已经广泛被其他发展中国家学习，即通过稳健的货币政策来保市场主体，从而实现稳就业的作用。

第四季度可能会出现报复性消费

我认为第四季度可能会出现报复性消费。事实来讲，在第二产业及第三产业，特别是第三产业已经显现出来，居民在上半年新冠肺炎疫情重击之下，整个社会形成一种只争朝夕的精气神，因此第四季度可能会出现报复性消费。

但客观来看，目前中国的消费尽管有所上升，但想完全通过内需来拉动中国经济发展在短期内无法实现。2020 年消费对经济拉动的作用相对有限，主要是靠进出口及以新型基建为主的基础设施投入。

消费对经济增长 GDP 的贡献会相对稳定在六成左右，且持续一段比较长的时间。如果要增加消费提成，必须有恒久性的收入提高，且必须采用积极的财政政策来减税降费，降低居民的负担；如果要保证充足的消费，至少就业要得到很好的解决。换言之，要保市场主体，中小微企业必须广泛地存在，这必须靠稳健的货币政策。

第一，降低利率、降低存款准备金率及做好再贴现等工作，对保证企业的存活起到积极作用；第二，如果想降低居民的边际税率，特别是低收入人群的边际税率,可以通过相应提高税收起征点来达到这一目标。

比如，消费券短期内有作用，可以拉动地方经济的增长；长期来看作用比较小，因为长期消费稳步增长，主要依靠恒久性收入。

解决农民工就业结构性问题是关键

中国的就业市场目前表现良好，“六保”中最核心的是保就业。保就业的措施是通过“六稳”，“六稳”之中的“稳就业”是目标，是关键，通过“稳金融、稳外贸、稳外资、稳投资”来实现。例如，国务院办公厅 8 月 5 日印发了《国务院办公厅关于进一步做好稳外贸稳外资工作的意见》来促进“六稳”发展，金融方面的改革也同步在进行，这些是中国的就业市场现在变得较好的原因。

当然，就业中存在的结构性问题也需要重视。例如，农民工就业的结构性问题：2020 年农民工待在家里的比较多，主要是因为中小微企业前期比较困难。我预测，2020 年下半年农民工出去打工的比率会上升，因为中小企业小微企业已经逐渐解困。

贸易顺差年内会不断扩大

进出口方面，从 2020 年 3、4 月开始，我就强调中国出口不会因为新冠肺炎疫情而下降，特别是在下半年，中国的出口一定会反弹；而进口增速有限，所以贸易顺差会扩大，我现在依然持这种观点，且现在的数据也印证了这点。2020 年全年的经济总顺差会达到 2.6 万亿元左右，下半年的贸易顺差也会大于上半年。

未来进口和出口都会增加,但不代表进出口这驾马车对经济的增速、对经济的作用会更大，未来中国会寻求扩大进口，努力降低贸易顺差，保证进出口的平衡。换言之，长期来看，进口对经济的提升作用会有所下降，或者至少保持稳态。

原载于 网易研究局　2020 年 10 月 28 日　作者 余淼杰

中美大变局下的中国经济“双循环”

2020年7月30日，中共中央政治局工作会议提出，要逐步形成以国内大循环为主体、国内国际双循环相互促进的新发展格局。之所以提出新发展格局，和我们现在所处的大环境有关。这次的中共中央政治局会议讲得很清楚，中国现在所处的世界正迎来百年未有之大变局及新冠肺炎疫情。

今天的分享主要有三块内容：

第一，“双循环”的背景：我们为什么要提出“双循环”？

第二，中国经济发展“双循环”的比较优势：中国经济的潜力何在？

第三，如何落实经济“双循环”？

百年未有之大变局：这里的“百年”显然是虚指，强调我们现在面临的挑战很多。在我看来，挑战主要有三个：一是中美关系复杂且多变；二是多边经济贸易合作相对停滞不前；三是以中国为中心的亚太价值链面临冲击，包括一些外资撤资和产业转移等。

新冠肺炎疫情对世界经济的冲击有多大？10月，IMF第四次调整了对世界经济增长的预测结果，认为2020年世界产出将下降4.4%，其中发达经济体将下降5.8%，新兴市场和发展中经济体将下降3.3%，而中国是所有经济体中唯一能实现正增长的大型经济体，且增幅有可能达到1.9%。我认为，IMF对中国2020年的增速还有些低估，最后我们或许能实现2.3%～2.5%的增速。

毫无疑问，中国已经成为引领世界经济发展的“火车头”，在这个新冠肺炎疫情之年的表现会更突出。

世界经济何时能够全面复苏？如果以2019年第一季度的数据为基

点，中国在2020年第二季度已经超过这个基点实现复苏，预计新兴市场和其他发展中经济体要等到2021年第一季度，而美国、欧盟等发达经济体则要等到2021年第四季度。

新冠肺炎疫情对经济的冲击具有异质性特征，体现在不同地区所受影响不一样。IMF在10月上调了6月对发达经济体和中国经济增速的预测结果，将发达国家的增速由–8.1%上调至–5.8%，中国的由1.0%上调至1.9%；同时，IMF下调了对新兴市场和其他发展中经济体的预测，增速由–5.0%下调至–5.7%，其中印度经济由于近期新冠肺炎疫情加剧，预计2020年增速会下降至–10.3%。

“双循环”背景：我们为什么要提出“双循环”？

大变局最重要的背景是中美关系，首先要梳理的是中美贸易战。

中美贸易战自2018年3月至今一共进行了三轮五次加征关税，第六次因2019年12月13日第一阶段贸易协议达成而最终未生效。

1. 中美贸易战的几个特点

从被加征关税的产品结构来看，美国对中国加征关税清单产品主要分为消费品、中间品和资本品三大类。随着贸易战升级，消费品在其中所占比重不断攀升。从第一轮500亿美元产品中占1%，到第二轮2000亿美元产品中占24%，再到第三轮2670亿美元产品中占40%，一步步导致美国国内通胀压力加大。

从加征关税的产品数量来看，中国出口产品逐步受到美国的不公平待遇。2017年，中国出口美国的产品中只有8.1%被征收高关税，且一般都是因为这些产品涉及美国的反倾销、反补贴税法等。到2018年9月，被征收高关税的中国产品已达到50.6%，而如果没有达成第一阶段贸易协议，这一数字在2019年12月13日以后还将上升至96.8%，即除了稀土、硅等特殊产品外，所有中国出口产品都将受到美国的高关税对待。

从关税税率来看，美国对双边贸易的打击力度更大。截至2020年3

月的数据，美国对自中国进口的商品加征的关税从 3.1%提升到 19.3%，中国采取反制措施从 8%提升到 21.1%，显然美国的提升幅度更大，对中美贸易的打击力度也更大。

2019 年 12 月 13 日，《中美第一阶段经贸协议》达成，中美贸易战按下暂停键。

回顾双方在过去两年的 13 轮经济贸易谈判可以看到，双方保持了“有来有往”，但每一轮都是中国先访问美国且牵头人一直是国务院副总理刘鹤，美方则在不断地换帅，先后由偏向于鸽派的财政部部长奴姆钦、鹰派的商务部部长罗斯和贸易代表莱特西泽担任。

第一阶段贸易协议文本于 2020 年 2 月 14 日正式生效。从具体内容来看，首先，两国对拟在 2019 年 12 月 15 日就对方进口的部分产品加征关税的不再加征，贸易战因此暂时休战。其次，中方同意未来两年内从美国扩大不低于 2000 亿美元（在 2017 年的基础上）的进口。这里有几个关键点：一是“在 2017 年的基础上”，中美贸易战之前的 2017 年正值中美经济贸易往来高峰期，要在进口峰值的基础上继续扩大进口，对中国而言难度不小；二是“2000 亿美元”并非在两年内平均分配，而是 2020 年扩大进口 767 亿美元，2021 年扩大进口 1233 亿美元。

如果中方在两年内没有完成上述进口目标，算不算中方违规呢？答案是不算，因为这是一个市场行为。假设美国的大豆没有巴西的具有市场竞争力，那么中国企业可以选择从巴西进口。只要中国政府没有禁止企业从美国进口，那么中国完不成进口目标也不会构成违规。

2. 特朗普对中美贸易的错误认识

特朗普关于中美贸易的核心观点有三个：第一，他认为在中美贸易中，中国占了便宜而美国吃了亏。他的一个理由是美国因进口中国产品而使美国减少了 300 万个工作岗位，另一个理由是美国存在大量贸易逆差而中国存在大量贸易顺差。第二，他认为美国吃亏的原因是美国对中国产品征收的关税较低，而中国的关税较高。第三，他认为上述问题最好的解决办法是对中国产品加征关税。

这些观点看似都有道理，但实际上没有一点能够站得住脚。

关于第一点中的第一个理由，中国对美国出口导致美国人丢掉工作岗位，这是事实，但这也是自由贸易的应有之义。自由贸易的终极意义是帮助参与贸易的国家变得更好。当一个国家变得更好时，并不意味着这个国家里每个人的生活都能变得更好，而是注定会几家欢乐几家愁。中美贸易过程中，美国的受益者是资本所有者，受损者是劳工，而中国的受益者是劳工，受损者是资本所有者。

以中国为例，在改革开放之前，资本比较稀缺，物以稀为贵，导致资本回报率较高。改革开放后，更多的外国资本进入中国市场，资本的回报率自然下降，所以资本所有者在中美贸易中受损。

另外，自由贸易促使中国劳工生产的衣服、鞋帽等畅销到美国后，中国劳工因需求增加、收入上涨而成为自由贸易的受益者。所以，自由贸易必然会导致一个国家的部分群体的利益受损，但它保证了整个国家的利益增长。

关于第一点中的第二个理由，美国存在大量贸易逆差而中国存在大量贸易顺差，这也是事实，但贸易逆差不见得是坏事情，贸易顺差也不一定是好事。为什么？从贸易逆差的本质来看，中国生产衣服卖给美国，美国买下衣服并付给中国美元，但事实上中国拿到美元后还要拿去国外投资，而目前全球最好的投资地除了中国就是美国，所以我们大部分的美元收入会用来购买美国国债。

中国每年有大约 3000 亿美元对美贸易顺差，其中 35%～40%用于购买美国国债，占到美国总国债的 8%左右，占海外投资者所持美国国债的 20%～25%。毫无疑问，中国已成为美国最大的债权国。

而美国的贸易逆差意味着美国向中国融资，利用美元的霸权地位，借别国的钱来发展本国经济，这就如同我们老百姓从银行贷款买房，他山之石可以攻玉，用别人的钱来发展经济，那么贸易逆差也并不一定是件坏事。

同时，中国大量的贸易顺差也不见得是好事情，贸易还是要平衡一点儿更好。有外汇储备是好事，但现在我们已经有 3 万亿美元的外汇储备，这会引发输入型通货膨胀风险。2019 年中国的输入型通货膨胀的压力是 2.5%。输入型通货膨胀对市场的影响，就如同人身体的免疫力下降，不是容易感冒就是容易发烧。基于中国对美国贸易顺差的持久性，政府采取人民币升值的方式来对冲输入型通胀，但对冲措施也是要付出成本的，也是把双刃剑。因此对中国而言并不愿意有过多的外贸顺差。

关于第三点，是关于怎么解决贸易失衡的问题。美国想降低外贸逆差，而中国想降低外贸顺差，这本来是可以一拍即合的事，为什么会越弄越僵？主要问题是思路决定出路。特朗普的意思是，解决贸易逆差就一定要对中国征收高关税，但任何一个主权国家都会对此采取反制措施，最后的结果必然是导致经济贸易这块大蛋糕被越做越小。而中国的意思是，双方不需要打关税战，中国扩大进口来降低美国贸易逆差，这样蛋糕就可以越做越大。这就是为什么中国在第一阶段贸易协议中同意扩大 2000 亿美元进口。

在协定中，中国还承诺进一步加大知识产权保护力度、不允许强制转让技术、放宽金融服务准入，这体现了中国对三个改革方向的决心。实际上，中国领导人在 2018 年 4 月的博鳌亚洲论坛上，就强调了要坚决推进这三项改革。

此外，美国还提出人民币要避免竞争性贬值，中国也答应了。因为中国原本也没有想让人民币贬值。如果人民币贬值的话，会更有利于中国产品出口，但我们的出口产品主要是劳动密集型产品，所以竞争对手不是美国而是中国的兄弟国家——东盟十国。人民币贬值后会伤害到东盟国家的利益，这将阻碍中国推进“一带一路”建设。

3. 第一阶段贸易协议的落实情况

中国上半年完成了进口采购目标的一半。按照第一阶段贸易协议，中国到 2020 年 6 月应该完成 800 亿美元进口，但由于新冠肺炎疫情暴发，我们只完成了 400 亿美元，因为新冠肺炎疫情属于不可抗力因素，中国即便从美国零进口也会受法律保护。2020 年 8 月底，莱特西泽评估半年来《中美第一阶段经贸协议》的落实情况，他比较公正地评价说中国做得挺好的。中国积极扩大进口，举办中国国际进口博览会（简称进博会），因为扩大进口能够让老百姓买到更便宜且更优质的产品，有利于提升老百姓的幸福感与获得感。

自 2018 年以来，中美关系越来越复杂且越来越恶化。从最开始的“301 调查”到最近的蓬佩奥污蔑中国是帝国主义国家、关闭中国驻休斯敦总领馆、尼克松图书馆演说否定美对华战略和抖音被美国禁用等，可以看到美国对中国实施了全面打压。

所以当我们讲到中美贸易关系时，以前在贸易战期间我们将它形容为中美关系的“前线”，但现在我认为对它更恰当的比喻应该是中美关系的“后方”。换言之，中美贸易关系已成为阻止中美关系恶化的一个润滑剂，或者说是指引中美关系积极前进的一盏明灯。

4. 对中美贸易战的几项预测

过去两年，我对中美贸易战做过不少准确预测，包括我曾预测 2019 年 12 月 15 日之前一定会达成贸易协议，以及从 2019 年 12 月 15 日起 3 个月内人民币兑美元汇率会上升到 1 美元兑 6.8 元。

关于人民币汇率的走向，从 2020 年初开始，我就判断人民币在下半年会升值，但到 11 月初会开始贬值。之所以如此，是因为达成第一阶段贸易协议，对中美双方都是利好消息，但是对中国的利好更大。这就如同中秋节吃月饼，一块月饼对大人来说可能分量不够，但对小孩来说就能吃饱。尽管中国已经成为全球第二大经济体，但相对美国也还是体量较小的那一方，所以受利好影响更大，这也意味着人民币币值会上升。在美国大选出结果之前，人民币已保持升值态势，我预计到 11 月会开始贬值，即出现人民币在短期内贬值、长期（三年以上）升值的态势，且兑美元汇率在三年后会达到 1 美元兑 6.1～6.2 元。

同时，上半年大家对中国外贸的出口形势非常不乐观，我认为下半年中国的出口情况会有所改善，2020 年全年贸易顺差有望达到 2.6 万亿美元。理由是中国的新冠肺炎疫情已经得到了控制，而欧美地区却还在恶化。由于欧美地区新冠肺炎疫情持续时间过长，反弹性消费必将出现，在本国产品受新冠肺炎疫情影响无法生产时，物美价廉的中国产品自然成为当地消费者的选择。出口上升的产品主要是衣服、鞋帽等消费品。

中国经济发展“双循环”的比较优势：中国经济的潜力何在？

2020 年 5 月 14 日，中共中央政治局常务委员会会议第一次提出“双循环”这个词。原话是：“充分发挥我国超大规模市场优势和内需潜力，构建国内国际双循环相互促进的新发展格局。”①这提示我们中国的比较优势不再是以往所认为的劳工价格便宜，而是拥有超大规模的市场，这也是我们未来 10 年参与国际竞争的真正优势。

7 月 21 日，习近平在企业家座谈会上提出：“我们逐步形成以国内大循环为主体、国内国际双循环相互促进的新发展格局”②；7 月 30 日的中共中央政治局会议提出，“加快形成以国内大循环为主体、国内国际双循环相互促进的新发展格局”③。两次会议都非常明确地提出了“国内大循环”，只是一个提出“逐步形成”，另一个强调“加快形成”。我理解这是因为国际大环境变幻莫测，我们对形成“国内大循环”新格局的需求越发迫切。

中国发展“双循环”的经济格局具有比较优势。

第一，我们拥有超大规模的国内市场，14 亿消费人口中 4.5 亿是中等收入人口，人均 GDP 达到 1 万美元。

第二，中国全产业链优势明显，是全球唯一一个拥有联合国产业分类中所列全部工业门类的国家，拥有 41 个大类、207 个种类、666 个小类的完整工业体系。2019 年，中国出口的产品已达 7932 种。

第三，中国的产业集聚链有利于专业化分工。中国几乎每一座城市都集中发展一两个主导产业，如东莞和深圳做电子、云浮做石材、汕头做玩具、邢台做羊绒、廊坊做家具。这样的产业聚集分布优势可以降低企业生产出口的固定成本，帮助大家抱团取暖，然后产生溢出效应。因

① 吕腾龙，王珂园. 中共中央政治局常务委员会召开会议 习近平主持[EB/OL]. http://cpc.people.com.cn/n1/2020/0408/c64094-31666306.html[2021-01-27].

② 邱丽芳. 习近平主持召开企业家座谈会并发表重要讲话[EB/OL]. http://www.gov.cn/xinwen/2020-07/21/content_5528789.htm?gov[2021-01-27].

③ 吕腾龙，王珂园. 中共中央政治局常务委员会召开会议 习近平主持[EB/OL]. http://cpc.people.com.cn/n1/2020/0408/c64094-31666306.html[2021-01-27].

此，超大规模的国内市场、全产业链优势和产业集聚特征，使得我们的资本密集型产品不必非得向外“走出去”。

中美贸易战以后，外资企业会不会大规模地撤离中国？调研数据也显示，87%的受访美国企业表示不打算将生产线搬离中国。外资撤离中国不符合企业追求利润最大化的原则。中国劳工的生产率大概是美国的1/2，如生产一双鞋在中国需要 2 个小时而在美国只需要 1 个小时，但中国劳工的成本仅约为美国的 1/5，所以外资企业还是会选择在中国设厂。由于外资产品的主要市场在中国，如果工厂迁回美国再把产品运到中国销售，无论是从供给还是从需求角度对企业而言都不利。中国市场的优势在于劳工成本低、靠近销售市场、营商环境良好。

外企有没有撤离至东南亚国家的可能？这由产业类型决定。如果是劳动密集型产业，迟早会撤离中国，去劳工成本更低的东南亚或者非洲国家。以蓝领工人为例，中国的劳工成本是孟加拉国的 4 倍，但生产率只是其 2 倍多，所以，孟加拉国生产衣服、鞋帽等劳动密集型产品比中国更具优势，这也解释了为什么大批的制造产业、劳动密集型产业从中国转移至具备条件的非洲国家。但资本密集型产业则一定不会转移出中国，而是会向中国内陆省份转移。中国东部沿海地区的资本密集型产业将向中西部转移，因为非洲或东南亚国家目前还不具备完善的全产业链配套，较高的生产成本对企业利润不利。

如何落实中国经济“双循环”

1. 搞活“内循环”重在“对内开放”

中央文件中提到的对内开放主要包括以下几方面内容。

（1）以“三公”竞争原则推进要素市场化。

（2）以构建全面开放新格局推进贸易自由化、以改善营商环境推进投资便利化。

（3）以积极的财政政策、稳健的货币政策提升居民消费。

（4）以发展“两新一重”推进工业化、城镇化、信息化“三化融合”。

（5）以发展都市圈、城市群为重点推进区域经济一体化。

第一，以“三公”竞争原则推进要素市场化。在资本、劳工、人才、土地和数据五大要素中，土地要素是要做到防止房价进一步上涨。例如，深圳作为超级大城市面临巨大的房价压力，而稳定房价最好的办法就是增加土地供给，把基本农田以外的土地改成建设用地。数据作为一种生产要素，在 2020 年 4 月的中央文件中被提出来，重视数据要素代表中国未来生产力发展的方向，未来所有产业多少都会和数据发生关系。

第二，以构建全面开放新格局推进贸易自由化，以改善营商环境推进投资便利化。目前，全国已建设 19 个自由贸易区。我预测在“十四五”期间，中国会实现胡焕庸线以东自由贸易区全覆盖的新目标。2020 年，北京成为全国第 19 个自由贸易试验区，也是首个以服务贸易和数字贸易为特色的自由贸易区，这体现出我们大胆试、大胆闯的改革精神。6 月 3 日出台《海南自由贸易港建设总体方案》，海南自由贸易港建设体现出中国全面开放的新格局，预计 2025 年实现商品和要素的自由流动，包括资金、人员、运输、数据；到 2035 年实现全面开放，核心是制度集成、规则创新。从落地效果来说，海南岛全岛在封关下实现零关税、低税率（个人最高只需交 15% 的税率）、简税制、强法制、分阶段，逐步建立与高水平自由贸易港相适应的税收制度。需要补充的是，所谓“自由贸易港”不只是一个河港或者海港的概念，它甚至有可能是一个内陆空港的概念，如我们一些内陆省份戏称自己“苦海无边”：既不临海也不靠近边境的地理劣势，靠什么突破发展瓶颈？通过自由贸易空港，特别是有双机场的城市发展服务贸易就是一个发展方向。中国的对外开放是双向、立体的全面开放，其中的立体就是指形成海上、陆上和空中的开放格局。

第三，以积极的财政政策、稳健的货币政策提升居民消费。上半年的保市场主体，其实货币政策起了很大作用。3 月 4 日，中国人民银行会议提出稳预期、扩总量、分类抓、重展期、创工具、抓落实。稳健的货币政策要更加灵活适度。稳健的货币政策一是扩总量，二是调结构。扩总量是指市场主体需要钱，为此专项再贷款 3000 亿元和 5000 亿元，同时大力扶持小微企业，减税降费、缓交社保、减免租金，即调结构。此外，释放利率空间，即灵活适度、释放贷款市场利率报价潜力。

2020 年下半年的中央货币政策提出，一是稳健的货币政策更加灵活适度、精准导向，这是指上半年出政策而下半年看结果。二是保持货币供应量和社会融资规模合理增长，这表示不是大规模增加货币供应，如不会像特朗普那样让美国联邦储备系统（简称美联储）给每个人都发钱。美联储现在大规模放水，货币总量上升、利率低，投资美国对美元的需求就减少了，这就解释了为什么这三个月一直是人民币在升值而美元在贬值。三是确保新增融资重点流向制造业、中小微企业。

关于积极财政政策，可以概括为两个问题，即钱从哪里来？钱用到什么地方去？

先说钱从哪里来？一是总量，二是结构。目前预算内资金总量约是 28 万亿元，结构是原来的财政收入约 20 万亿元和新增约 8 万亿元。新增约 8 万亿元分成三块：一个是赤字规模约 3.76 万亿元，赤字率控制在 3.6%～4.0%的合理空间。2019 年美国赤字率约为 4.6%，印度赤字率约为 6.1%，所以 2020 年中国赤字率即便达到 4.5%也在合理范围内。二是特别国债 1 万亿元。三是地方专项债券约 3.75 万亿元。

钱用到什么地方去？首先是保市场主体。保市场主体的整体逻辑是拉动内需、扩大消费，而扩大消费就必须保证就业稳定。要稳就业，就必须通过稳健的货币政策来保中小微企业，即保就业、保民生、保市场主体。然后，通过减税降费提升居民的可支配收入，最后扩大消费。钱用到什么地方去？地方专项债券约 3.75 万亿元，目标投向地方县级基层，"地方"二字是应有之义，新意是在"县级"二字。换言之，这钱如果经过省或市级政府，不可雁过拔毛。

第四，以发展"两新一重"推进工业化、城镇化、信息化"三化融合"。"两新一重"是指新型基础设施、新型城镇化及交通、水利等重大工程。新型基础设施建设形成城镇化发展所需的重大交通水利工程，城镇化又带动投资和消费需求推动城市化、都市圈一体化发展与机制创新。

第五，以发展都市圈、城市群为重点推进区域经济一体化。长江三角洲城市群、粤港澳大湾区、京津冀城市群、成渝城市群及长江中游城市群这五大城市群是未来中国都市圈、城市群发展的新方向。通过“两新一重”来发展，特别是通过新型基础设施建设，达到城市群工业化、城镇化和信息化的“三化融合”。缺少工业化的城镇化将导致贫民窟；缺少城镇化的工业化也无法可持续发展，因为没有人来这里工作。而信息化跟工业化和城镇化结合，就是以 5G、AI 技术为代表的信息化实现智联工业、智慧城市的发展目标。

新型基础设施建设（简称新基建）的“新”主要表现在：新形态——传统基建做存量（规模），新基建做流量（结构）；新特征——数字经济+智能制造；新地区——投向需求大、城市密集度高的地方；新产业——5G、AI、新能源汽车；新主体——政府+市场（基础设施）、企业+市场（商业应用）。新基建和传统基建的区别是什么？传统基建是供给决定需求，如我们说“要想富先修路”，意思就是有路的供给，才会形成市场需求，才会促使经济发展起来。新基建的意思是需求决定供给，不会在没有人的地方搞新基建，而是要在五大城市群这样的地方建设新基建。

总之，我认为在“六稳”工作中，六项工作并不是简单平行的，而是层层递进的。“稳预期”是起点，目前全球经济都很差，中国经济已经是一枝独秀，“六稳”的核心目标是稳就业，而这个终极目标要通过稳金融、稳外资、稳外贸、稳投资四种方式来实现。

2. 实现“外循环”要重构以中国为中心的全球价值链

经济全球化的核心是贸易全球化。以复杂的汽车生产为例，车身上的许多零件生产由不同国家和地区分工完成，然后再组装在一起卖到全球，即生产地区化和贸易多边化相结合。这一现象并没有因为特朗普反全球化而发生根本性改变，即便当前 WTO 的多边机制受到很大冲击，也并不代表多边合作不存在，只不过原来是全球范围的多边合作，现在是地区经济贸易合作多边机制不断加强。

地区经济贸易合作主要体现为三方面：一是区域经济合作伙伴关系；二是美加墨自由贸易区；三是 CPTPP。

中美贸易战之后，中国在全球价值链中的地位被取代了吗？事实上，中国在全球价值链中心节点的地位更有望获得巩固。从 2000 年中国加入 WTO 前的贸易拓扑图可知，全球贸易基本上分成两大体系：一个是以德国为中心的欧盟体系；二是以美国为中心的太平洋体系。到 2015 年，拓扑图开始呈现出“三足鼎立”格局——以美国为首的美墨加三国协议、以德国为核心的欧盟区和以中国和日本等国为主的东盟“10+6”。因此，地区经济贸易合作关系就体现在，北美自由贸易区、欧盟自由贸易区和以中国为主导的东盟“10+6”区域经济合作伙伴关系。事实上，东盟十国已经成为中国最大的贸易伙伴。

如何重构以中国为中心节点的全球价值链？我认为核心关键词有两个，即“数字导向”+“知识密集”的全球价值链。为什么是“数字导向”？美国和德国的资本密集型产业已经发展得非常成熟，即便在数字产业方面中国没有明显优势，但至少和发达国家差别不是太大，中国拥有后发优势，可以实现“弯道超车”。

3. 对中美关系的看法

人民币走势在美国大选之前是升值，大选之后会贬值。理由是大选之后，不管是拜登当选还是特朗普连任，对美国都是利好，美元会短期走强。但从长期来讲，三年之内人民币一定还是升值的。所以我的核心观点是，10 月人民币升值，11 月人民币贬值，然后三年之后也会保持升值，且大概保持 1 美元兑换 6.1～6.2 元的汇率。

我理解中美经济贸易关系应该是树欲静而风不止，哪怕中国单方面想合作共赢也不具备一个友好的国际环境。中美关系可能会越来越紧张，中国必须有这个底线思维。最紧张的时候可能会是 2025 年即“十四五”结束时。2020 年中国的 GDP 会达到美国的 75%左右，而 2025 年中国的 GDP 总量会基本追上美国，美国会更加恐慌，所以中美摩擦到那时可能会达到一个顶峰。但到 2030 年前后，中国经济总量预计会是美国的 1.1～1.2 倍，中美关系反而有可能趋于缓和。

在这个过程中，国家战略跟商业利益应该怎么平衡？比如，美国工商界对中国一直是友好的，因为利润最大化才是它们追逐的根本目标，但“胳膊拧不过大腿”，所以如果美国已经把中国定义为战略竞争对手，美国工商界的利益可能也只能服从国家战略需要，但他们至少可以在中美关系的摩擦中起到润滑剂的作用。

中美关系会不会白热化？我认为不可能。中央明确指出和平与发展是当今时代的主题，其实是避免每件事都针锋相对，但应对还是很需要“有理、有利、有节”。换言之，正所谓“以斗争求和平则和平存，以妥协求和平则和平亡”。

有人说中美关系之所以出现当前的局面，是因为中国这些年没有再“韬光养晦”。我完全不同意这个观点。在20世纪90年代，韬光养晦是一个很好的选择，当时中国是全球第七大经济体，美国对付前面六个都来不及。但现在中国想韬光养晦已经不太可能，中国已经是世界第二大经济体，“大象难藏身于树后”，美国已经把中国定义为战略竞争对手，再选择韬光养晦实际上就是选择躲避，更像是一种鸵鸟政策。

综上所述，我愿意用下面这句话总结我对中美关系的理解，即“长期竞争、有限合作、力求共存”。其中，力求共存是目标，长期竞争和有限合作是客观事实。中美两国的长期竞争和博弈是21世纪的一个态势，至少在21世纪上半叶是这样。这里还有一层“斗而不破”的意思，美国也有需要和中国合作的地方，中美双方始终存在合作的空间，只是空间有限。

最后我用丘吉尔的一句话和大家共勉：“没有最终的成功，也没有致命的失败，最可贵的是继续前进的勇气。”尽管目前中国经济的发展也面临着一些挑战，但只要保持战略定力，用“双循环”发展经济，中国经济就能够在危机中育新机，在大变局中开新局。

整理自余淼杰北京大学国家发展研究院MBA论坛演讲 2020年10月17日

党的十九届五中全会将“创新”提升到前所未有高度的深刻意涵

党的十九届五中全会明确提出，要加快构建以国内大循环为主体，国内国际双循环相互促进的新发展格局。国内大循环要坚持实施更大范围、更宽领域、更深层次的对外开放。

北京大学国家发展研究院教授余淼杰认为，“更大范围”的开放强调的是，在“十四五”规划及之后相当长一段时间里，我们更要加强与以“金砖国家”为代表的新兴工业体国家的经济贸易往来。“更宽领域”的开放指的是不仅要大力发展商品贸易，也要发展服务贸易；不仅要鼓励外资企业来华投资，更要鼓励中国企业“走出去”。“更深层次”的开放含义更丰富，指的是要积极参与全球治理体系改革。只要通过深化改革、全面开放、多维创新，切实形成新发展格局，我们就有望在危机中育新机、在大变局中开新局。

如何深化改革以形成国内统一大市场的“内循环”？

（1）健全公平竞争制度，推进要素市场化配置改革。

（2）改善营商环境，降低贸易壁垒，尽快形成国内统一的大市场。

（3）提升居民可支配收入，培育内需，扩大消费。

（4）发展“两新一重”，推动新型工业化、城镇化、信息化和农业现代化的“四化融合”。

（5）以发展都市圈、城市群为重点推进区域经济一体化。

如何理解以国内大循环为主体与对外开放的关系？

以国内大循环为主体绝不是否定国际循环的重要性，更不是否定对外开放，相反是要更好地开放，要坚持实施更大范围、更宽领域、更深层次的对外开放。

如何积极参与全球经济治理体系改革？

（1）大力推进 RCEP 的实施。

（2）积极参与地区诸边贸易协议和国际多边贸易协议谈判。

（3）大力推进“一带一路”倡议，并应差异化提倡“海上丝绸之路”和“陆上丝绸之路”项目。

创新被提升到新高度的内涵有哪些？

（1）以技术创新提升企业全要素生产率，促进产品质量升级，打造完整、高端的产业链，建设制造强国。

（2）创新不仅包括技术创新，也包含内容更为丰富的制度创新，要以制度创新构造社会主义市场经济体制。

全面深化改革，构建高水平的社会主义市场经济体制

党的十九届五中全会明确提出，我们必须统筹推进经济建设、政治建设、文化建设、社会建设和生态文明建设“五位一体”总体格局，协调推进全面建设社会主义现代化国家、全面深化改革、全面依法治国、全面从严治党的战略布局。也就是说，全面深化改革、构建高水平的社会主义市场经济体制是我们当前一项重大任务，也是切实构建以国内大循环为主体、国内国际双循环相互促进的新发展格局的主要抓手。结合党的十九届五中全会精神和“十四五”规划建议内容，我以为，可从以下五方面深化改革，形成国内统一大市场的“内循环”。

1. 健全公平竞争制度，推进要素市场化配置改革

2020 年 4 月，中央出台了《中共中央 国务院关于构建更加完善的要素市场化配置体制机制的意见》，其中明确指出要对包括土地、劳动力、资本、技术、数据、知识、管理等各类生产要素进行市场化配置。事实上，这是中共中央第一次把数据作为一种基本生产要素明确提出来，也反映了数据作为新时代数字经济的一种基本构成要素，将

会对国民经济的健康发展发挥重要作用。10 月，在中共中央办公厅、国务院办公厅印发的《深圳建设中国特色社会主义先行示范区综合改革试点实施方案（2020—2025 年）》中，也明确提出将国务院可以授权的永久基本农田以外的农用地转为建设用地审批事项委托深圳市政府批准，支持在符合国土空间规划要求的前提下，推进第二、第三产业混合用地。之所以强调这一点，我认为是因为综合考虑到深圳作为全国创新标杆的超大城市，未来对建设用地的需求将大幅提升，为切实提升居民生活的获得感和幸福感，应同步相应提升建设用地的供给。同时，在多个指导文件中，中央都强调要健全公开、公平、公正的原则，在保证做大做强国有企业的同时，给民营企业创造一个宜商亲商的环境。

2. 改善营商环境，降低贸易壁垒，尽快形成国内统一的大市场

自 2013 年开始,中国先后在上海等 21 个省份建立自由贸易试验区，一方面以准入前国民待遇加负面清单的模式欢迎外商对华投资；另一方面大力改善营商环境，改事前审批为事中事后监管报备，积极推行贸易自由化和投资便利化的各项措施，大力降低了国内地区贸易壁垒。这些自由贸易试验区“放管服”的改革优化了营商环境，随后多层次地推广到全国各地。《海南自由贸易港建设总体方案》、党的十九届五中全会及“十四五”规划的建议等多个中央地方文件更是多次强调要贯彻落实。近日，深化“放管服”的改革要求也从实体经济推广到数字经济。日前，国务院更是发文明确多项重点任务，在规范有序的基础上，放宽平台经济市场准入。

3. 提升居民可支配收入，培育内需，扩大消费

形成国内统一大市场的目标是扩大国内需求。当前，我们面临百年未有之大变局，国际经济贸易环境复杂多变，外需波动较大。在这样的背景下，培育内需、拉动消费就成为推动中国经济发展的重要一环。而居民消费的增长需要做到以下两点保障。

第一，内需的培育需要居民的可支配收入明显提升，正所谓“有恒产者有恒心”。只有通过减税降费，切实地提升居民的税后可支配收入，

如此，即便居民的边际消费倾向没有提升，居民的消费也能得以提升。而减税降费这种积极的财政政策工具会带来更大的财政支出，所以我们应该相应地提高财政赤字率。事实上，国际上多个国家的实践经验都表明，一国的财政赤字率提升到占 GDP 的 4%是不会影响经济的正常发展的。

第二，内需的培育也需要市场主体的健康存在。正所谓“皮之不存，毛将焉附”，只有市场上最重要的主体——企业能在危机中大量存活，居民的就业才能得以保障。只有就业有保障了，居民才有意愿扩大消费。因此，我认为，“六稳”的各项内容是层层递进的。“稳预期”是起点，“稳就业”是终极目标，只有稳住了就业，才能保证社会的稳定，才能有效提升消费。而事实上，稳金融、稳外贸、稳外资、稳投资可以理解为实现“稳就业”的方式和手段。相关数据显示，目前，中国有 90%的市场主体是民营企业，而其中又以中小微企业居多，所以，中小微企业能否在新冠肺炎疫情的影响下存活就非常重要了。简言之，积极的财政政策和稳健的货币政策是保证居民提升消费、拉动内需的有力政策工具组合。

4. 发展“两新一重”，推动新型工业化、城镇化、信息化和农业现代化的“四化融合”

2020 年政府工作报告明确指出：“我们要着重发展新型基础设施建设，推动新型城镇化建设，同时，做好交通、水利等重大工程建设。”[①] 党的十九届五中全会再次明确提出，“十四五”期间我们要做好新型工业化、城镇化、信息化和农业现代化的有机融合。需要强调的是，工业化和城镇化是相辅相成、缺一不可的。离开了城镇化的工业化会造成产业“空心化”从而不可持续。同样，离开了工业化的城镇化则因为缺少就业机会容易产生“贫民窟”。所以，对发展中国家而言，工业化和城镇化需要协调发展。而信息化则是对工业化和城镇化进行赋能升级。

① 李克强. 政府工作报告——2020 年 5 月 22 日在第十三届全国人民代表大会第三次会议上[EB/OL]. http://www.gov.cn/zhuanti/2020lhzfgzbg/index.htm[2020-05-22].

不同于以前的“工农剪刀差”机制，党的十九届五中全会强调优先发展农业农村，全面推进乡村振兴，强化以工补农、以城带乡，推动形成工农互促、城乡互补、协调发展、共同繁荣的新型工农城乡关系，加快农业农村现代化。

5. 以发展都市圈、城市群为重点推进区域经济一体化

党的十九届五中全会明确要求：“推进京津冀协同发展、长江经济带发展、粤港澳大湾区建设、长江三角洲一体化发展，打造创新平台和新增长极。”①城镇化的发展是要优先发展大城市，打造大都市圈、城市群，同时做好这些新兴的都市圈、城市群的新型基础设施建设。就目前的发展态势来看，长江三角洲和以珠江三角洲为主体的粤港澳大湾区经济协同一体化发展得比较好，京津冀、长江中游和成渝城市群还存在明显的中心—外围城市结构，下一步要做好五大城市群内部的“无缝连接”，避免存在“月明星稀”的经济结构。同时，还要大力发展黄河母亲河流域经济生态圈。

构建全面开放新格局，积极参与全球经济治理体系改革

以国内大循环为主体绝不是否定国际循环的重要性，更不是否定对外开放，相反是要更好地开放，要坚持实施更大范围、更宽领域、更深层次的对外开放。我认为：

“更大范围”的开放强调的是，之前我们可能更关注对欧美发达经济体的开放，在“十四五”规划及之后相当长一段时间里，我们更要加强与以“金砖国家”为代表的新兴工业体国家的经济贸易往来。

“更宽领域”的开放指的是不仅要大力发展商品贸易，也要发展服务贸易；不仅要鼓励外资企业来华投资，更要鼓励中国企业“走出去”，到国外去直接投资。

“更深层次”的开放含义更丰富：第一，经济贸易开放的形式更为丰

① 刘畅. 中共中央关于制定国民经济和社会发展第十四个五年规划和二〇三五年远景目标的建议[EB/OL]. http://www.gov.cn/zhengce/2020-11/03/content_5556991.htm[2020-11-03].

富。不只要包括实体线下贸易，同时要包括线上数字贸易，其中又包含了商品数字贸易（如电子商务贸易）、服务数字贸易（如服务外包）和数据贸易（如阿里云、百度云等服务）。第二，开放不仅仅是扩大出口，同样重要的是扩大进口。这是因为扩大进口一方面可以减低企业的生产成本，同时也能显著提升中国居民的幸福感和获得感，提升居民福利。中国举办的三届进博会更是彰显了中国扩大进口、推行全面开放的诚意。第三，也是最为重要的是，要积极参与全球治理体系改革。过去 40 多年，中国的对外开放主要是遵循已有的国际经济贸易规则，但在“十四五”规划期间，中国应主动地参与构建制定地区多边经济贸易规则。具体而言，我们要做好以下三项工作。

1. 大力推进 RCEP 的实施

日前，中国与东盟十国、日本、韩国、澳大利亚、新西兰成功签署了 RCEP。该贸易协议目前共有 15 个国家参与，区域经济总量占全球经济总量的 30%左右。相对于以前中国签订的双边或多边自由贸易区协议，RCEP 主要有几点不同：第一，货物贸易更加开放，有 90%左右的产品完全免税，并承诺在 10 年之内削减至零关税。第二，区域内部零关税并更加明确 ROO，这有利于区域内 15 个国家更好地进行区域贸易，贸易创造作用明显。第三，在投资方面，强调用负面清单的方式进行投资准入谈判，市场准入门槛大幅度降低。第四，协议不只包括货物贸易，还包括电子商务等服务贸易及知识产权保护等方面，是个比较高规格的贸易协议。RCEP 的顺利签署，不只有利于多个贸易协议国，更有利于巩固以中国为中心节点的亚太价值链和产业链。

2. 积极参与地区诸边贸易协议和国际多边贸易协议谈判

事实上，除了 RCEP 外，中国还应积极参与 CPTPP。相对于 RCEP 而言，CPTPP 的要求更为严格，涉及服务贸易、数字贸易的内容更多。除此之外，中国也要积极参与到以 WTO 为代表的多边经济贸易谈判中。以 WTO 的改革为例，中国应该针对里面诸如对发达国家范畴的界定、权利和义务的对称、市场经济国的事实界定等关键事项，提出并宣传好中国方案，促进国际合作，实现互利共赢。

3. 大力推进"一带一路"倡议，并应差异化提倡"海上丝绸之路"和"陆上丝绸之路"项目

自2013年中国提出"一带一路"倡议以来，目前已有至少65个国家或地区加入到倡议中来，这对促进"一带一路"沿线国家和地区的经济发展发挥着积极的作用。在目前"一带一路"的项目合作倡导中，应差异化提倡"海上丝绸之路"和"陆上丝绸之路"项目。由于"海上丝绸之路"的主要参与者是东盟十国，则更应强调中国劳动密集型产业的转移与合作。而对"陆上丝绸之路"的参与者，则更应该强调资本密集型产能的合作。

创新驱动，高质量发展中国经济

党的十九届五中全会明确提出，要坚持创新在中国社会主义现代化建设全局中的核心地位。同时，在"十四五"规划期间，要继续提升企业全要素生产率，以创新驱动、高质量供给引领和创造新需求。可以说，党的十九届五中全会和"十四五"规划建议把创新提升到了一个前所未有的新高度。这里面包含几点内涵。

1. 以技术创新推动产品质量升级，建设制造强国

当前，中国的制造业产值占GDP的29%左右，成为全球当仁不让的"世界大厂"。但问题在于中国制造业总体上是"大而不强"，部分关键核心技术仍然依赖于外国生产。而这些关键核心技术国外也通常采用"出口禁运"等方式不准出口到国外。对于这些"卡脖子"技术不能简单地存在"造不如买""买不如租"的想法，必须努力做到核心科学技术自立自强。只有以技术创新提升企业全要素生产率，促进产品质量升级，打造完整、高端的产业链，才能真正实现制造强国。

不过，需要强调两点。第一，要严格区分技术创新和工艺改进。一般的工艺改进可以由各个行业各个企业在实践中不断改进，但技术创新最主要还得靠国家和大型企业投入，依靠国家高端专门科研机构来进行。第二，国家要创造良好的制度环境来鼓励科研人员进行技术创新。具体

而言，就是要完善创新体制机制，实施按“才”分配，按贡献分配的分配体系；同时适当延长专利保护年限，鼓励企业研发。

2. 以制度创新构造社会主义市场经济体制

党的十九届五中全会明确突出了创新在现代化建设中的核心地位。需要强调的是，创新并不仅仅是指技术创新，也包含内容更为丰富的制度创新。其实，十八大以来，中国一直推行的深化改革和全面开放就包含了丰富制度创新内容。例如，自 2013 年开始设立的多个自由贸易试验区，其核心指导思想就是制度创新，要求各个自由贸易试验区大胆试、大胆闯、自主改。而 2020 年 6 月出台的《海南自由贸易港建设总体方案》则更好地说明了这一点。海南自由贸易港建设分两步走。在 2025 年“十四五”规划收官之时，要实现“早期收获”，实现商品和要素的自由流动。而到 2035 年则要实现全面开放，核心是制度集成、规则创新。从落地效果来说，海南全岛在封关下实现零关税、低税率（个人最高边际税率为 15%）、简税制、强法制、分阶段，逐步建立与高水平自由贸易港相适应的税收制度。

另外，刚出台的深圳社会主义先行示范区也是设计出多种政策来推动深圳的科技创新。目前，深圳的创新强度在全国各城市最高，即研发支出占 GDP 的比重达到 4.1%左右，远高于粤港澳大湾区 2.1%的平均水平，也高于经济合作与发展组织（Organization for Economic Co-operation and Development，OECD）的 2.6%左右，是当前中国的创新之都。而在“十四五”规划期间，深圳能否继续保持其创新的活力则取决于其能否出台落实落地各类创新激励政策，激发人才创新活力，一方面发挥市场在资源配置的决定性作用，另一方面更好发展政府作用，做到“有效市场”和“有为政府”合力共进。

原载于 人民智库 2020 年 11 月 24 日 作者 余淼杰

RCEP 助力大变局中的中国经济“双循环”

全球化结构与形态发生了变化，但基本方向与趋势没有改变。RCEP 的签署有助于中国顺利实施“双循环”，有助于中国在危机中孕新机、于变局中开新局。

中国现在面临的大变局中，中美关系的深刻变化占主要位置。中美贸易摩擦在 2020 年初告一段落。在第一阶段的经济贸易协议中，双方都做出了许多承诺，其中两点特别重要：第一，中美两国承诺对之前贸易摩擦还没有覆盖的产品不再加增关税；第二，中方承诺在 2017 年的基础上，两年之内扩大进口 2000 亿美元，在 2020 年扩大进口 767 亿美元。

2020 年，中国在 2017 年的基础上扩大进口的目标，目前仅达成了一半。不过，第一阶段协议中已经明确写出，如果发生不可抗力因素（如新冠肺炎疫情），协议将暂缓执行。对第一阶段贸易协议落实情况，美方对中方的努力还是做出了公允的评价，认为中方在大变局下能够将进口扩大近一半已难能可贵。由此可见，中美贸易摩擦已经由前线转移到后方，经济贸易关系已然成为中美关系“黑暗中的一盏明灯”，是阻止中美关系下滑的阻滑器。

经济全球化的核心是贸易全球化。尽管贸易保护主义、贸易霸凌主义一直存在，但是生产地区化和贸易多边化的核心特征没有改变。从简单的铅笔到复杂的汽车，再到更复杂的大飞机，每个产品都是由不同国家或地区生产的零部件组成的，再通过在某地集中装配，销往全球。

全球经济贸易合作式微，区域合作方兴未艾

但是我们也意识到，经济的结构发生了变化，如原来以 WTO 为代表的多边经济贸易合作停滞不前，许多国家或地区开始与和自己经济贸易联系紧密的国家或地区进行经济贸易合作。现阶段经济贸易“三足鼎立”的情况是：以美国为首的美墨加三国协议、以德国为核心的欧盟区和以中国和日本等国为主的东盟“10+6”。今天的贸易你中有我，我中有你，形态错综复杂。全球主要的多边贸易协议是现阶段国际贸易合作的基本态势。

全球经济价值链面临着破裂的风险，特别是在 2020 年初出现了外资撤离中国、产业转移出中国的论调。为了应对这个挑战，中国制定了很多政策，其中最重要的就是“双循环”。在全球多边经济贸易合作式微、地区经济贸易合作多边机制加强的背景下，中国在实现经济“外循环”方面有三大重点。

第一是大力推进“一带一路”倡议落地。相对于“陆上丝绸之路”，我们应该优先发展“海上丝绸之路”。中国和以东盟十国为代表的“海上丝绸之路”的沿线国家和地区经济贸易水平远高于其他国家，中国与“海上丝绸之路”国家的合作是有源之水、有本之木。

第二是推动 RCEP。2010 年 10 个国家形成了自由贸易区：两个富国——新加坡和文莱，四个中等国家——菲律宾、印度尼西亚、马来西亚、泰国，四个欠发达的国家——越南、缅甸、老挝、柬埔寨。因为这个自由贸易区的存在，现在东盟已经取代欧盟和美国成为中国最大的贸易伙伴。这可以从中国和东盟十国的关税减免中看出，在 2010 年中国对 6 个比较发达的国家实施了零关税，在 2015 年对 4 个比较不发达的国家实施了零关税。

第三是积极参与 CPTPP。东盟十国自由贸易区的签订，对中国发展区域经济合作是非常重要的一步。当我们迈出这一步之后，下一步如何走有几种可能。第一种是走“10+3”的道路：东盟十国再加上中国、日本、韩国三国。也可能是走东盟“10+6”的道路，即再加上新西兰、澳

大利亚和印度 3 个国家。

创新规则下，最具潜力的自由贸易协定

RCEP 是全球人口最多、经济贸易规模最大、最具发展潜力的 FTA。2019 年，RCEP 签署国的贸易总额约占全球贸易的 27.4%，人口数量占全球人口的 30%，GDP 也接近全球的 30%。由此，中国对外签署的自由贸易协定将达到 19 个，自由贸易伙伴将达到 26 个。通过 RCEP，中国与日本建立了自由贸易关系，而中国与自由贸易伙伴贸易覆盖率增加至 35%左右。

RCEP 分商品贸易自由化、服务贸易正负面清单相结合的模式、投资便利化、自然人流动便利和数字贸易五块内容。

第一，商品贸易自由化。规定参与国之间 90%的货物贸易将实现零关税，分为立即达成零关税和渐进达成零关税两类。

首先，实施统一的 ROO，允许在整个 RCEP 范围内的 15 个国家累积计算产品增加值。因为实施统一 ROO，将阈值设定提高，RCEP 相对而言是高度开放的区域合作协定；而北美贸易协议对原产地条件的限制很多，贸易保护性很强，真正的自由贸易度就比较低。

其次，贸易救济中纳入“禁止归零”条款。根据之前的反倾销政策，中国的产品卖到美国，如果美国认为中国的产品价格低于美国所谓的公平价格，就会对这差额进行征税；而如果中国的产品价格高于公平价格就归零。而目前正负都要算。

再次，对需快运、易腐货物等争取 6 小时通关，整体超过了 WTO 的《贸易便利化协定》。例如，中国的大米此前受到壁垒限制，现在有了新的规则，贸易就更加方便了。

最后，在《实施卫生与植物卫生措施协定》的基础上，减少了不必要的技术性贸易壁垒。

第二，服务贸易正负面清单相结合的模式。日本、韩国、澳大利亚、新加坡、文莱等 7 个国家会采用负面清单，另外 8 个国家采取正面清单

的模式，并要求 6 年内全面实施负面清单。

正面清单是指在鼓励类、允许类、限制类和禁止类的外商投资中，得到许可的项目才能进行投资。负面清单是指不在限制投资清单上的就可以投资。哪一个更自由呢？当然是后者。在经济发展过程中会不断涌现新的产品和服务形式，如果采用正面清单，很多贸易无法实现；但如果采用负面清单，很多新的创新模式没有被禁止，自然而然就可以来做零壁垒的贸易。

第三，投资便利化。投资便利化体现在负面清单的模式及投资争端预防和外商投诉的协调解决这两个方面。RCEP 的内容还包括投资的便利化、全部采用负面清单模式，并设有投资争端预防和外商投诉协调解决的预防机制。

第四，自然人流动便利。除了个体本人的流动外，还包括家属的流动；签证政策也更加灵活、期限更长。

第五，数字贸易。数字贸易包含两方面的内容：一是数字的商品贸易，如以阿里巴巴为代表的电子商务的形式；二是数据贸易，如阿里云、华为云等。

RCEP 助力：推进“外循环”，引领“内循环”

RCEP 有助于经济“外循环”，体现在对出口、进口和投资的促进上。在 RCEP 建立之前，因为关税的存在，即使中国的产品比较好，日本国民可能只买日本的产品；而日本对中国的关税逐步取消之后，中国的产品就能进入日本，在出口方面体现了贸易创造的作用。进口方面也是类似的情况，外国产品更容易进入中国市场，使中国百姓能够拥有更多开放所带来的获得感和幸福感。在投资方面采用负面清单的模式，明确了哪些领域不能投资后，中国企业可以顺利地进入区域合作内的 14 个国家，助力了“外循环”。

RCEP 也有助于经济“内循环”。例如，国务院办公厅于 2020 年 8 月出台了 15 项有利于贸易自由化、投资便利化的政策，来推进“六稳”

工作。我认为，“六稳”中的“稳就业”是重中之重。稳预期是起点，稳就业是终点，稳金融、稳外资、稳外贸、稳投资都是实现稳就业的途径。上面提到的国务院办公厅出台的政策，涉及 RCEP 的范例和规则，可以帮助中国进一步形成一个统一的国内大市场。

概括而言，全球化的结构与形态发生了变化，但是基本的方向与趋势并没有改变。RCEP 的签署有助于中国顺利地实施“双循环”——帮助推进“外循环”，帮助引领“内循环”。如果我们能够推进“双循环”的实施，中国仍然处在最好的机遇期，我们就能做到在危机中孕新机、于变局中开新局。

原载于《复旦金融评论》第 10 期 作者 余淼杰

如何应对中国在服务贸易领域的三大挑战？

党的十九届五中全会审议通过了《中共中央关于制定国民经济和社会发展第十四个五年规划和二〇三五年远景目标的建议》。在“十四五”期间，中国面临一些挑战但也有一些机遇，下面我想从服务贸易的角度谈一谈中国的挑战和机遇。先说挑战，以下三个挑战比较重要，应引起我们的重视。

第一个挑战是总量。2019 年中国服务贸易的总量较小，大约为 7800 亿美元，相对于商品贸易额的 4.57 万亿美元来说，服务贸易额不到商品贸易额的 20%左右。因此中国的服务贸易总量还较小，这是中国面临的第一个挑战。

第二个挑战是结构。主要体现在以下两个方面：一是逆差大；二是附加值低。中国有近 2100 亿美元的服务贸易逆差，尽管中国不以追求贸易顺差为目标，但作为一个贸易大国，服务贸易的长期贸易逆差还是应该值得注意的。从服务贸易的结构看，服务贸易顺差主要体现在附加值较低的行业，如旅游、建筑、运输等行业，附加值相对较高的行业，如咨询、保险、金融等行业，中国的逆差都比较大。

再进一步看，旅游和教育产业有几个现象值得我们重视。第一，旅游。尽管中国旅游资源丰富，但可提升的空间还很大。一个最简单的例子：外国游客来中国旅游会感到非常不方便，景区用英文标志的很少，导致外国游客寸步难行，基本上国家 4A 级和 5A 级旅游景区都有类似的情况。

第二，教育。留学方面中国的逆差在不断扩大，我们团队之前做过一个研究，中国的企业通过商品贸易顺差挣到了钱后，这些企业经营者通常有较大动机将小孩送到国外留学，特别是中学生和本科生留学，都需支付高额的出国留学费用。这就相当于中国在商品贸易顺差中挣到的钱变成了服务贸易中的逆差。中国在留学方面的逆差是巨大的。事实上，美国许多公立大学的国际生源中最多的是中国留学生，其次是印度留学生。

第三个挑战是数字贸易新形态,也就是数字贸易和服务贸易的结合，在这方面中国的逆差也相当大。数字贸易和服务贸易对中国来说既是挑战也是机会，尽管中国的数字贸易相对美国滞后些，但与传统的金融、保险行业相比，中国在数字贸易方面与美国的差距还没那么大，因此数字贸易有可能在“十四五”规划中成为中国可以“弯道超车”的产业。

在面临这些挑战时，如何应对？我有四点不成熟的思考。

第一点，如何对接党的十九届五中全会提出的加快构建以国内大循环为主体，国内国际双循环相互促进的新发展格局。我想强调的是，当我们讲国内大循环为主体时，绝对不是不要“外循环”，从某种程度上看，我们更应该做好经济“外循环”。因为中国经济总量目前是 15.8 万亿美元，2020 年中国经济总量上升 2.3%，美国经济总量下滑 3.5%，是 20.3 万亿美元，同时人民币也经历升值，因此 2020 年中国已经占美国经济的 77%。但是，我们要注意，即使中国经济体量再大，也只占了全球经济的 18%左右，意味着还有约 80%的经济是世界经济。换言之，从某种程度上看“外循环”，才是我们工作的一个重要方向。

第二点，“十四五”期间，中国的服务贸易应该朝这个方向发展：扩总量、调结构、找亮点、树特色、减逆差。扩总量，意思是中国服务贸易总量是 7000 亿美元，这个体量目前还较小。如果从服务贸易与货物贸易的比值看，这个比例也是失衡的，中国 2020 年的货物贸易总量为 32.2 万亿元，折算为 4.98 万亿美元，服务贸易总量占货物贸易总量的 14%左右。若以美国外贸情况作参照物，美国的服务贸易总量占商品贸易总量的比重是 30%左右。所以，调结构也是当务之急，并且调结构和找亮点也是紧密相关的。

找亮点。在服务贸易的“十四五”规划中，我们要做好数字贸易这个亮点工程。数字贸易有两个关键词值得强调：一是知识密集；二是数字导向。这两个方向应成为我们未来服务贸易的重点。事实上，数字贸易可有三个部分：一是数字的商品贸易；二是数字的服务贸易；三是数据贸易。数字的服务贸易又可以分成两大块：一个是以数字为形式的服务贸易，如用数字化形式包装起来的教育、留学、医疗等；另一个是以数字为内容的服务贸易，如中国的数字外包。中国与发达国家比较，数字贸易发展相差不大，可以说中国有“弯道超车”的机会，也可以认为数字贸易是中国的比较优势。2019 年中国的信息技术外包和知识流程外包做得很好，2020 年信息技术外包和知识流程外包的离岸执行额分别为 3204.1 亿元和 2921.4 亿元，同比分别增长 10.7%和 17.9%。而业务流程外包相比之下出现了下降。但应值得注意的是，业务流程外包下降并不是一个问题。因为业务流程外包相对知识流程外包的附加值较低，因此，中国要发挥好数字贸易，得在调结构上下功夫。

树特色。主要是指做好中国医疗保健行业的服务贸易，树立中国的中医药产业特色。如果服务贸易想在质量上赶超日本和韩国，一定要找出中国主导牵头的产业，而中医药产业可以是这样一个产业。之所以选择中医药产业树特色，是因为中国中医药产业理念在东亚地区基本上还是大家能接受的。

减逆差。中国可以通过推动留学服务出口、高端培训、发展旅游来进行。在留学服务出口中，中国现在对外留学项目的招生，更多是免费项目或援外项目，我认为这个定位有待商榷。研究生项目，中国可以不收或少收费，但本科生项目宜收取一定费用。如果不收学费，第一来的留学生不多，第二来的留学生质量也不拔尖。另外一点是高端培训，高端培训其实也可以通过收费减少服务贸易逆差。北京大学的留学生源中最多的应该是韩国留学生，以后中国全面推进 RCEP，就可以考虑多做高端培训。

“减逆差”的另外一个着力点在旅游。中国的旅游贸易一般都是逆差，我曾做过一个测算，中国人每天在美国的旅游花费 1 亿美元，因为一年是 365 天,而早在 2016 年中国人在美国旅游的总开支就超过 365 亿美元。实际上，中国的旅游资源非常丰富，但是如上文提到，在旅游便利化上，我们做得还不够。如英文标识的配置，假如我们去日本旅游，我们并不会感觉到特别不方便，因为日本所有路标等都有英文标识。在国际化方面，我们做得还不太够，我们的路标还是以本国的文字为主，这样外国人来中国旅游，就或多或少会感到不便。这些细节的东西，我们一定要做好。同样在电信服务方面，我们可以充分利用北斗卫星，探讨如何利用北斗卫星定位实现更多商业化的运作。总之，在计算机、电信服务方面我们还有发挥的空间。另外一点是数据流动。数据流动方面的服务贸易实际上是在寻求两个方面的平衡：一个是在保护数据的私密；另一个是允许数据的跨国流动。在数字贸易领域处于前沿的国家，如美国，就会较多地强调数据跨国共享，其次会强调数据源代码不能强制本地化。一些数据服务比较落后的经济体通常会要求强制本地化。对中国而言，可能是应该在中间找一个平衡，一方面是保护隐私保护私密，但同时也要强调扩大开放的态度。在数据自由流动方面，CAI 和 CPTPP 也对数据流动这个议题做出了强调。另外，加工服务、政府服务、建筑服务，这三个领域是我们的传统优势领域。

第三点，充分利用区域经济合作。我们可以通过多边经济贸易合作的方式来促进国内服务贸易发展。RCEP 和 CPTPP 在服务贸易的议题上都有明确的规定，如 RCEP 明确规定，15 个国家中包括中国在内的 8 个实行正面清单，在 6 年内正面清单必须转成负面清单。剩余的 7 个国家包括日本、韩国、印度尼西亚、马来西亚、新加坡、文莱，澳大利亚目前已实行负面清单，这给我们明确提出一个未来的路径。正面清单在规定时间内转负面清单是一个很好的契机,可以促进国内服务贸易的发展,帮助我们在服务贸易方面与国际接轨,对我们的帮助类似于 20 年前我们加入 WTO 的情况。

第四点，我们要参与国际贸易服务规则的制定。这一点与第三点紧密相连，意即除按照协定执行我们要做的事情外，我们也应参与规则的制定。因为目前在新兴的产业数字贸易，如果某国制定的规则或提出的规则没有反对意见,那么该国在后面的发展上就会占据比较主动的地位，因此这是我们未来发展的方向。另外一点是做好知识产权的保护工作和推进负面清单模式，实际上也是要利用 RCEP 和 CPTPP 等协定，来推进中国服务贸易的进步。

原载于 网易研究局 2021 年 2 月 27 日 作者 余淼杰

发展要兼顾城乡协调和区域协调

“十四五”开局意味着中国经济进入新的发展阶段,在这样的背景下,如何理解新发展理念和新发展格局的关系?

立足新发展阶段，贯彻新发展理念，构建新发展格局，三者是紧密连接在创新发展、协调发展、绿色发展、开放发展、共享发展理念中的。

从创新看，一方面是关键技术上要自主创新，他山之石可以攻玉，通过借鉴、体会、吸收其他国家的技术，使之成为自己的独有技术，解决“卡脖子”的问题，在科技方面实现创新。另一方面是制度和规则方面的创新，这在参与国际竞争中特别重要。

从协调看,一方面要注重城乡的协调,另一方面要注重区域的协调。中国脱贫攻坚战取得了全面胜利，历经 8 年，近 1 亿农村贫困人口全部脱贫，832 个贫困县全部摘帽，这是中国历史上的一大奇迹。接下来应该转向乡村振兴，注重城乡协调，缩小乡村之间的差距。而区域协调发展则包括各个地区的协调发展，大城市群之间的协调发展，如京津冀城市群、粤港澳大湾区、长江三角洲城市群、长江中游城市群、成渝城市群等的协调发展。

从绿色看，中国力争在 2030 年前实现碳达峰，2060 年前实现碳中和。这意味着在以后对经济发展的考虑中，不会只是简单地考虑 GDP 总量的大小。

从开放看，推动形成全面开放新格局，有几点工作比较重要：一是打通流通的阻点；二是让贸易与产业更好地融合；三是推动区域的经济贸易合作。

从共享看，协调发展的目标就是共享。如何做好共享，最重要的一点就是处理好效率与公平，处理好二次分配，这需要通过税费调节实现。

立足新发展阶段，贯彻新发展理念，构建新发展格局，三者相辅相成。对于构建新发展格局，在新发展阶段达到目标，我有几点建议。

在“内循环”方面，第一，以公开、公平、公正的原则推动要素的市场化。2020 年 4 月，中央发布《中共中央 国务院关于构建更加完善的要素市场化配置体制机制的意见》，明确地把数据纳入生产要素。在数字经济时代，确实应当明确数据作为要素的基本性地位。此外，在做大做强国有经济的同时，确保民营经济和外资得到公平、公正、公开的对待。

第二，要通过深入地推进自由贸易试验区、自由贸易港的改革，推进贸易自由化。中国已经建立了 21 个自由贸易试验区，推广了 260 项制度创新。自由贸易试验区方面，主要有四点工作在推进；一是实施准入前国民待遇加负面清单管理；二是大力推进贸易便利化；三是简政放权；四是在自由贸易试验区内进行金融改革。自由贸易港方面，以海南自由贸易港为例，其先进性主要体现在两个方面，即全面实现早期收获和实现全面的开放。早期收获的主要内容是商品的自由贸易和要素的自由流动，而全面开放则包括制度方面的创新。对于沿海地区或内地有双机场条件的城市，可以考虑建设自由贸易空港，如西安、郑州都是具备条件的。

第三，通过改善营商环境来推进投资的便利化。中国的营商环境已经有了很大改善。要注意打破区域间的贸易壁垒，加速国内的贸易流通，继续推进投资便利化。

第四，拉动内需。拉动内需促进居民消费，前提是居民可支配收入必须提升，这意味着必须要降低税费。扩大消费的另一个前提是稳就业、稳市场主体。企业可以创造出大量就业岗位。因此，要让企业在新冠肺炎疫情和存在逆全球化思维的背景之下依然能够生存下去，这些需要财政政策和货币政策拉动。

第五，进行产业链、价值链和供应链的融合，推进新型城镇化、新型工业化，以及信息化和农业现代化。

第六，区域协同发展。京津冀城市群、粤港澳大湾区、长江三角洲城市群、长江中游城市群和成渝城市群五大城市群中，目前发展最好的是长江三角洲城市群和粤港澳大湾区。以粤港澳大湾区为例，它的创新强度、发展潜力巨大。长江中游城市群有比较大的发展空间，但长江中游地区和成渝地区，周围城市群还没有形成。

“外循环”方面，现在全球贸易格局呈现出“三足鼎立”，即以美国为首的美墨加三国协议、以德国为核心的欧盟区和以中国和日本等国为主的东盟“10+6”，但“三足鼎立”不等于三者独立，也不是三足孤立。中国在2020年签署了RCEP，在对外开放进程上又迈进了一步，未来还要积极地推进外贸方面的工作。

整理自余淼杰在由中国网主办的“中国圆桌论坛”上的讲话稿 2021年2月26日

三、热点访谈

（一）区域经济一体化与全球价值链重构

全球供应链不可能“去中国化”，后疫情时代经济发展应把握数字导向和知识密集

新冠肺炎疫情自2020年初肆虐全球，对全球化供应链打击颇深，在对疫后经济复苏的研讨中，中国在全球供应链中的地位，以及中国企业如何构建供应链备受关注。

2020年9月17日下午，对外经济贸易大学全球价值链研究院发布《后疫情时代的全球供应链革命——迈向智能、韧性的转型之路》研究报告（以下简称《报告》）并发起研讨会。《报告》认为，当今全球供应链“三中心”格局正在形成，分别是美国、德国和中国。

来自北京大学国家发展研究院、对外经济贸易大学等单位的多位学者反驳了全球供应链“去中国化”的论调。“中国具备中心节点位置的潜力……在后疫情时代，中国发展有两个关键词：数字导向和知识密集。”北京大学国发院余淼杰向包括《每日经济新闻》在内的媒体表示。此外，对外经济贸易大学发展规划处处长戚依南指出，后疫情时代演变的趋势就是向平台化转变，以核心企业构成生态圈是企业转型的目标模式。

中国成为全球供应链区域中心

“将供应链搬出中国”，在中国防疫最艰难时，这样的极端言论曾在部分西方国家出现。“现在大部分外国企业都没有撤离中国的计划。”中国国际贸易促进委员会研究院副院长路鸣在研讨会上表示。

《报告》进行了系统性分析，称全球供应链不可能“去中国化”，但

也指出疫情的确暴露了全球供应链面临的问题——贸易强度和人口红利下降，前者不意味着全球化的结束，后者则将对低收入国家参与全球供应链产生重要影响。

对外经济贸易大学全球价值链研究院教授王苒指出，过去数十年来，全球供应链构建了当前生产效率下的最优解决方案，对全球供应链的人为拆解是“危险的错误”。

《报告》认为，全球供应链“三中心”格局正在形成，分别是美国、德国和中国。至 2017 年，中国取代日本成为全球供应链的区域中心，不过日本仍是供应链的重要节点。

“中国供应链最大的竞争力在于它完善了供应链生态系统，只有在中国可以一天之中做成一部手机，因为可以找到所有小型生产商为它服务，就是一个完善的供应链生态。”王苒称。

余淼杰在研讨会中表示，全球化供应链有两个关键词，即生产的地区化和贸易的多边化。“地区的经济贸易合作逐渐取代了 WTO 为代表的多边经济贸易合作。这有点类似于我们的微信群，比如你有 5000 个微信好友，但是你只会在群里发言。所以‘三大中心’在未来会起到越来越重要的作用，而且作用越来越明显。”余淼杰表示。

一位与会学者介绍，东盟已占中国外贸的三成左右，成为中国最大的贸易伙伴，中美贸易摩擦的背景下，中国与东盟的贸易生态会更加明显。

优秀企业应“抱团”搭建生态链

余淼杰认为，在后疫情时代，中国发展有两个关键词，分别为数字导向和知识密集。其中，数字导向不是技术导向，“如果看 2019 年报告的信息与通信技术产品，在技术方面中国跟美国或者德国相比，并没有明显的比较优势”，中国应当更加注重与欧美差距较小的数字导向，更有可能实现“弯道超车”。

“在数字化转型和从劳动密集型向知识密集型的转变中，中国企业是全世界走得最快的。”联想集团全球供应链高级副总裁关伟表示。

数字化转型也存在难点。对外经济贸易大学发展规划处处长戚依南认为，数字化转型容易的地方是基础设施搭建，难的是治理结构和管理思维的转变，后疫情时代企业应当关注数字化能力的构建。其中，供应链演变的趋势就是向平台化转变，以若干企业为核心的平台生态系统构成一个大的生态圈，包含上游工业品和下游消费者，不同阶段的核心企业聚集若干供应商形成平台,平台连接在一起就构成了一个大的生态圈。

“中国供应链的发展比想象中的要迅速。”关伟表达了对中国供应链发展的信心，他介绍，以 Moto 某款手机为例，该产品 70%的零部件供应商来自中国本土，只有 30%来自国外，如高通的芯片、三星的内存。但其他 70%，包括屏幕、转轴和一些触摸相关的元件、摄像头等都是生态圈培育出来的中国企业做出来的。

关伟指出，在离散制造业，中国的供应链已十分强大，但在高精制造业，需要复杂且连续的供应链，我们国家仍需努力。

原载于《每日经济新闻》 2020 年 9 月 18 日 记者 李少婷

RCEP“扩大朋友圈”对亚太经济贸易发展有三大意义

2020年11月15日，第四次RCEP领导人会议举行，东盟十国及中国、日本、韩国、澳大利亚、新西兰15个国家，正式签署RCEP，标志着全球规模最大的FTA正式达成。

北京大学国家发展研究院余淼杰在接受香港中国通讯社记者采访时表示，RCEP在此时签署，对区域内外发展、应对贸易保护主义、实现区域均衡发展，均有重大意义。

在新冠肺炎疫情下，全球经济体遭到不同程度的冲击，亟须恢复供应链。余淼杰认为，RCEP的签署对区域内部来说，实施90%以上产品的零关税将节省消费者开支、提高生产效率，从而产生非常明显的贸易创造作用。而从区域外来看，实现统一的ROO，将为各国在区域之外的贸易提供极大的便利性。

此外，余淼杰指出，在贸易主义抬头、WTO作用式微的当下，RCEP对于巩固亚太地区的价值链和产业链具有举足轻重的作用。目前全球三大具影响力的有北美自由贸易区、欧盟、亚太经济贸易区，RCEP的签署将巩固亚太区域内的产业链。

正如马来西亚国际贸易和工业部部长阿兹明·阿里所言，签署RCEP意味着东盟及其对话伙伴对自由贸易说“是”，向保护主义说“不”。

最后，余淼杰认为，此前，东盟十国和中国已经组建了自由贸易区，在此基础上加入了日本、韩国及澳大利亚、新西兰。RCEP的签署实际上是“扩大朋友圈”，这将在很大程度上惠及小国经济发展。“通常一项利好的消息，对小国经济的影响相对较大。”

“此前 15 国并非全有关税协议，如中国此前唯独与日本还没有”，余淼杰提出，这不仅是中日经济贸易的突破，更多伙伴“加入朋友圈”，也将让地区合作更紧密，降低彼此之间的贸易成本。

各国领导人在宣言中表示，RCEP 是一个由发达国家、发展中国家，以及贫困国家共同参与的史无前例的超级贸易协定，将为地区内的企业提供广泛的商机，加强地区内国家的经济合作，还将助力各国取得抗击新冠肺炎疫情斗争战略成果，从而复苏经济。

余淼杰强调，在 15 国中，中国发挥着亚太经济贸易价值链的中心节点作用，无疑也将发挥主导作用，更好地帮助东盟国家融入区域发展。

中华人民共和国商务部（简称商务部）副部长兼国际贸易谈判副代表王受文当天也对媒体表示，RCEP 最大限度地兼顾了各方诉求，在市场准入和规则领域都实现了利益的平衡。协定还给予最不发达国家差别待遇，专门设置了中小企业和经济技术合作两个章节，来帮助发展中成员加强能力建设，促进本地区的包容均衡发展，共享 RCEP 成果。

原载于 香港中国通讯社 2020 年 11 月 15 日 记者 陈卓仪

RCEP 开启区域经济一体化新篇章

北京大学国家发展研究院余淼杰 15 日在电话采访中对记者表示,15 日正式签署的 RCEP 是东盟和中国、日本、韩国、澳大利亚、新西兰在已有的“10+1”自由贸易协定基础上的升级与完善，为该区域建立统一的规则体系，开启了区域经济一体化新篇章。

余淼杰说，在新冠肺炎疫情大流行冲击下，全球原来相互依存的价值链跟产业链面临着破裂的风险。各个地区经济贸易合作之间的联系在下降，不仅是各个地区之间，各地区内部的经济贸易合作联系也在下降，各国都面临着全球化“回头浪”的风险。

余淼杰指出，RCEP 这 15 个成员国是亚太经济的主体，签订一个高质量、高规格的自由贸易区合作协议，对拉动亚太价值链整合、产业链提升，推动地区经济贸易合作有重要的促进意义。

余淼杰说，尽管东盟十国之间有 FTA，东盟跟 RCEP 各个成员之间也有 FTA，但是，RCEP 的签署可以打通这 15 个国家之间的经济贸易障碍与隔阂。例如，在 ROO 方面，RCEP 在本地区使用区域累积原则，可以更好地计算出每个国家在这个产业价值链上的贡献，进一步促进地区经济贸易合作。

“RCEP 统一的 ROO 将提高成员国吸引力，因为进入一个国家就意味着进入整个区域市场。”余淼杰说。

余淼杰强调说，跟其他 FTA 相对比，RCEP 规定区域内 90%的货物贸易最终将实现零关税，同时拓宽了对服务贸易跨国投资的准入，纳入了电子商务便利化的新规则，推动了数字贸易。

余淼杰认为，东盟与其他成员国“10+1”的自由贸易协定给 RCEP 奠定了基础。RCEP 将促进亚太地区价值链整合，推动地区经济贸易一体化发展，也将更好地发挥中国作为亚太地区价值链中心节点的作用，使亚太地区各个经济体、全球其他经济体，都从中国经济增长及亚太地区经济恢复中受益。

原载于《新华丝路》 2020 年 11 月 17 日 记者 毛鹏飞

RCEP 为新冠肺炎疫情下全球经济复苏注入新动力

在贸易保护主义、单边主义和新冠肺炎疫情给全球经济带来连续冲击的背景下，东盟十国和中国、日本、韩国、澳大利亚和新西兰于 2020 年 11 月 15 日正式签署了 RCEP，发出了致力于推动自由贸易、多边主义和区域经济一体化不断向前发展的强音。

分析人士认为，RCEP 将打造超级经济圈，加速区域经济复苏发展，为新冠肺炎疫情下全球经济复苏注入新动力。

吹响自由贸易号角

RCEP 涵盖 20 个章节，既包括货物贸易、服务贸易、投资等市场准入，也包括贸易便利化、知识产权、电子商务、竞争政策、政府采购等大量规则内容。RCEP 货物贸易零关税产品数整体上超过 90%，还给予欠发达国家差别待遇，是全面、现代、高质量、互惠的自由贸易协定。

分析人士认为，RCEP 经过 8 年谈判才得以签署，各成员承诺降低关税、开放市场、减少标准壁垒，向世界表明开放合作是各国互利共赢的必由之路，体现出地区国家追求自由贸易、维护多边体系、建设开放型世界经济的广泛共识。

澳大利亚国立大学东亚经济研究所所长彼得·德赖斯代尔指出，RCEP 不仅构建了全球重要的自由贸易区，涵盖区域也是全球经济最具活力的区域。作为具有全球视野的区域自由贸易协定，RCEP 不仅推动了区域经济一体化深入发展，也是捍卫贸易自由化和开放型贸易体系的宣言。

亚洲愿景研究院院长强万纳里表示，RCEP 释放出一个清晰信号，那就是亚洲区域经济一体化进程依旧活力十足。RCEP 将提升经济信心、增强区域供应链，重申对开放、包容和基于规则的多边贸易体系的共同承诺，进一步促进区域和全球经济复苏。

为全球经济复苏注入新动力

新冠肺炎疫情全球大流行使国际贸易和全球产业链受到严重冲击。分析人士认为，RCEP 有利于稳定区域和全球产业链、供应链，巨大的统一市场带来的贸易投资效应也将为区域乃至全球经济复苏注入新动能。

美国布鲁金斯学会的一项研究表明，RCEP 一旦建成将提升全球实际收入，通过科技、制造、农业、资源领域的优势互通，降低该区域营商成本。

中日韩三国合作秘书处副秘书长曹静表示，更高水平的开放、更大的市场、更完善的政策，催生更多新的发展机遇和潜力。RCEP 的签署将促进相关国家贸易投资强劲增长，减少全球产业链、供应链的“梗阻”，加快疫后经济复苏。

柬埔寨商业部副国务秘书、发言人相泰认为，RCEP 带来更广阔的市场，促进成员国之间的经济贸易投资联系进一步发展，将为后疫情时期区域经济发展做出重要贡献，同时也将提升区域在全球经济和贸易中的重要性。

开启区域经济一体化新篇章

分析人士认为，亚太是全球经济最具活力的区域，RCEP 是东盟与该区域其他国家签署的各个“10+1”自由贸易协定基础上的升级与完善，为经济贸易联系紧密的各经济体建立统一的规则体系，开启区域经济一体化新篇章。

日本富士通总研经济研究所首席研究员金坚敏指出，RCEP 的制度设计、开放水平、成员构成不仅得到了东盟各国的广泛接受和积极评价，而且也强化了东盟各国的向心力。只要 RCEP 体现出市场一体化的魅力和发展活力，就有望进一步扩大区域合作范围。

新加坡贸易与工业部部长陈振声说，RCEP 是成员国对更广泛的经济一体化发展的承诺，也表明了共同愿望，那就是分享彼此繁荣发展的成果。

北京大学国家发展研究院余淼杰指出，RCEP 统一的 ROO 将提高成员国吸引力，因为进入一个国家就意味着进入整个区域市场。"RCEP 将促进亚太地区价值链整合，推动地区经济贸易一体化发展，也将更好地发挥中国作为亚太地区价值链中心节点的作用，使亚太地区各个经济体、全球其他经济体，都从中国经济增长以及亚太地区经济恢复中受益。"

原载于《新华社》 2020 年 11 月 17 日 记者 毛鹏飞

相互开放利于中国企业开拓日韩市场

日前，北京大学国家发展研究院余淼杰对《大公报》指出，RCEP对于中国而言，特别有利于中国企业“走出去”。他分析称，对于成员国中劳动密集型的东南亚国家，中国企业可以降低“走出去”的成本。而对于市场主导型的日韩国家而言，则达成了一个相互开放市场、降低关税和非关税壁垒的承诺，有助于中国企业进入日韩市场。

余淼杰认为，RCEP 的签署对中国企业“走出去”主要有两方面的利好：首先，中国、日本、韩国、澳大利亚、新西兰等 15 个国家采用负面清单模式；其次，中国企业可投资的领域增多，同时可以让市场准入更容易。

中国国际经济交流中心首席研究员张燕生表示，中国企业“走出去”后可以在成员国享有同等的国民待遇。

余淼杰称，这为中国企业“走出去”营造了一个良好的营商环境，特别是中国首次跟日本达成 FTA，同时，日本和韩国也首次达成 FTA，这为中日韩三方打开了一个相互开放、降低关税和非关税壁垒的市场。

此外，余淼杰称，RCEP 协定中有一个准则叫“不可违逆”，即该国同意了某一领域的开放后，就不能再对成员国进入该国市场“反悔”，这也保证了中国企业在海外的权益。他强调，内地的港资企业同样受惠于 RCEP。

复旦大学上海自由贸易区综合研究院研究员、丝路研究院（海口）院长张湧告诉《大公报》记者，RCEP 让 ROO 的定义从一国拓展到覆盖多国的区域累积。这一条制度安排十分有利于中国企业在亚太地区进行供应链、产业链优化布局。

原载于《大公报》 2020 年 11 月 18 日 记者 周琳 丁春丽

全球最大自由贸易区落定，看 RCEP 如何冲破内卷

历经 8 年、31 轮正式谈判后，全球最大的自由贸易区终于宣告诞生、正式启航。

2020 年 11 月 15 日，第四次 RCEP 领导人会议举行，东盟十国及中国、日本、韩国、澳大利亚、新西兰等 15 个国家，正式签署了 RCEP，世界上人口数量最多、成员结构最多元、发展潜力最大的自由贸易区就此诞生。

北京大学国家发展研究院教授余淼杰对《财经》记者表示，RCEP 的签署有利于畅通“外循环”，更好地服务于“内循环”，借“外循环”带动“内循环”高质量发展。余淼杰从扩大进口的角度分析，近年来，中国积极扩大进口，进口产品主要分为三类产品：中间品（如原材料、燃料等）、资本品和消费品。RCEP 签署后，货物贸易零关税产品数整体上超过 90%，进口产品的价格将随之降低。目前东盟已经成为中国最大的贸易伙伴，中国从东盟十国进口的商品中，生产所需的原材料占到大部分，从澳大利亚进口商品中，铁矿山和羊毛等能源及原材料类也占了很大部分。进口原材料价格的降低在很大程度上降低了国内企业的生产成本，有利于企业利润的提升。而消费品进口价格的降低，会提升国内居民幸福获得感。同时，通过竞争也会有效降低国内同类消费品的零售价格，提高居民的消费和福利水平，对于提高内需、促进“内循环”发展有促进作用。

此外，余淼杰还表示，关税的降低也会使最终品的进口数量增加，

如中国将从日本、韩国进口更多的汽车等产品，这虽将导致国内相关产业的竞争更加激烈，但也有利于促进中国企业面向全球竞争，在竞争中不断进步，持续提高产品质量和生产效率，推进产业升级，促进“内循环”发展。

更值得关注的是，采访的多位专家表示，签署 RCEP 有利于中国不断与国际高标准贸易投资规则接轨，构建更高水平的开放型经济新体制。提升中国在国际国内两个市场配置资源的能力，即以扩大开放带动国内创新、改革，打通深层次体制机制的堵点难点，巩固中国在区域产业链供应链中的地位，加快形成国际经济竞争合作的新优势。对外经济贸易大学中国 WTO 研究院院长屠新泉指出，RCEP 涉及的市场准入和相关贸易投资规则将倒逼中国国内改革，优化营商环境，有助于中国加快建设更高水平的开放型经济。

助力中国“双循环”新发展格局

作为成员国之一，RCEP 的签署对中国意味着什么？

商务部国际贸易经济合作研究院副研究员彭波表示，RCEP 的签署，对中国而言，是外经济贸易领域仅次于 WTO 的标志性事件。

商务部副部长兼国际贸易谈判副代表王受文在接受媒体采访时表示，RCEP 将助力中国加快形成新发展格局。RCEP 成员均是中国重要的经济贸易伙伴。2020 年 1～9 月，中国与其他 RCEP 成员贸易总额达 10 550 亿美元，约占中国外贸总额的 1/3，特别是通过 RCEP 新建立了中日自由贸易关系，中国与自由贸易伙伴的贸易占全球贸易覆盖率将由目前的 27%提升到 35%。RCEP 的达成将有助于扩大中国出口市场空间，满足国内进口消费需要，加强区域产业链供应链，有利于稳外贸、稳外资，为形成以国内大循环为主体、国内国际双循环相互促进的新发展格局提供有效支撑。

那么，RCEP 对中国“双循环”新发展格局如何发挥支撑作用？

商务部研究院国际市场研究所副所长白明向《财经》记者表示，目前中国正在构建“双循环”新发展格局，RCEP 的签署有利于为中国的“内循环”创造一个良好的外部环境，如果说“外循环”处于不确定性中，那中国的“内循环”也无法开展。在如今的世界形势下，RCEP 的签署有助于减少贸易保护主义、逆全球化势力抬头对中国贸易带来的压力，使中国受到的外部干扰减少，增加了抗风险能力。如果产业链供应链过长，存在的不确定性就会更多，而 RCEP 成员国集中于东亚国家，这使得中国的产业链供应链在区域内更加完整，稳定的供应链将为中国经济的稳定持续发展提供充足的外部动力。因而，RCEP 的签署有利于为中国的“内循环”创造一个良好的外部环境。

商务部研究院区域经济合作研究中心主任张建平告诉《财经》记者，RCEP 是中国构建“双循环”新发展格局非常关键的机制性合作平台，在此框架下，中国可更高效地配置资源和要素，推动经济高质量发展和转型升级。

在“一带一路”方面，中国国际经济交流中心副理事长、商务部原副部长魏建国表示，RCEP 的达成将为中国企业开拓全球市场提供一个巨大的机遇，并将成为中国建设“一带一路”的重要着力点。一方面，作为全球最大的自由贸易区，RCEP 为中国企业提供了足够的市场容量，而这些市场与中国经济高度互补；另一方面，这一自由贸易区就在家门口，也与中国“一带一路”倡议的方向高度重叠。

据悉，目前中国与 RCEP 成员贸易总额约占中国外贸总额的 1/3，来自 RCEP 成员实际投资占中国实际吸引外资总额比重超过 10%。RCEP 一体化大市场的形成将释放巨大的市场潜力，进一步促进区域内贸易和投资往来，从而优化中国的外贸和投资布局，不断与国际高标准贸易投资规则接轨，构建更高水平的开放型经济新体制。

此外，RCEP 新增了中日、日韩两对重要国家间的自由贸易关系，这使得中日韩的贸易合作水平得到极大提升。

商务部国际司相关负责人表示，通过 RCEP，中国与日本建立了自由贸易关系，这是中国首次与世界前十的经济体签署自由贸易协定，是中国实施自由贸易区战略取得的重大突破，使中国与自由贸易伙伴的贸易覆盖率增加至 35%左右，大大提升了中国自由贸易区网络的“含金量”。

张建平向记者介绍，中日之间到目前为止没有 FTA，RCEP 就相当于中日之间第一次有了一个降低关税的制度性的贸易安排，这意味着两国的经济贸易合作有了一个巨大的突破。

白明表示，日本是全球第三大经济体，中国则是第二大经济体，老二和老三“联合”，这种“门当户对”形成的合力及释放的能量是巨大的。

张建平表示，RCEP 也相当于中日韩自由贸易协定的一个起点平台，可以说已经为中日韩自由贸易协定的谈判奠定了一个坚实的基础。在目前 RCEP 的框架之中，其实已经解决了三方大量基础性的问题，RCEP 将推进中日韩自由贸易协定的最终形成向更高水平和更高标准迈进。在这个基础之上，中国期待着中日韩自由贸易协定能够更早地到来。

RCEP“逆流而上”

在新冠肺炎疫情肆虐、世界经济严重衰退、国际贸易投资萎缩、保护主义单边主义加剧的特殊背景下，RCEP 为多边主义和自由贸易注入了一剂“强心针”。

RCEP 之所以被视为全球规模最大的自由贸易协定，是因为其覆盖 22 亿人口，约占世界总人口的 30%，15 个成员国 2019 年 GDP 规模达 25.6 万亿美元，占全球经济总量的 29.3%，区域内贸易额 10.4 万亿美元，占全球贸易总额的 27.4%。

那么，RCEP 有何特点？又有何亮点？

张建平告诉《财经》记者，RCEP 的签署为持续低迷的全球经济注入了一剂“强心针”，为世界经济提供了新的强劲引擎。

11 月 15 日，王受文对此也进行了解读。

王受文表示，RCEP 是全面的协定。它涵盖 20 个章节，既包括货物贸易、服务贸易、投资等市场准入，也包括贸易便利化、知识产权、电子商务、竞争政策、政府采购等大量规则内容。可以说，RCEP 涵盖了贸易投资自由化和便利化的各个方面。

RCEP 是现代化的协定。它采用区域原产地累积规则，支持区域产业链供应链发展；采用新技术推动海关便利化，促进新型跨境物流发展；采用负面清单做出投资准入承诺，大大提升了投资政策的透明度；RCEP 还纳入了高水平的知识产权、电子商务章节，适应了数字经济时代的需要。

RCEP 是高质量的协定。货物贸易零关税产品数整体上超过 90%。服务贸易和投资开放水平显著高于原有的“10+1”自由贸易协定。同时，RCEP 新增了中日、日韩两对重要国家间的自由贸易关系，使区域内自由贸易程度显著提升。根据国际智库的测算，2025 年，RCEP 可望带动成员国出口增长比目前多 10.4%。

RCEP 是互惠的协定。RCEP 成员有发达国家，有发展中国家，更有一些最不发达国家，成员间经济体制、发展水平、规模体量等差异巨大。RCEP 最大限度地兼顾了各方诉求，在货物、服务和投资等市场准入和规则领域都实现了利益的平衡。RCEP 还给予最不发达国家差别待遇，专门设置了中小企业和经济技术合作两个章节，来帮助发展中成员加强能力建设，促进本地区的包容均衡发展，共享 RCEP 成果。

中华人民共和国财政部（简称国家财政部）人士指出，RCEP 协定货物贸易自由化成果丰硕。各成员之间关税减让以立即降至零关税、十年内降至零关税的承诺为主，自由贸易区有望在较短时间内取得重大阶段性建设成果。中国和日本首次达成了双边关税减让安排，实现了历史性突破。RCEP 有利于推动实现区域内高水平的贸易自由化。

实际上，RCEP 谈判之路历经曲折。

15 个成员国纵跨南北半球两大洲，既有日本、澳大利亚等发达经济体，也有柬埔寨、老挝等欠发达国家，各国在投资、竞争、知识产权等领域政策均存在差异。越南工贸部部长陈俊英曾坦言：“RCEP 谈判是最复杂的贸易谈判之一。”

2012 年，RCEP 由东盟十国发起，邀请中国、日本、韩国、澳大利亚、新西兰、印度 6 个对话伙伴国共同参加，旨在通过削减关税及非关税壁垒，建立统一市场的 FTA。

一年之前的 2019 年 11 月 4 日，在当时举行的东盟峰会上，历时 7 年拉锯的 RCEP 谈判取得重大突破。除印度以外的 15 国当时宣布，已在整体上结束谈判，完结了全部 20 个章节的文本谈判，以及实质上所有的市场准入问题的谈判。当时，由于在关税、与其他国家的贸易逆差和非关税壁垒方面存在分歧，印度决定退出谈判，但剩下的 15 国表示将努力在 2020 年签署协定。

据了解，2020 年以来，新冠肺炎疫情在全球暴发，也给 RCEP 的谈判带来障碍。RCEP 各成员克服新冠肺炎疫情带来的巨大困难，完成 1.4 万多页文本法律审核工作，最终在 2020 年举行的第四次 RCEP 领导人会议期间如期签署协定。

中国国际问题研究院常务副院长阮宗泽表示，今后域内企业有望更大程度、更加便捷地享受优惠政策，各国人民也将以更低廉的价格享用进口产品，对美好生活的向往将得到进一步满足。

东亚区域经济发展新整合

RCEP 的签署对东亚区域经济来说有何重要意义？

王受文表示，RCEP 的签署是东亚区域经济一体化新的里程碑。RCEP 现有 15 个成员国总人口、经济体量、贸易总额均占全球总量约 30%，意味着全球约 1/3 的经济体量形成一体化大市场。这将有力提振区域贸易投资信心，加强产业链供应链，提升各方合作抗疫的能力，助推各国经济复苏，并促进本地区长期繁荣发展。同时，RCEP 也将为亚太自由贸易区（Free Trade Area of the Asia-Pacific，FTAAP）进程提供实现路径和有力推动。

商务部国际司相关负责人指出，RCEP 通过采用区域累积的 ROO，将深化域内产业链价值链；利用新技术推动海关便利化，将促进新型跨境物流发展；采用负面清单推进投资自由化，将提升投资政策透明度，这都会促进区域内经济贸易规则的优化和整合。

国际智库测算，到 2025 年，RCEP 可望带动成员国出口、对外投资存量、GDP 分别比基线多增长 10.4%、2.6%、1.8%。

阮宗泽表示，可以预见 RCEP 的达成为 FTAAP 进程提供了实现路径，进一步提升亚太地区今后在全球发展格局中的分量。

在中国国际经济交流中心副理事长、商务部原副部长魏建国看来，如果 RCEP 与中日韩自由贸易区进展顺利的话，在未来的 5～10 年时间，全球经济将会进入一个“亚太时代”或者“亚洲时代”，亚太地区将成为整个世界经济发展的引擎，亚洲会越来越成为全球最大的生产链、供应链、消费链叠加的区域，也将成为全球最大的消费市场。

白明告诉记者，目前北美、欧洲及中亚都有相关的自由贸易协定，但是东亚却没有一个完整的自由贸易圈，如今 RCEP 的签署，标志着东亚自由贸易区建设成功启动。

此前东盟已与中国、日本、韩国等国签署了多个“10+1”自由贸易协定，中国、日本、韩国、澳大利亚、新西兰五国之间也有多对自由贸易伙伴关系。相比之下，RCEP 的服务贸易和投资开放水平高于“10+1”协定，将发挥区域内经济贸易规则“整合器”的作用。

白明对《财经》记者说：“RCEP 的签署相当于构建了一个巴掌似的结构，东盟是手掌，另外五个国家中、日、韩、澳和新西兰是 5 个手指，这 5 个手指与手掌之间都有‘10+1’的自由贸易关系，但是这 5 个手指并拢在一起握紧，最后才能形成拳头。”

应该看到，中国、日本、韩国、澳大利亚和新西兰等国家之间仍有待进一步开放与合作，国际单边主义等因素干扰，也使未来 RCEP 仍面临诸多挑战。

原载于《财经》 2020 年 11 月 17 日 记者 孙颖妮 实习记者 彭永强

RCEP 时代是最好战略机遇期，企业应多元化布局

RCEP 的签署，将给中国带来哪些机遇和挑战？

2020 年 12 月 20 日，北京大学国家发展研究院余淼杰在第五届国家发展论坛——“双循环：国家发展新格局”上表示，RCEP 的签署，使中国间接和全球第三大经济体日本有了自由贸易协议，这是中国签署 RCEP 最重要的利益所得之一。此外，RCEP 的内容对于下一步如何推进 CPTPP 也有非常重要的借鉴作用。“尽管我们现在面对百年未有之大变局，而且遭受了新冠肺炎疫情，但依然处于发展最好的战略机遇期。”余淼杰说。

RCEP 有哪些重要内容？

RCEP 的内容主要分为四个部分。

第一部分是商品贸易自由化。它强调 15 个国家所有商品在 10 年内关税要减到零，区域内实行 ROO 在区域内可以累计。例如，尽管之前中国和韩国签署了自由贸易协议，苹果手机由中国生产卖到韩国去，但韩国不会给最低关税，因为产品附加值过低，苹果手机的产品附加值只有 5%左右，没有达到 35%的门槛。现在签署了 RCEP，就可以把另外 14 个国家所有的中间品加在一起，如果附加值达到门槛就可以享受最低关税。这就是累计原则。

还有一项很重要原则，叫作禁止归零原则。例如，产品如果受到反

倾销检查，以前假设产品卖 10 块钱，反倾销就会征收 20 块钱。有了禁止归零原则，负的要算，正也的要算，有利于降低产品被反倾销的力度。

在进口便利化方面，也有很多具体措施。例如，容易腐烂的产品必须 6 小时通关、减少动植物检疫方面的壁垒等。

第二部分是服务贸易。日本、韩国、新加坡等 7 个国家采用负面清单，中国及另外 7 个国家采用正面清单，但中国正面清单必须在 6 年之内转化为负面清单。中方所开放的服务贸易，除了 100 个部门以外，也在咨询管理部门强调开放，东盟国家所关注的中国建筑产业、金融业、房地产业也都有所开放。

第三部分是投资。15 个国家都采用负面清单的原则，并且基本上要建立一个跟 WTO 类似的争端解决机制。

第四部分是自然人流动。就是对居民及商务人士，签证可以更方便地进行发放。

RCEP 时代，企业、产业如何规划布局?

对企业来讲，应该做好出口多元化的布局。出口多元化，第一是出口目的地应该多元化。因为中国出口体量巨大，假以时日美国和欧盟一定无法容纳中国的出口，所以中国企业应该扩大对其他国家的出口，特别是对新兴工业国家的出口。当然，一开始做生意会比较难，但是要像敲牛皮糖一样，一块一块地打开市场。第二是在投资方式和贸易方式上，要两条腿走路。不仅要做线下贸易，也要做更多的线上贸易，同时鼓励企业“走出去”。

从长远来看，RCEP 等自由贸易协定签署后，劳动密集型产业会逐步转移出去，短期目标方向是东南亚国家，长期来讲可能是更远的非洲或者其他成本更低的国家。RCEP 中很重要的一点是投资方向的负面清单，意味着各个国家都很容易到另一个国家去投资。劳动密集型产业先去东南亚，是因为它们的成本比较低。中国的产业规模非常大，如果大规模地转移过去，可能两三年后东南亚国家需求劳工会增多，工资成本也会上升，所以企业还会继续转移。

资本密集型产业还是应该放到国内，而且也有条件放到国内。对资本密集型产业来讲，不仅要考虑劳工成本，还要考虑产业配套。这和中国要做的产业链配套、行业产业集聚是契合的。至于从劳动密集型产业释放出来的巨大就业需求，一部分可以进入资本密集型产业，另一部分则需要流入快递等服务业。

原载于《南方都市报》 2020 年 12 月 21 日 记者 马嘉璐

全球形成三个经济贸易圈并立格局，中国应该扩大对新兴国家的出口

余淼杰表示，尽管中国现在处于百年未有之大变局，但是中国依然处于发展最好的战略机遇期。

余淼杰指出，中美关系正日趋复杂化，成为中国处理对外关系的一个重要内容。由于美国的阻挠，WTO 当前基本处于停顿状态。有人担心全球化基本态势会发生根本性的改变。

对于这个问题，余淼杰认为，全球化基本态势并没有发生根本性的改变，只是表现形式发生了变化。换言之，全球化趋势由全球多边经济贸易合作改成了以区域合作为主。

他表示，全球化有两个基本的核心特征，生产的地区化和贸易的全球化。当前全球经济贸易分成三个格局，一个以美加墨自由贸易区为代表的北美经济贸易圈，另一个是以德国为中心节点的欧盟经济贸易圈，还有一个是以中国为中心的亚太经济贸易圈。

他认为，中国要做好“外循环”，需要关注两个方面的工作。

首先，积极参与地区经济贸易合作。积极推进“一带一路”，推进“一带一路”内国家的经济贸易合作。

其次，余淼杰指出，在中国刚刚签署 RCEP，也有几点内容值得强调。第一，成为 15 个缔约国之一，相当于中国间接地与全球第三大经济体——日本有了自由贸易协议。第二，15 个国家所有的商品在 10 年内 90%的产品关税要减到零。第三，RCEP 还在进口的便利化方面做了很多具体的措施，如容易腐烂的产品必须 6 小时通关等。第四，RCEP 自

由贸易区内，自然人的流动比较简单，对于居民及商务人士，他们的签证可以更方便地进行发放。

“以上几点对我们推进 RCEP 的构建有着非常重要的指导意义。”余淼杰说。

余淼杰建议，中国企业应该做好出口多样化的准备。出口目的地应该多元化，不要只针对美国。因为中国的出口体量特别大，假以时日美国一定没有办法容纳中国的出口。所以中国企业应该扩大对其他国家的出口，特别是新兴工业国家的出口。

余淼杰还指出，中国在投资方式和贸易方式上要两条腿走路，要在发展线下贸易的同时，有更多的线上的贸易，鼓励企业“走出去”。

“只要我们做好对外开放工作，就可以用开放来促改革与改革。在大变局中开新局。”余淼杰总结。

原载于 搜狐财经 2020 年 12 月 20 日 责任编辑 徐小奇

国内企业应做好出口多元化布局

由北京大学国家发展研究院主办的第五届国家发展论坛——“双循环：国家发展新格局”于 2020 年 12 月 20 日举行。北京大学国家发展研究院余淼杰出席并演讲。

谈及国内国际大循环，余淼杰认为，有两点工作需要做。第一点是积极参与地区经济贸易合作；第二点是国内企业应做好出口多元化的布局。

关于第一点，积极参与地区经济贸易合作。第一是积极推进“一带一路”倡议，推进与“一带一路”沿线国家和地区的经济贸易合作。第二是 RCEP 的签署、落实，对于下一步推进 CPTPP 的构建有非常重要的借鉴作用。

关于第二点，国内企业应做好出口多元化的布局。第一是出口目的地应该多元化，假以时日，美国和欧盟一定没有办法容纳中国的出口，所以中国企业应该扩大对其他国家的出口，特别是新兴工业国家的出口。第二是在投资方式和贸易方式上要多做腿走路，不仅有线下的贸易，同时要有更多的线上贸易。

“只要做好对外开放的工作，就可以真正地做到用开放促改革，以改革带发展。真正构建新发展格局，在大变局中开新局，在危机中遇新机。”余淼杰说。

原载于 新浪财经 2020 年 12 月 20 日 责任编辑 梁斌

从 RCEP 到 CPTPP，开启更开放的未来

RCEP 的签署具有里程碑意义，但并非终点。中国应以 RCEP 为基础，用更完善的国际规则推动国内改革。同时，加入 CPTPP，将进一步提升中国开放的格局。

RCEP 的正式签署，标志着全球人口最多、成员结构最多元、发展潜力最大的 FTA 就此诞生。由此，以美国为主导的美洲贸易区，以中国、日本为主导的亚太贸易区和以德国为主导的欧洲贸易区，渐成“三足鼎立”局势。在逆全球化思潮涌动的当下，RCEP 不失为一种破局之举，为全球化带来了新的动力。“三足鼎立”之下，各方怎样从竞争走向竞合？中国如何以 RCEP 为基础进一步提升开放格局？

中华人民共和国教育部（简称国家教育部）长江学者特聘教授、清华大学五道口金融学院紫光讲席教授鞠建东，国家教育部长江学者特聘教授、北京大学国家发展研究院党委书记余淼杰，以“RCEP 与中国对外经贸的新机遇”为题与《复旦金融评论》主编、哥伦比亚大学终身讲席教授魏尚进展开深度对话。

“三足鼎立”不等于三者独立，也不是三足孤立

魏尚进：目前，全球主要有三个贸易区，即以美国为首的美墨加三国协议、以德国为核心的欧盟区和以中国和日本等国为主的东盟“10+6”。它们形成了“三足鼎立”的局势，但彼此之间并不独立。从商品贸易尤其是中间商品贸易流中可以看出，区域间贸易举足轻重，且彼此联系非常紧密。实际上，中美两国在其中扮演重要的角色。美国位于上游产业链，以研发优势占据了美洲、亚太和欧洲等多地的上游产品

市场。中国则是跨地区贸易的重要环节，如在汽车、电子等行业，中国已经是很多跨国公司全球供应链的重要环节。同时，近年来，中国正逐渐改变产业链下游地位，随着中国科研水平的提升、产业链结构的调整，很多行业已经进入了上游产业链。

鞠建东：确实，“三足鼎立”不等于三者独立，也不是三足孤立，而是“三足”的合作和竞争。如今的全球货币体系是美元主导。如果把全球货币体系比作一桶水，过去这桶水主要由美国一个“木桶”支撑，未来则要为这个体系引入更多的“支撑者”，其中一个是欧盟，另一个是中国。这不仅需要美国有愿意接纳欧盟和中国的胸怀，还需要中国和欧盟具有足够的实力。在全球秩序变革的当下，这尤其需要中国具有健康的资本市场和开放的货币体系。在此情况下，中美双方的政界和学术界都已经认识到，我们需要竞争与合作，而不是打翻这桶水。

魏尚进：鞠建东教授以水为例，让我想到中国另外一个典故：三个和尚没水喝。第二次世界大战结束之后，美国 GDP 总量一度接近全球 GDP 总量的一半。在如此丰厚的“回报”下，美国当然愿意为维持世界秩序多做一些努力。但是，当前美国经济占世界经济的比重已经不可同日而语。2019 年，美国 GDP 约占全球 GDP 总量的 24%，如果“收益”只有 24%，那么美国在国际事务中承担责任的意愿自然不如以前强烈。欧盟和中国紧随其后，2019 年的 GDP 分别占全球 GDP 总量的 18%和 16%。“三足鼎立”局势下，世界经济也可能面临“三个和尚没水喝”的风险。

“对外改革，对内开放”

魏尚进：RCEP 签署后，随着中国在世界贸易投资与金融方面相对地位的提高，在国际谈判及规则制定方面的话语权也相应提高。许多国家都期待着中国的表现，因此我们要处理好国际和国内的关系。在中国过去 40 多年的改革中，一个重要的经验是对外开放往往是国内改革的推动力。这实际上是指国际规则是促进国内改革的动力。当话语权提高时，中国需要注意区别对待不利于自身和国际效率的国际规则，同时用更完善的国际规则推动国内改革。此外，在制定规则时要重视国际合作，中国要吸取美国过去使用世界经济领导权时犯的错误，着眼于长远的利益。

余淼杰：关于开放倒逼改革的问题，我们一般用“对内改革，对外开放”八个字来总结中国经济发展的经验。这固然是对的，但我以为应该反过来讲，当下更加准确的说法应该是“对外改革，对内开放”。“对外改革”的第一点是要改革出口的目的地，要将目光从已经饱和的欧美成熟市场移开，积极开拓以金砖国家为代表的新兴经济体。第二点是要注意线上经济和线下经济的结合，过去我们主要发展线下经济，今后需要更加强调线上经济。第三点是改革贸易形态，应更多地考虑到服务贸易，扭转服务贸易逆差，这也是未来发展的重点。

魏尚进：国内有许多自由贸易试验区，如海南自由贸易港。这些国内自由贸易区和 RCEP 之间有什么关系？在促进自由贸易区改革方面是否也有文章可做？

余淼杰：国内的自由贸易试验区现在已经有 21 个。自由贸易试验区主要在四个方面发挥作用：第一，实行准入前国民待遇加负面清单管理制度。外资企业入境时享受国民待遇，然后按照负面清单决定投资的产业，法无禁止即可为。第二，促进贸易便利化和投资自由化。外资企业如果只到出口加工区投资，只进国境，不进海关，就不需要交税。第三，鼓励金融创新。金融具有杠杆放大效应，同时区域的创新实践并不一定适用于全国，因此未来仍有很大的创新空间。第四，推进简政放权。事前审批改为事中事后监管报备，这是进一步推进政府“放管服”工作的表现。RCEP 中涉及服务贸易、外国投资的准入、电子商务等诸多条款，促进了贸易的自由化和便利化。下一步我们可以通过对外开放来倒推国内改革，然后再通过国内改革促进经济的发展。

从 RCEP 到 CPTPP

魏尚进：产业链之间的联系对全球经济具有重要意义，但对于 RCEP

的签定，我们也需要辩证地看待。一方面，RCEP 的签定有利于成员国之间进一步打破贸易、投资、服务壁垒，降低生产成本，提升企业效率，提高人民的实际生活水平和收入。另一方面，RCEP 也有其局限性。在全世界的产业链中，中国和美国都是重要的环节，任何排除了中国和美国的区域贸易投资协议都将面临效率的损失。RCEP 的成员国中不包含美国——这一众多行业最有效率、成本最低的提供者，“取而代之”的是成员国里其他效率相对欠佳的国家，一定程度上造成了资源配置的扭曲。综合来讲，RCEP 有益处，但我们要把 RCEP 作为长跑的中继站，以此在世界层面推进更多关于贸易投资高水平开放的谈判，而不是把它作为终点站，就此止步不前。

余淼杰：首先，关于区域间产业链调整和转移，我认为从供需两方面来看，制造业回归欧美是不现实的。从供给角度来讲，欧美生产制造品的成本太高。从需求角度讲，欧美生产的制造品销往中国的成本也很高。不过制造业无法向欧美回流并不意味着制造业一定要留在中国。劳动密集型的产业会逐步转移到东南亚或者更远的非洲国家。东南亚国家和我们文化相似，劳工成本也比较低。中国的产业转移通常是大规模的，劳动密集型产业的转移会提升劳动力需求，但在短期内劳动力供给无法快速增长，这将导致本地工资的上涨。从这个角度来看，我们可以考虑成本更低、政局稳定的非洲国家。资本密集型产业则不一定会向国外转移，因为对资本密集型产业而言劳动投入不是主要因素，更重要的是产业链的配套。中国可以考虑将资本密集型产业向中西部省区梯度转移。

其次，我非常赞同 RCEP 具有局限性的观点。对此，可以参考 TPP 的发展。2005 年，TPP 签署时只有智利、新西兰、新加坡和文莱四个国家，影响力有限。2009 年，随着美国、日本两大经济体相继加入，TPP 迅速成为推动亚太经济一体化的重要力量。RCEP 作为一个开放性的协议，并没有排斥美国的加入。同样地，当前 CPTPP 也没有把中国排斥在外，中国完全可以考虑加入 CPTPP。

魏尚进：RCEP 和 CPTPP 的规则有什么区别？中国如果要加入

CPTPP，还需要做出哪些努力与改革？

余淼杰：我认为 CPTPP 是比 RCEP 更先进、要求更高的自由贸易协议。简单来说，两者都聚焦于商品贸易，终极目标都是零关税，只是在推进时间的快慢和具体的统计标准方面有差别。中国的不足在于服务贸易和投资领域方面，需要更进一步的开放和改革才能达到 CPTPP 的要求。尤其在把握知识产权方面，中国要协调自身经济发展，循序渐进，最终建立一个高规格的知识产权保护制度。针对服务贸易，中国应该更加积极地采用“负面清单”模式，尽快实现从“正面清单”向“负面清单”的转换，争取早日与 CPTPP 接轨，更加与时俱进地参与到全球开放的一体化进程中。

魏尚进：若以 CPTPP 为目标，中国在金融服务领域还需要在哪些方面进一步开放？

鞠建东：金融服务领域的开放分为两个部分。第一是金融服务的开放，主要涉及银行、保险、证券等服务。2018 年，习近平在博鳌亚洲论坛宣布金融业要加大开放的力度，中国金融服务行业自此逐渐加快了开放的进程。

第二是资本市场的开放，主要包括双边投资、直接投资的开放，以及债券、银行存款、证券业买卖股票的开放。中国资本市场对这些领域的开放始终持谨慎态度，因为资本市场开放具有触发金融危机的风险，需要有序推进。最近一年来，中国对外直接投资开放的成果颇丰，但是在其他方面依然没有完全放开。例如，中国外汇额度上限是 5 万美元，超过这个界限则要走特殊申请程序。

我认为 RCEP 目前更集中于商品市场，未来发展服务贸易要更多地走向要素市场，而要素市场之于资本市场的开放至关重要。中国的资本市场开放可以考虑通过推进 RCEP 成员国家的资本市场开放来进行。例如，迅速推进双边投资，开放以各国货币计价的债券，推广“沪港通”模式等。在关注金融危机风险的同时，把金融改革作为开放的试点，在 RCEP 国家内部先行先试，积极促进亚太地区资本市场的连接。

魏尚进：RCEP 的签订对中国而言是具有里程碑意义的重要事件，

但这不是终点。正如余淼杰所言，中国应以 RCEP 为基础，早日从正面清单转换为负面清单，以负面清单作为促进改革的工具。同时，可以鼓励中国加入 CPTPP，从而进一步提升中国改革开放的格局。鞠建东教授提到，金融改革需要循序渐进，并兼顾效率和稳定。可以考虑利用 RCEP，把金融改革作为开放的试点。对此，我将其总结为“双轨制开放”，即提前对 RCEP 成员国开放，并增加开放内容，然后逐步转为全面开放。

原载于《复旦金融评论》 2021 年 1 月 7 日

从 RCEP 到 CPTPP，发力区域经济贸易合作，做好经济“外循环”！

“从 RCEP 到 CPTPP、CAI，展现出我国现阶段高水平开放的路径。”北京大学国家发展研究院余淼杰在日前《中欧双边投资协定》、CPTPP与中国高水平开放论坛上表示。

虽然全球化出现了“回头浪”，余淼杰认为，贸易保护主义、贸易霸凌主义一直存在，但是贸易全球化的两个核心特征——生产地区化和贸易多边化并没有改变。因而，全球化的基本方向、基本趋势并未改变，只是具体形态发生变化，从以 WTO 为代表的多边贸易体系转变为地区经济贸易合作。

以美国为首的美墨加三国协议、以德国为核心的欧盟区和以中国和日本等国为主的东盟“10+6”，形成“三足鼎立”态势。在这一全球经济贸易格局下，如何做好经济的“外循环”？

余淼杰认为，RCEP、CPTPP、“一带一路”倡议、CAI 均是实现国际循环的重要发力点。

对于中国加入 CPTPP 的能力，余淼杰谈及四方面优势，一是近年来，中国知识产权保护力度不断加大。二是中国正在加紧推进劳工标准及国有企业改革，同时也注重培训、维护资方利益并加强劳工合作。十八大和十九大都提出要加强国有企业改革，目前国务院提出推行国有企业改革三年行动并聚焦八方面重点任务。三是在环境保护方面，“十三五”期间，“绿水青山就是金山银山”理念被写入了《中国共产党章程》，生态文明被写入了《宪法》，越来越多地方把生态文明建设和加强生态环境保护作为机遇和重要抓手。中国已提出要在 2060 年前实现“碳中和”，未来中国绿色发展意识及技术水平都将大大提升。四是在数据流动方面，数字经济目前占中国 GDP1/3 以上，而且中国海外数据数量庞大，抖音、阿里、百度、华为等公司纷纷走向世界并在国际市场占有重要地位，在完善数据监管及推进全球数字治理的同时，对跨境数据流动持适度开放态度。

中国加入 CPTPP 还需要做好哪些工作?

余淼杰提出四点建议，在商品贸易方面，进一步降低进口关税，并且尽可能地在谈判中强调中国实行区域的累计原产地标准，同时做好贸易及投资便利化工作，优化营商环境，减少进口、进关成本等；在服务贸易方面，全面推进负面清单模式，推进中国服务贸易的开放；在投资方面，应当借鉴中国在自由贸易试验区采用的准入前国民待遇加负面清单模式，并有序在全国范围内推广；此外，还要切实做好知识产权保护工作，鼓励企业创新，缩小与发达国家在核心关键领域的差距。

有人称 RCEP 是区域化典范，而 CPTPP 是全球化的未来。对此，余淼杰谈到，RCEP 涵盖 15 个国家，RCEP 包含商品贸易自由化、服务贸易正负面清单相结合的模式、投资便利化、自然人流动便利和数字贸易五块内容，更加强调遵循以 WTO 为核心的多边贸易体制规则，侧重发展中国家的利益，注重“灵活性”与“高标准”的权衡。而 CPTPP 协定是一个全方位严格的贸易协定，其在劳动和环境规则、竞争政策、国有企业、知识产权监管、互联网规则和数字经济方面均设定了高标准，对于发展中国家而言，这样的“高标准”会为其发展带来众多掣肘和隐性壁垒。

“当然，RCEP 开放的深度和广度有待加强。”余淼杰认为，在协议覆盖的议题广度上，RCEP 的谈判领域和议题仍较传统，在规则制定方面十分有限。虽在知识产权章节，RCEP 关于数据版权的规则超出了 CPTPP 的相关内容，但 RCEP 不包含劳动或环境章节；在争端解决条款方面，RCEP 包含一项投资者——国家争端解决条款，但其效力受时间约束；此外，在电子商务章节，RCEP 并未包括禁止数据本地化的条款，以减少电子商务发展的障碍。

从 2012 年 2 月，欧盟与中国启动政治协议谈判，到 2020 年 12 月 30 日，中欧领导人共同宣布如期完成《中欧双边投资协定》谈判。“一波三折”的《中欧双边投资协定》终于接近尾声。据悉，协定首次在中国和欧盟之间建立一套法律框架，涉及的内容也远超传统 FTA，涵盖市场准入承诺、公平竞争规则、可持续发展和争端解决。

对于这一协定的后续影响，余淼杰指出，未来，欧洲将获得中国更大的自由市场准入权利，欧洲企业获得更多机会与中国市场和企业进行良性竞争，涉及金融、新能源汽车、生物科技、房地产、电信、计算机等领域；中国也可以投资欧洲各产业，获得欧洲先进技术，提升工业制造能力。

“从 RCEP、CPTPP 到 CAI，我们看到中国开放处于新阶段，进入新层次，随着上述协定的顺利实施，中国经济的‘外循环’也会越来越好。”余淼杰称。

原载于《中国贸易报》 2021 年 1 月 15 日 记者 吴力

全球化呈现新趋势：区域经济贸易合作成主流

中国网·中国访谈：在经历了近 3 年的中美贸易战和美国的强势打压之后，在 WTO 日渐衰弱之际，中国迎来了 RCEP 的签署和《中欧双边投资协定》如期完成两大利好消息。新的自由贸易区、新的贸易和投资规则，势必给国内经济带来新的机遇，也带来新的要求和挑战。未来，尤其是“十四五”时期，中国将以怎样的姿态迎接经济贸易开放新格局，怎样在深化改革扩大开放的方针指引下，打造更加开放、更加强大的“双循环”产业链？本期节目，我们就此专访北京大学国家发展研究院余淼杰。

中国网·中国访谈：余教授，您好！非常欢迎您做客中国网·中国访谈！

余淼杰：您好，各位网上的朋友们好！

中国网·中国访谈：当今世界，反全球化的势头非常猛烈，尤其在新冠肺炎疫情，以及中美贸易战等重大事件的影响之下，全球的经济贸易形势正在发生着复杂而深刻的变化。您怎么看待当下的这种新格局、新形势，它们有哪些新特点呢？

余淼杰：对，的确是，正如我们最近所指出的，中国现在面临百年未有之大变局，同时也遭受新冠肺炎疫情。我们发现，之前中国推行的是经济全球化，但现在经济全球化出现了一些“回头浪”。所以我们要判断全球化这个问题，作为一个基本的趋势，是不是依然还存在？这是第一点。

第二点，我们也发现，原来大家都推行贸易的全球主义，现在面临贸易保护主义抬头的趋势，中国应该如何面对？这可能也是第二个所需要对待的问题。

第三个问题，相对应的，现在我们也看到，一些国家在鼓吹产业从中国撤离，外资从中国撤离。外资撤资和产业转移是不是一个趋势？这个也是我们要关注的一个现象。

我的一个基本判断：尽管全球化出现了一些“回头浪”，但全球化这个基本的方向是没有发生根本性变化的，全球化依然是我们基本的发展方向。

之所以做出这个判断，是因为，如果我们讲到全球化有两个核心的特征：第一个是生产地区化；第二个是贸易多边化。换言之，任何一个产品，苹果手机也好，华为手机也好，都是由不同的国家或地区生产其中一部分零部件，然后另一个国家或地区将其生产、装配再卖到全球各国。这个现象并没有因为一些国家推行贸易保护主义或者贸易单边主义而发生根本性的改变。

这就是为什么我们说全球化作为一个趋势依然存在的原因。

但是我们同时也可以看到，比如说像之前以 WTO 为代表的多边经济贸易合作机制逐渐式微，慢慢地变得不是特别重要。相反，我们会发现地区经济贸易合作的这种机制逐渐加强。所以我们会说全球化出现一个新的形态，体现为一点：由多边的合作转为区域的经济贸易。

中国网・中国访谈：就像您刚才所说的，当前以 WTO 为代表的全球经济贸易合作正在衰弱，而区域经济贸易合作方兴未艾。当下我们 RCEP 的签署，以及《中欧双边投资协定》完成谈判，可能正是这种趋势的一种代表。根据您的判断，未来全球经济贸易合作会继续衰退吗？WTO 会解散吗？

余淼杰：我觉得是这样子，WTO 的前身关税及贸易总协定（General Agreement on Tariffs and Trade，GATT），它有一个机构叫作争端解决委员会。争端解决委员会的意思，是说当两个国家发生贸易争端的时候，争端解决委员会会在 18 个月之内做出裁决。现在为什么我们说 WTO 的作用在逐渐减弱？因为如果有一个案件，它需要有 3 位大法官在 18 个月之内做出裁决。争端解决委员会有 7 位大法官，美国阻拦 4 位大法官的任命，那么数量则变成 7–4=3 位，其实也刚好可以判决案件，但这 3 位大法官中又有 2 位干了两届不能再干了，到期了，所以现在就只有 1 位大法官。

简单讲，WTO 的争端解决委员会不能够接新的案件，当然还可以办理老的案件。这样相对以前的 WTO，它在维护多边经济贸易合作和推进多边经济贸易方面发挥的作用相对较小。

我倒不觉得 WTO 会解散，或者会消失。现在的一个问题是美国也提出改革 WTO 的方案。当然，它提出的 WTO 改革方案里面有很多附加的条件，里面不见得是很合理的，所以有些国家对此有很大的保留态度。

因此，我觉得 WTO 在新的争端解决委员会成员到位之前，它的作用会逐渐减弱。相反，正如您所讲到的，像 RCEP、CPTPP，乃至 CAI，已经签署，或者正在紧锣密鼓地推进之中。所以我们可以看到，其实地区经济贸易合作在逐渐发挥越来越大的作用。它之所以会发挥越来越大的作用，也跟现在的全球经济贸易格局紧密相关。

如果我们看全球的贸易拓扑地图，我们就可以看到，非常明显，它形成了三块，叫作节点中心：第一个是以美国为中心节点的北美自由贸易区为代表；第二个是以德国为核心、为中心节点的自由贸易区，叫作欧盟自由贸易区；第三个是以中国为中心节点的亚太经济贸易区。因为这三个节点各自发展出自己的地区经济贸易合作机构，如美国有美加墨自由贸易区，欧洲有比自由贸易区开放程度更高的欧盟。

亚太地区推进了几个，原来是东盟“10+1”，现在相当于东盟“10+5”，即 RCEP，现在还在紧锣密鼓地讨论要推进 CPTPP。此外，还有 CAI 来连接中国与欧盟区的经济贸易合作。

中国网・中国访谈：面对新的形势，您判断一下，未来我们这种区域的经济贸易合作还会产生新的自由贸易区吗？区域自由贸易区之间是相互交叉，相互影响，还是像冷战期间一样，形成壁垒森严的阵营？

余淼杰：对。我们现在有三大自由贸易区，“三足鼎立”，但“三足鼎立”不等于三者独立，也不是三足孤立，而是三者紧密联系。比如说，我们现在所讲的，我们要积极推进、参与 CPTPP 的谈判。这个不只是说亚太地区，同时也包括北美地区，以及南美地区的阿根廷和秘鲁。

所以你可以看到，“三足鼎立”是一个大的局势，但是三足之间存在紧密的经济贸易联系。比如说我们的“一带一路”，“一带一路”不只是中国或者东亚地区，抑或亚太地区，还包括欧洲地区和非洲地区。所以我认为这三者是紧密联系的。

中国网·中国访谈：回忆一下，当初中国加入 WTO 的时候，国内也是进行了大范围的、深度的各领域改革来适应这种新的贸易投资规定。如今面对当下这种新的自由贸易区的形式，我们还需要进行哪些改革？您有怎样的判断呢？

余淼杰：对，这是一个非常好的问题。比如说，现在我们签署的 RCEP 叫作区域经济合作伙伴关系，现在有 15 个国家。其实它有很多方面的规定比我们之前加入的 WTO 更先进。比如说在商品贸易方面有几个内容：第一个内容，要求所有的商品关税在 10 年之内降低 90%，关税取消掉 90%左右。

第二个内容，15 个国家区域内部可以进行附加值累计，这点也是很重要的。什么意思呢？比如说我们之前手机的生产，如苹果手机，尽管算中国的出口，但其附加值，对中国来讲是很低的，可能只有 3%左右。在原来的框架下，当中国制造的苹果手机出口到韩国时，就会因为附加值只有 3%，就不把中国定义成原产地。现在可以把中国定义成原产地，为什么呢？这 15 个国家的附加值可以累积起来计算，就有可能达到被界定为“原产地”的阈值，所以对中国被认定为出口的原产地是有帮助的。还有很多方面的细节，比如说我们贸易的自由化，还有投资的便利化。换言之，在通关时间方面，容易腐烂的产品一定要求在 6 小时之内实现通关。

这些都是商品贸易方面的工作。这个工作要求我们国内的改革必须在贸易自由化和投资便利化方面更进一步推进：一方面，降低关税，以及取消各种各样非关税壁垒；另一方面，我们也可以看到，在投资便利化方面，我们有一站通关、零等待、零跑腿等，这些都是投资的便利化。这是第一点。

第二点，涉及我们所讲到的服务贸易方面。服务贸易是采用正面清单和负面清单相结合的模式。中国和另外 7 个国家目前采用正面清单，但是在 6 年之内必须改成负面清单。

中国网·中国访谈：全面切换到负面清单的形式？

余淼杰：是的。所以这也相当于对我们提出了改革的方向，我们把服务贸易的贸易形态由正面清单改成负面清单。什么是服务贸易？比如说我去美国出差，我没有乘坐中国国际航空股份有限公司的飞机，我坐的是美国联合航空公司的飞机，那就相当于我购买了美国的这个服务，这就是服务进口，叫作服务贸易。所以，您可以看到商品贸易、服务贸易方面的改革还是很多的。

投资方面，要求采用负面清单的形式。换言之，我们可能要在国内市场准入方面更加大尺度地放开，国外的产业可以进来。

我觉得这些都是我们下一步的改革方向，通过 RCEP，以及其他地区的或者国际上的经济贸易标准，来促进我们下一步的改革，为我们的改革指明方向。

中国网·中国访谈：您刚才提到了很多改革的政策，也是为了适应 RCEP 执行之后的一些新变化。我们也比较关心，伴随着经济贸易领域进一步开放，我们国内提供给外资企业的自由度更高了。这势必会给国内的企业造成一定的冲击。您认为国内企业能迎接住这部分冲击吗？

余淼杰：中国改革开放后，国外产业进来，国内产业会面临更大的竞争压力。那么，怎么样来应对竞争压力呢？不同的产业有不同的应对政策。我们先看一下历史上，昨天——读史可以明鉴，比如说我们考虑一下 WTO 当时的情况，我们当时也很担心家电产业放开之后，会冲垮国内的家电产业。我们说“狼来了”，但是我们看到 20 年过去了，中国的家电产业已经是全球第一。所以从这个角度来讲，竞争其实不可怕。我们要根据不同的产业制定不同的政策。

比如说，我就讲到互联网产业，之前在 QQ 如火如荼的时候，也有另外一个软件叫作 MSN。美国的 MSN 为什么在中国没有市场呢？尽管它跟 QQ 的功能是一样的。这里面无非是 QQ 加入了一些文化方面的因素，如给 QQ 换个小衣服等，或者加入一点中国封面。大家就觉得非常认同，一样的道理。

所以我觉得我们要走差异化发展道路，自己的民族产业找到自己更好地服务消费者、服务国民的方向。如果这样的话，我们就能够在竞争中做大做强。

中国网·中国访谈：有竞争，才能有新的发展。

余淼杰：是的。

中国网·中国访谈：根据您的判断，哪些行业是受冲击、受影响比较大的行业呢？

余淼杰：比如说像服务业方面，相对冲击是最大的。相反，比如说像制造业，我们已经是全球制造大国。当然，在某些产业我们离制造强国，或者离最高端还有一定的距离，但与服务业或金融业相比，中国制造业在进一步打开国门后的竞争优势、比较优势还是非常明显的。相反，服务业或者金融业，我们刚刚起步，很多还要学习跟借鉴。所以我觉得在金融业、服务业这块，可能面临的竞争会更加激烈，如咨询、保险这些产业，都会面临比较大的竞争。

但还是一样的道理，一个简单的优胜劣汰，最好的企业或者比较好的企业会做大做强；不行的企业，不管它是国内的还是国际的，都会被淘汰出局。这也是一个时代的必然。

中国网·中国访谈：像您刚才提到的，金融业和保险业可能是受冲击比较大的行业。这是不是也从反面印证了，这些行业是迫切需要改革的行业呢？

余淼杰：是的。我们可以看到，像金融产业也是我们改革的一个方向。您可以看到，我们现在设立了 21 个自由贸易试验区，我们在国内的 21 个自由贸易试验区有 4 项工作，其中很重要的一项工作是进行金融试点方面的改革。当然，要进行金融试点方面的改革没有那么方便和容易。

为什么呢？因为金融跟贸易还不太一样。贸易的话，你可以说我在一个20多平方千米的小的面积中进行试点、试错。如果成功的话，我放到全国去推广，失败的话就算了。

但是金融这一块，可能没那么简单。为什么呢？因为金融有个放大的作用，您在这个小的区域试验成功，不等于推广到大的区域就会成功。相反，如果您在这边失败，不见得到大的区域就会失败。这是第一点。

第二点，金融在改革中一定要把握一个底线，叫作虚体服务于实体，金融是为了更好地服务于实体。

中国网·中国访谈：不能反客为主？

余淼杰：对，不能反客为主，我们有句话讲得特别好，“皮之不存，毛将焉附”。金融要更健康地服务于制造业或者工业产业。

中国网·中国访谈：还有一点，大家可能比较担心的、随之而来的即是我们的金融风险会不会增加呢？我们应该如何应对呢？

余淼杰：对，这也是一个非常重要的问题。因为金融风险也是跟全球紧密相关的，它具有一定的传递性。如果我们深度地融入全球经济中，不只是贸易方面，还有投资和金融方面，全面地融入全球经济中，我们应该可以看到，外国的金融风险会相对比较容易地传递到国内的经济中来。所以我们更加应该做好金融防诈骗，做好金融的监管，确保老百姓的财富能够得到有效的保障。

中国网·中国访谈：另外，国际经济贸易格局这些新的变化，也势必会给中国的“一带一路”建设带来新的挑战和难题。在您看来，“一带一路”建设将会面临哪些新的情况？我们应该如何调整应对呢？

余淼杰：我们讲到“一带一路”，一般都讲到“陆上丝绸之路”跟“海上丝绸之路”。两条路都重要，我们要两条腿走路。根据目前的格局，以及从我们目前面对的国际经济贸易形势来看，发展“陆上丝绸之路”和发展“海上丝绸之路”的方向和路径应该有所不同。

具体来讲，如果发展“海上丝绸之路”，我们可以进行贸易，也可以进行投资，投资的意思就是中国企业“走出去”，因为我们也有这样的一个前提基础，就是我们的 RCEP，RCEP 的其他签署国非常欢迎中国企业“走出去”，到外面去投资。这一块是比较顺畅的。

对比来讲，“陆上丝绸之路”可能更多的是依靠我们所讲的出口或者叫进出口贸易，而不是说投资。因为“陆上丝绸之路”的国家或地区，它们的地缘政治相对比较复杂。我们去海外投资，首先要注意安全，要注意回报。可能从一开始来讲，在目前这个阶段，更主要的是靠进出口这种形式，特别是我们的资本密集性产品，像钢铁、水泥这些产品，正是现在国家发展基础设施所需要的，且我们这边产能充裕。所以从这个角度上来讲，我觉得，我们的强项跟它们的需求相匹配，专门出口这种产品，其实是蛮有帮助的。同时这些国家有可能资金不足，没办法购买中国的产品。我们有丝路基金及亚洲基础设施投资银行，相当于可以进行前期融资贷款，然后再来扶持，再来推进产业的发展。其实在之前的国际合作形式中或者其他国家的国际合作中也是这样的一套模式，值得我们借鉴。

原载于 中国网·中国访谈 2021 年 1 月 28 日

（二）国内国际“双循环”新发展格局

自由贸易区七年六扩容，将为新发展格局积累哪些经验?

中国自由贸易区再“上新”，国务院近日批复北京、湖南、安徽三地自由贸易试验区总体方案及浙江自由贸易区扩展区域方案，方案全文于 9 月 21 日对外公布。自 2013 年上海自由贸易试验区挂牌至今，中国自由贸易区总数已增至 21 个。

加快构建以国内大循环为主体、国内国际双循环相互促进的新发展格局背景下，中国改革开放再添新的试验田是何用意，有何影响？北京大学国家发展研究院余淼杰认为，这说明，尽管外部环境复杂严峻，但中国坚持深化改革、扩大开放的方向和决心没有改变。

从实际出发，这些自由贸易区中一些条件成熟的区域，或将成为中国探索形成新发展格局的试验场，对相关措施开展先行先试和压力测试，为加快形成新发展格局积累经验，并逐步复制推广。

胡焕庸线以东仅四地未设自由贸易区

记者梳理发现，中国 21 个自由贸易试验区分六批、历时 7 年获批建设。

2013 年 9 月，上海自由贸易区作为中国首个自由贸易试验区正式挂牌；2015 年 4 月，广东、天津、福建作为第二批自由贸易区获批建设；随后，辽宁、浙江、河南、湖北、重庆、四川、陕西七地自由贸易区于 2017 年 3 月获批；2018 年 9 月，海南自由贸易区获批，并于 2020 年 6

月正式以自由贸易港身份启动运作；2019 年 8 月，江苏、河北、黑龙江、广西、山东、云南自由贸易区挂牌；2020 年 9 月，中国自由贸易区第六次扩容，北京、安徽、湖南自由贸易试验区总体方案及浙江自由贸易区扩展区域方案获批。

经过 7 年建设，目前中国自由贸易区分布北至黑龙江，南至海南，东至江浙沪、西至四川陕西，从沿海到内陆，跨东中西区域，分布于全国各地。

余淼杰表示，此次扩容后，胡焕庸线（黑龙江黑河—云南腾冲一线）以东地区仅有江西、贵州、山西、吉林四省未设自由贸易区，中国自由贸易区建设已经基本形成由沿海到内陆，由“点”到东部“一条线”再到中西部全面推进的阶段，形成了“1+3+7+1+6+3”的开放新格局。

商务部副部长王受文表示，这样的布局有利于进一步服务国家发展战略。例如，增加北京自由贸易试验区，加上此前已经设立自由贸易区的天津、河北，将实现京津冀全覆盖，有利于推动京津冀协同发展；增加安徽自由贸易试验区则实现了长江三角洲全覆盖，推动长江三角洲区域一体化发展；增加湖南自由贸易试验区有利于进一步服务中部崛起的国家发展战略。

任务各有侧重，北京着力服务业开放、数字经济

此次扩容的 4 个自由贸易区或扩展区域承担着差别化的试点任务。

安徽战略性新兴产业占安徽规上工业产值的比重达 35%。因此，安徽自由贸易试验区将通过布局一批基础研究、应用研究的前沿研发平台和基地，建设科技创新策源地；湖南自由贸易试验区将发力制造业数字化、智能化转型，支持先进制造业高质量发展；浙江自由贸易区则大力发展物联网、工业互联网、AI 等“新基建”，打造数字经济发展示范区。

北京自由贸易试验区以科技创新、服务业开放、数字经济为主要特征，涵盖科技创新片区、国际商务服务片区和高端产业片区三大片区。

“北京作为政治文化中心和国际交往中心，聚集了大量的国际和国内

头部企业，总部经济发达，将引领全国其他自由贸易区的发展。”余淼杰认为，数字经济未来将成为北京自由贸易试验区的一张名片，其内涵包括数字的商品贸易（电子商务）、数字的服务贸易及数据贸易，体现为通过云计算等实现国际贸易。

除服务业和数字经济外，切实推进金融改革创新也是北京自由贸易试验区的重点功能之一。

事实上，差异化探索一直是我国自由贸易区建设秉持的原则，结合各地地缘、产业等特点，自由贸易区的试点任务各有侧重。

例如，天津自由贸易区与河北自由贸易区都提及京津冀协同发展；福建自由贸易区则突出对台优势，提出把自由贸易试验区建设成为深化两岸经济合作的示范区；黑龙江靠近俄罗斯，自由贸易试验区建设提出打造对俄罗斯及东北亚区域合作的中心枢纽。

均提及“加快转变政府职能”，政府当好“店小二”

记者注意到，四地的方案中均提及“加快转变政府职能”。余淼杰认为，这与上海自由贸易区当年提出的政府“放管服”一脉相承，是上海经验的复制推广，属地政府在自由贸易区建设中的角色关系着自由贸易区的发展。

根据方案，北京在转变政府职能方面主要包括打造国际一流营商环境、提供多元化法治保障、健全开放型经济风险防范体系。其中提到，对新经济模式实施审慎包容监管。开展企业投资项目“区域评估+标准地+告知承诺制+政府配套服务”改革。允许境外知名仲裁及争议解决机构经登记备案，在区内设立业务机构。

在支持数字经济发展方面，北京市副市长杨晋柏介绍，北京将进一步加大政策倾斜和资金支持力度，在特定区域开展技术转让所得税优惠政策试点，适当放宽享受税收优惠的技术转让范围和条件。引导国内外数字经济和数字贸易领域高端团队和原始创新项目在京落地转化和发展等。

湖南提到，推进电力改革试点，进一步降低企业用电成本；安徽将推行“全省一单”权责清单制度；浙江自由贸易区扩展区域将开展要素市场化改革的国家级试点，推动资源要素向自由贸易区倾斜。

自由贸易区发展中，属地政府究竟扮演何种角色？上海市委副书记、市长龚正曾有生动比喻：上海要当好服务企业的“店小二”，让包括金融、贸易、航运在内的各类企业在上海专心创业、放心投资、安心经营，不断发展壮大。

解读——自由贸易区建设将为新发展格局积累哪些经验？

余淼杰认为，自由贸易区作为全国开放水平最高的区域，是在外部环境复杂严峻背景下，中国坚持深化改革、扩大开放的试验田。

这些自由贸易区中一些条件成熟的区域，或将成为我国探索形成新发展格局的试验场，对相关措施开展先行先试和压力测试，为加快形成新发展格局积累经验，并逐步复制推广。

从过往的经验可以发现，由自由贸易区先期试水，形成经验后全国推广已经成为深化改革开放的一种路径。

例如，近些年新设的自由贸易区均聚焦加快转变政府职能、深化投资领域改革、推动贸易转型升级、深化金融领域开放创新等，这正是得益于上海自由贸易区的探索，是其成功经验的复制推广。

余淼杰说：“上海自由贸易区早期做了 4 件事情，包括政府放管服、负面清单、贸易便利化和金融开放。对比可以发现，这些正是近些年新设自由贸易区的共性部分，是一脉相承的。”

他还认为，自由贸易区创新最关键的是制度创新，其为全国蹚出一条路。

比如负面清单制度，上海自由贸易区 2013 年推出第一张自由贸易区外资负面清单，清单内的外资进入中国要审批，清单外的不用审批，只需备案，后来备案也取消了，只需要外资注册并做一个信息报告即可。有负面清单之前，外资进入中国全部都要审批，增加了准入门槛。再比如，全国的“证照分离”改革也是最先在自由贸易区里实施的。

这些创新和试水产生了带动作用，余淼杰回忆，上海自由贸易区开出第一张负面清单时，限制或禁止外资进入的行业有 190 项，2020 年这个数字已经下降到 30 项，减少的行业大多数已经实现了全国放开。“可以判断，现阶段自由贸易区先行先试的措施最终会形成有益经验，在全国推广，为加快形成新发展格局探索路径。”

据了解，中国自由贸易区挂牌至今 7 年时间，已经形成的可复制可推广的经验达到 260 项，在全国不同区域进行了复制推广，涉及贸易自由化便利化、投资自由化便利化、金融服务实体经济、政府职能转变等诸多方面。

原载于《新京报》 2020 年 9 月 22 日 记者 姜慧梓

2020 年制定实施首批综合授权事项清单

近日，《深圳建设中国特色社会主义先行示范区综合改革试点实施方案（2020—2025 年）》（以下简称《实施方案》）由中共中央办公厅、国务院办公厅印发，其中提出，到 2025 年，示范区重要领域和关键环节改革取得标志性成果，基本完成试点改革任务，为全国制度建设做出重要示范。

支持深圳实施综合授权改革试点

2019 年 8 月，《中共中央国务院关于支持深圳建设中国特色社会主义先行示范区的意见》（以下简称《意见》）印发，其中提出，将深圳打造成高质量发展高地、法治城市示范、城市文明典范、民生幸福标杆、可持续发展先锋。《意见》明确了示范区 2025 年、2035 年和 21 世纪中叶的发展目标。

近日印发的《实施方案》进一步明确了示范区 2020 年、2022 年和 2025 年的阶段性目标。2020 年，将制定实施首批综合授权事项清单。

《实施方案》指出，以设立经济特区 40 周年为契机，在中央改革顶层设计和战略部署下，支持深圳实施综合授权改革试点，是新时代推动深圳改革开放再出发的又一重大举措，是建设中国特色社会主义先行示范区的关键一招，也是创新改革方式方法的全新探索。

围绕中国特色社会主义先行示范区的战略定位和战略目标，《实施方案》赋予深圳在重点领域和关键环节改革上更多自主权，支持深圳在更高起点、更高层次、更高目标上推进改革开放，率先完善各方面制度，构建高质量发展体制机制，推进治理体系和治理能力现代化，加快形成全面深化改革、全面扩大开放新格局，推动更高水平深港合作，增强在粤港澳大湾区建设中的核心引擎功能，努力创建社会主义现代化强国的城市范例。

支持开展数字人民币内部封闭试点测试

《实施方案》在完善要素市场化配置体制机制、完善技术成果转化相关制度、打造市场化法治化国际化营商环境、完善科技创新环境制度、完善高水平开放型经济体制、完善民生服务供给体制、完善生态环境和城市空间治理体制等方面提出了明确要求。

完善要素市场化配置体制机制方面。《实施方案》明确，支持在土地管理制度上深化探索。支持在资本市场建设上先行先试。支持开展数字人民币内部封闭试点测试，推动数字人民币的研发应用和国际合作。

《实施方案》要求，完善适应超大城市特点的劳动力流动制度。深化户籍制度改革，调整完善积分落户政策。完善居住证制度，鼓励根据实际扩大公共服务范围、提高服务标准，稳步推进基本公共服务常住人口全覆盖。允许探索适应新技术、新业态、新产业、新模式发展需要的特殊工时管理制度。

完善技术成果转化相关制度方面。《实施方案》要求，深化科技成果使用权、处置权和收益权改革，在探索赋予科研人员职务科技成果所有权或长期使用权、成果评价、收益分配等方面先行先试。探索政府资助项目科技成果专利权向发明人或设计人、中小企业转让和利益分配机制，健全国有企业科研成果转化利益分配机制。

《实施方案》还提出，健全要素市场评价贡献机制。率先探索完善生产要素由市场评价贡献、按贡献决定报酬的机制，增加劳动者特别是一线劳动者劳动报酬。

打造市场化法治化国际化营商环境方面。《实施方案》明确，支持深圳扩宽经济特区立法空间，在新兴领域加强立法探索，依法制定经济特区法规规章。

完善科技创新环境制度方面，支持实行非竞争性、竞争性“双轨制”科研经费投入机制。

完善高水平开放型经济体制方面。支持深圳在推进人民币国际化方面先行先试，推动完善外汇管理体制。

完善民生服务供给体制方面。支持在深圳开展国际前沿药品临床应用，探索扩大在深高等学校办学自主权。

完善生态环境和城市空间治理体制方面。支持完善产品环保强制性地方标准，建立绿色产业认定规则体系，完善气候投融资机制。

《实施方案》主要目标

2020 年

在要素市场化配置、营商环境优化、城市空间统筹利用等重要领域推出一批重大改革措施，制定实施首批综合授权事项清单，推动试点开好局、起好步。

2022 年

各方面制度建设取得重要进展，形成一批可复制、可推广的重大制度成果，试点取得阶段性成效。

2025 年

重要领域和关键环节改革取得标志性成果，基本完成试点改革任务，为全国制度建设做出重要示范。

《实施方案》聚焦 2020～2025 年短期的 5 年规划，提出支持深圳实施综合授权改革试点，并将其定位为新时代推动深圳改革开放再出发的又一重大举措和建设中国特色社会主义先行示范区的关键一招。根据《实施方案》，2020 年将制定实施首批综合授权事项清单。

综合授权改革试点如何实施？改革涉及哪些领域？近日公布的《实施方案》提到，将赋予深圳在重点领域和关键环节改革上更多自主权，支持深圳在更高起点、更高层次、更高目标上推进改革开放。根据《实施方案》，这些领域包括要素市场化配置、营商环境优化、城市空间统筹利用等。

北京大学国家发展研究院余淼杰认为，根据《实施方案》，综合授权改革试点将从改革和开放两方面推进。改革的核心是推进要素的市场化配置，开放的核心关键在推进全面开放新格局，建设高水平的开放体系。

其中，在完善要素市场化配置体制机制方面着墨较多，提出六方面要求，包括支持在土地管理制度上深化探索；完善适应超大城市特点的劳动力流动制度；支持在资本市场建设上先行先试；加快完善技术成果转化相关制度；加快培育数据要素市场及健全要素市场评价贡献机制。

解读一：改革土地管理制度，扩大土地供给"开源"

在土地管理制度上，将国务院可以授权的永久基本农田以外的农用地转为建设用地审批事项委托深圳市政府批准。

记者注意到，在2020年3月印发的《国务院关于授权和委托用地审批权的决定》（以下简称《决定》）中就已提到，将国务院可以授权的永久基本农田以外的农用地转为建设用地审批事项授权各省、自治区、直辖市人民政府批准。

《决定》还提出，试点将永久基本农田转为建设用地和国务院批准土地征收审批事项委托部分省、自治区、直辖市人民政府批准。首批试点就包括广东，以及北京、天津、上海、江苏、浙江、安徽、重庆，试点期限为一年。

余淼杰认为，如此改革的关键用意在于扩大土地供给，深圳作为全国特大城市和一线城市，对土地的需求是巨大的，如果要合理地调控好房价，扩大土地供给就是开源的一个有效办法。

此外，《实施方案》中提到的支持在符合国土空间规划要求的前提下，推进第二、第三产业混合用地。支持盘活利用存量工业用地，探索解决规划调整、土地供应、收益分配、历史遗留用地问题，也都是达到扩大土地供给这一目标。

解读二：培育数据要素市场，推动数字经济发展

《实施方案》提出加快培育数据要素市场，包括率先完善数据产权制度，建立数据隐私保护制度。支持建设粤港澳大湾区数据平台，研究论证设立数据交易市场或依托现有交易场所开展数据交易等。

余淼杰认为，数据作为一种生产要素，在国民经济中发挥越来越重要的作用。数据要素的内涵包括数字和数据两部分，毫无疑问，通过培育数据要素市场，推动数字经济的发展将会是深圳接下来发展的一个方向。

那么，数据如何应用于数字经济发展？在2020年4月9日公布的《中共中央 国务院关于构建更加完善的要素市场化配置体制机制的意见》中提到，提升社会数据资源价值，培育数字经济新产业、新业态和新模式。这里面涉及的领域包括农业、工业、交通、教育、安防、城市管理、公共资源交易等。并重点在AI、可穿戴设备、车联网、物联网等“热门”行业发力。

解读三：着重强调知识价值，白领阶层会更受益

《实施方案》提出，率先探索完善生产要素由市场评价贡献、按贡献决定报酬的机制，增加劳动者特别是一线劳动者劳动报酬。充分尊重科研、技术、管理人才，探索充分体现技术、知识、管理、数据等要素价值的实现形式。

余淼杰表示，上述内容并非“新提法”，在2020年4月9日中央印发的《中共中央 国务院关于构建更加完善的要素市场化配置体制机制的意见》中就已经做出明确。上述改革的核心是，提高劳动报酬在初次分配中的比重，以及增加知识价值为导向的收入分配。

他表示，按贡献决定报酬，即按照劳动力对产品的边际贡献来一一

匹配，对一线劳动者和知识价值着重强调。这意味着，高知识产量的要素投入，也就是白领工人将会得到更大益处，白领阶层的收入或将明显提升。

此外，强调增加知识价值报酬，也会使得整个社会更加尊重知识积累，有利于提升中国的教育质量和国民整体教育水平。

《实施方案》还提到进一步完善公平开放的市场环境，在全国统一的市场准入负面清单基础上，制定深圳放宽市场准入特别措施清单，放宽能源、电信、公用事业、交通运输、教育等领域市场准入。

余淼杰表示，好的营商环境能够实现在做大经济规模的同时，兼顾二次分配的公平。

“政府在做好初次分配，直接扩大白领阶层和其他相关阶层收入的同时，二次分配中要更加注重公平，让各个阶层的老百姓都能从中获益，真正体现出社会主义制度的优越性，这是深圳作为先行示范区的应有之义。”余淼杰说。

原载于《新京报》 2020 年 10 月 12 日 记者 沙雪良 姜慧梓

GDP 数据公布前，中国成了 IMF 的“全球唯一”

IMF 发布的最新《世界经济展望》判断，2020 年全球经济仍处于“深度衰退”，但正从上半年的“衰退深渊中恢复”，如图 1 所示。

《世界经济展望》
最新增长预测

(实际GDP，年百分比变化)	2019	预测 2020	预测 2021
世界产出	2.8	-4.4	5.2
发达经济体	1.7	-5.8	3.9
美国	2.2	-4.3	3.1
欧元区	1.3	-8.3	5.2
德国	0.6	-6.0	4.2
法国	1.5	-9.8	6.0
意大利	0.3	-10.6	5.2
西班牙	2.0	-12.8	7.2
日本	0.7	-5.3	2.3
英国	1.5	-9.8	5.9
加拿大	1.7	-7.1	5.2
其他发达经济体	1.7	-3.8	3.6
新兴市场和发展中经济体	3.7	-3.3	6.0
亚洲新兴市场和发展中经济体	5.5	-1.7	8.0
中国	6.1	1.9	8.2
印度	4.2	-10.3	8.8
东盟五国	4.9	-3.4	6.2
欧洲新兴市场和发展中经济体	2.1	-4.6	3.9
俄罗斯	1.3	-4.1	2.8
拉丁美洲和加勒比	0.0	-8.1	3.6
巴西	1.1	-5.8	2.8
墨西哥	-0.3	-9.0	3.5
中东和中亚	1.4	-4.1	3.0
沙特阿拉伯	0.3	-5.4	3.1
撒哈拉以南非洲	3.2	-3.0	3.1
尼日利亚	2.2	-4.3	1.7
南非	0.2	-8.0	3.0
低收入发展中国家	5.3	-1.2	4.9

来源：国际货币基金组织《世界经济展望》，2020年10月。

注释：印度的数据和预测是按照财年列示的，其2020/21财年从2020年4月起算。按照日历年计算，2020年和2021年印度的经济增速分别为-8.6%和6.8%。

国际货币基金组织　IMF.org

图 1　《世界经济展望》最新增长预测（截图）

从图 1 可以发现，IMF 预计 2020 年中国经济将增长 1.9%，是全球唯一实现正增长的主要经济体。

最新的预测为新冠肺炎疫情阴霾笼罩下的世界注入一丝信心。

全球经济复苏不均衡

IMF 的最新预测有哪些方面值得关注？

中国银行研究院资深经济学家周景彤对国是直通车记者表示，第一，最新预测 2020 年全球经济将增长–4.4%，这比 6 月的预测上调了 0.8 个百分点，主要是基于第二季度全球经济表现好于预期和第三季度经济复苏动能有所增强。

第二，新冠肺炎疫情冲击之下全球经济分化严重。总体上，以中国为代表的东亚地区经济遭受的冲击相对较小，其他发达经济体和发展中经济体遭受的冲击则相对较大。更多依赖服务业和石油出口的经济体遭受的冲击更大一些。

第三，中国将是所有主要经济体当中 2020 年经济唯一保持正增长的经济体，其他发达经济体及新兴经济体和发展中经济体的产出均将低于 2019 年。具体如图 2 所示。

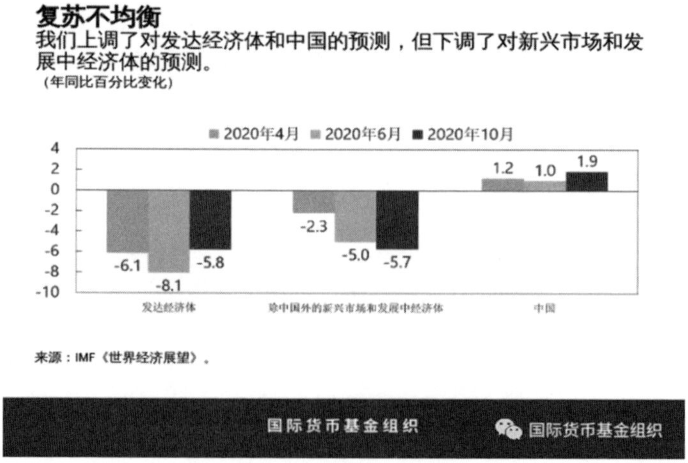

图 2 IMF《世界经济展望》（截图）

第四，《世界经济展望》预测 2021 年全球产出水平高于 2020 年，GDP 增速预计为 5.2%左右。其主要原因一是新冠肺炎疫情对经济的冲击边际变小，二是 2020 年的低基数。但此预测的前提是新冠肺炎疫情在全球得到有效控制，而目前还没有看到迹象。

“1.9%的经济增速虽然低于国内预期，但较为符合中国今年经济增长的力度，在新冠肺炎疫情仍在全球蔓延的当下，中国毫无疑问成为拉动全球经济增长的‘火车头’。”北京大学国家发展研究院余淼杰对国是直通车记者表示。

余淼杰认为，中国经济增速已在第二季度扭负为正，经济贸易复苏快于预期，但是负面影响依然存在。而东盟以外的部分发展中经济体，由于医疗环境较差，预计要到 2021 年下半年经济才有较好的恢复。

IMF 预计，到 2021 年底，全球产出将比新冠肺炎疫情暴发前的 2019 年底高出 0.6%，但这几乎完全是由中国推动的，包括美国在内的大多数国家至少要等到 2022 年才能完全恢复到新冠肺炎疫情前的水平。

国内国际宏观政策方向趋于分化

不可否认，政策举措缓解了经济下滑的影响。全球范围内，各国政府提供了近 12 万亿美元的大规模财政支持，各国中央银行普遍采取了降息、注入流动性和购买资产等措施，挽救了生命和生计，避免了一场金融灾难。

在一系列政策举措提振下，全球经济的状况跟 6 月时相比“没那么可怕”，但正如 IMF 总裁格奥尔基耶娃所说的，如果各国政府过早结束财政和货币支持而又未能控制新冠肺炎疫情，并忽视新兴市场的债务问题，经济还有可能再次崩溃。

是否能战胜此次卫生事件被认为是结束这场自 20 世纪 30 年代大萧条以来最严重的经济危机的关键。

在此方面，IMF 认为，需要加强国际合作，在开发病毒检测、治疗和疫苗等方面取得重大进展，结束这场全球公共卫生危机。只有各国密切通力合作，才能有充足的疫苗生产并广泛分发到世界各地。

在控制新冠肺炎疫情的同时，在政策操作方面，各国应如何行动？

周景彤认为，全球各主要经济体的超宽松的刺激政策短期内不会边际收紧，更不会选择退出，还将保持宽松状态。

相比之下，中国经济复苏势头良好，宏观政策刺激力度进一步增大的可能性大幅降低，货币政策边际收紧的概率上升。

因此，周景彤判断，未来几个月，国内国际宏观政策方向可能出现分化，外部趋松、内部趋紧，这将带来国际资本内流，假定其他条件不变，国内资金成本可能下降，人民币汇率倾向于升值，这也有助于股票、住房等资产价格的上涨。

余淼杰认为，美国、欧盟等发达经济体将会更多地以货币政策为主，以财政政策为辅，发展中经济体会像中国一样，以积极的财政政策，配以稳健的货币政策来拉动经济回稳向好。

为了确保全球持久复苏，IMF 建议，政策必须尽可能地侧重于减轻这场危机造成的经济破坏。各国政府应通过针对性强的现金转移支付、工资补贴和失业保险，继续提供收入支持。

此外，在制定政策时，应着眼于让各经济体走上更为强劲、公平和可持续增长之路。在全球范围内放松货币政策的行动对于促进经济复苏至关重要，但同时应采取措施防止金融风险在中期内积累，并且应不惜一切代价维护中央银行的独立性。

危机远未结束。正如 IMF 提醒的那样，全球经济活动恢复到新冠肺炎疫情前水平依然道阻且长，而且极易出现倒退。重要的是要尽可能地避免过早撤回财政和货币政策支持。

原载于 中国新闻社·国是直通车 2020 年 10 月 14 日 记者 陈婧

北京大学师生热议习近平在深圳特区建立40周年庆祝大会上的讲话

改革开放是中华民族伟大复兴的里程碑，深圳是中国改革开放的试金石。习近平在深圳经济特区建立40周年庆祝大会上的讲话，是深圳经验的总结，也为深圳在更高起点上全面推进改革开放指明了方向。多年来，北京大学以深圳研究生院为前沿阵地，立足深圳，辐射大湾区，积极投身改革开放的伟大实践。南国的春雷无时不牵动着燕园，习近平的讲话极大地鼓舞了北京大学师生。师生的热议之声，是对深圳成功之路的喝彩，也是对投身深圳中国特色社会主义先行试验区建设的响应，更是对民族复兴之路的憧憬。现选登如下。

10月14日，深圳特区建立40周年庆祝大会隆重举行，习近平在会上发表重要讲话。他高度肯定了深圳建设发展取得的丰硕成果，全面总结了经济特区40年改革开放、创新发展积累的宝贵经验，对在更高起点上推进改革开放、推动经济特区工作开创新局面提出了明确要求。习近平的讲话擘画了经济特区新的发展目标，发出了新时代改革开放再出发的动员令，引起了北京大学师生的强烈反响。

勇立潮头，40年艰辛探索缔造世界奇迹

回首1979年，南海之滨，虎崖山下，蛇口一声炮响，深圳发展的新篇章由此开启。在社会主义国家建立经济特区，这是一项前无古人的事业。“深圳是改革开放后党和人民一手缔造的崭新城市，是中国特色社会主义在一张白纸上的精彩演绎。深圳广大干部群众披荆斩棘、埋头苦

干，用 40 年时间走过了国外一些国际化大都市上百年走完的历程。这是中国人民创造的世界发展史上的一个奇迹。”习近平以“奇迹”一词道出了深圳 40 年中发生的翻天覆地的变化。

北京大学党委书记邱水平受邀在庆祝大会现场参会，会后他立即组织北京大学深圳研究生院广大师生学习习近平重要讲话精神。他表示，在现场聆听习近平的重要讲话，倍感振奋，深受鼓舞。深圳经济特区建设伟大成绩的取得，充分证明了以习近平同志为核心的党中央英明领导的伟大作用，充分体现了坚定不移地走中国特色社会主义道路战略定位的重要意义，充分阐释了中国共产党坚持以人民为中心、坚定不移地向第二个百年奋斗目标团结奋进的伟大魄力。他还要求北京大学和北京大学深圳研究生院领导班子认真组织学习讲话精神，深入研究、积极落实习近平对深圳经济特区建设提出的指示要求。邱水平还说，习近平特别指出，特区建设要坚持发展是第一要务、人才是第一资源、创新是第一动力。北京大学要坚持立德树人根本任务，坚定不移地为党和国家培养合格的社会主义事业建设者和接班人，为深圳经济特区的发展建设提供支持，为早日实现中华民族伟大复兴贡献力量。

北京大学校长郝平表示，习近平在深圳经济特区建立 40 周年庆祝大会上的重要讲话，为中国改革开放和创新事业的发展擘画了新的蓝图，也为高校加快推进“双一流”建设进一步明确了方向指引。郝平说，我们要深入学习习近平重要讲话精神，加快推进北京大学扎根中国大地办大学的生动实践，永葆“闯”的精神、“创”的劲头、“干”的作风，勇担时代使命，深化改革创新，更加积极主动地服务和融入国家战略，为中国改革开放和社会主义现代化建设培养造就一批堪当大任的时代新人。

北京大学常务副校长、医学部主任、深圳研究生院院长詹启敏表示，聆听了习近平在深圳经济特区建立 40 周年庆祝大会上的讲话，北京大学深圳研究生院全体师生深感鼓舞，更加坚定了勇担使命、科学报国的理想信念。詹启敏认为，深研院是北京大学在深圳的一面旗帜，也是在粤港澳大湾区布局中的重要力量。他表示，未来，我们将进一步统筹资源，务实发展，努力把北京大学深圳研究生院打造成为面向世界、面向未来的国际化校园，成为北京大学和中国高等教育综合改革的前沿窗口，以及带动深圳高等教育事业和科技创新跨越发展的重要引领者。

北京大学校务委员会副主任、汇丰商学院院长海闻感慨道：40 年沧桑巨变，深圳从一座边陲之地的小渔村发展为现代化的国际大都市；20 载春华秋实，北京大学深圳研究生院也从无到有，成长为具有国内外影响力的北京大学国际化校区。他表示，北京大学深圳研究生院的师生将更加积极地参与深圳经济特区社会经济建设，为深圳的经济转型与发展建言献策。他还说，习近平的重要讲话充分肯定了深圳改革与开放的成果，让我们深受鼓舞，更感到责任在肩。北京大学深圳研究生院将以更加开放和包容的态度，坚持国际标准，大胆改革，积极创新，不断提高科研与教学水平，培养尖端人才，为深圳经济特区和大湾区的发展倾注北京大学人的智慧力量！

北京大学经济学院党委书记崔建华指出，习近平的讲话就是指导新时期特区发展的行动指南。他表示，习近平在深圳特区建立 40 周年庆祝大会上的讲话有两点给自己留下了深刻的印象：一是以新理念促发展，通过质量、效率、动力等方面的变革，使经济发展质量更高、更有效率、更加公平、更可持续、更加安全；二是要让深圳经济特区扛起更大的责任，走在改革创新的前列，形成一批可复制可推广的重大制度创新成果。深圳经济特区的发展既是改革开放的伟大成就，也是新时代新发展的重要途径，过去的 40 年是辉煌的，未来也必将更加灿烂。

北京大学法学院党委书记郭雳认为，从经济特区到先行示范，深圳 40 年的变迁充分诠释了改革释放活力、开放孕育新机、发展拓展道路、经验辐射全国的“春天的故事”。他表示，北京大学要在这一进程中积极作为、主动担当，通过一系列举措深度融入特区的发展建设。要弘扬改革创新精神，不断增强干事创业、解决问题的决心和能力，助力特区和祖国在新时代更好更快向前发展！

北京大学人口研究所所长陈功深有感触地说，深圳经济特区建立 40 周年庆祝大会，是在“两个一百年”奋斗目标历史交汇点上召开的一次重要会议。习近平的讲话振奋人心，为动员全党全社会开启全面建设社会主义现代化国家新征程、向第二个百年奋斗目标进军注入了强大力量。习近平的讲话充分肯定了深圳等经济特区的成功实践和伟大创举，深刻指出了深圳40年来的五大历史性跨越，全面总结了经济特区改革开放、创新发展积累的十条宝贵经验，明确了新时代经济特区建设必须坚持的基本原则和工作要求，为中国在更高起点上推进改革开放、推动高质量发展、构建新发展格局指明了方向，将有力地推进国家治理体系和治理能力现代化、实现中华民族伟大复兴。

北京大学文化产业研究院副院长、艺术学院向勇表示，深圳经济特区40年的发展实践具有重大的文化意义，极大地解放了中国人的创造力和想象力，推动了中国经济社会从物质力向文化力的创新转型，培育了开放包容、锐意进取、兼容并蓄的中国精神，向世界贡献了发展中国家多元发展的中国方案，充分彰显了中国特色社会主义的道路自信、理论自信、制度自信和文化自信。

北京大学光华管理学院应用经济系唐遥认为，习近平的讲话肯定了既往改革的成绩和经验，强调了进一步改革的必要性。他表示，深化各个特区的改革和开放，表明了我们国家会进一步确立市场在资源配置中的决定性作用，彰显了中国在复杂的国际环境下坚持对外开放的决心。深圳经济特区对于改革开放的深入探索，对于解决十九大提出的经济和社会发展不平衡的问题起着关键的作用。

“深圳速度”让年轻的北京大学学子实实在在地感受到了改革开放的伟力。北京大学元培学院2017级本科生肖正康认为，在新冠肺炎疫情肆虐海外、世界进入动荡变革期的背景下，中国的深圳经验指出了一条“踏平坎坷成大道，越是艰险越向前”的征途。他还说，在举世动荡的大环境中岿然不动、锐意进取、敢为天下先，以自身强劲的发展势头辐射全域发展格局，既是对深圳经济特区40年建设史、发展史的生动诠释，更是中国坚定不移地在合作中求发展、构建共商共建共享共赢新格局的庄严承诺。当代中国青年必将接过前辈手中传下的火炬，矢志不渝、不惧风雨、勇挑重担，让青春之花绽放在社会主义现代化物质文明与精神文明建设的最前线，绽放在党和人民最需要的地方。

勇为人先，以务实行动在更高起点上改革创新

在深圳经济特区建立40周年庆祝大会上，习近平强调，当今世界正经历百年未有之大变局,中国正处于实现中华民族伟大复兴的关键时期,经济已由高速增长阶段转向高质量发展阶段。深圳要建设好中国特色社会主义先行示范区，创建社会主义现代化强国的城市范例，提高贯彻落实新发展理念能力和水平，形成全面深化改革、全面扩大开放新格局，推进粤港澳大湾区建设，丰富“一国两制”事业发展新实践，率先实现社会主义现代化。

北京大学国家发展研究院党委书记余淼杰认真学习了习近平的讲话，他用“倍感振奋，深受启迪”8 个字概括了自己的学习感受。“习近平总书记的讲话非常务实。当今中国面临着百年未有之大变局，面对错综复杂的国际形势，必须坚持全面深化改革开放，保持和推动经济特区工作创新局面。”余淼杰认为，深圳在进一步深化改革开放的过程中要重视制度规则的集成创新，切实落地党中央国务院建设深圳中国特色社会主义先行示范区综合改革试点的《深圳建设中国特色社会主义先行示范区综合改革试点实施方案（2020—2025 年）》，在 2025 年实现“早期收获”，到 2035 年得以全面收官。“改革的核心重在推进要素的市场化配置，深圳要做好土地、资本、人才、数据各类要素的市场化配置改革。扩大土地供给，降低各类生产要素投入成本，加大企业研发创新，发展数字导向、知识密集的高附加值产业，培育高附加值服务业。开放的关键在于深化粤港澳大湾区一体化，要主动对接海南自由贸易港建设，推动东盟与‘海上丝绸之路’沿线经济体区域经济贸易合作，实现多元化的开放布局，构建高水平的双向立体全面开放新格局。”余淼杰非常赞同习近平提出的“进一步改善营商环境，营造亲清新型政商关系”的理念，他认为，在全面深化改革的过程中要注重发挥市场有效配置资源优势，发挥政府有效调控能力，在二次分配中更加注重公平，让

各阶层老百姓都能在特区建设中获益，彰显社会主义制度的优越性。

北京大学政府管理学院常务副院长燕继荣表示，深圳经济特区建立40周年庆祝大会现在召开具有标志性的意义。2020年我们遇到了两个困难：一是国际格局、国际关系的重大改变；二是新冠肺炎疫情在全球大流行。在这种情况下，国际社会高度关注中国的立场和态度，难免会质疑我们基于改革开放政策的全球化进程是否会继续下去。燕继荣认为，召开深圳经济特区成立40周年庆祝大会，就是公开向世界宣布，中国的改革开放政策，以及基于改革开放政策所推进的全球化进程、构建人类命运共同体的理念是不会改变的。深圳是中国改革开放成果的一个展示窗口，香港、澳门回归以后，建设好深圳更是具有示范效应。深圳经过40年的发展，积累了丰富的经验，有非常好的基础和很大的发展潜力，今后仍然可以在高新技术、金融、城市建设、社会治理等很多方面起到示范引领作用。

北京大学马克思主义学院程美东认为，习近平在讲话中提出必须要以更大的政治勇气和智慧深化重要领域和关键环节改革，更加注重改革的系统性、整体性、协同性，这个论断既是对特区设立以来的历史经验的总结，也是对特区现在和未来进一步发展的要求，更是对当前和未来整个中国特色社会主义事业发展的要求。他还表示，目前中国所面临的国际和国内环境都呈现出很多的新特点，中国所面临的压力和挑战都不比改革开放初期小。相对于改革开放初期，中国现在改革的负担更重、头绪更多、任务更为艰巨、阻力更大，改革开放初期由于自然倒逼而形成的没有退路、人心所向的改革局面在今天很难呈现。因此，今天中国改革的自觉性、主动性、系统性需要加强，规避风险的意识需要加强，周密部署、审慎决策的能力需要更加提高，这一切都决定了今天中国的改革开放的决策者需要有更大的政治勇气和智慧。

北京大学中国语言文学系副主任宋亚云认为，习近平提出的两点更高要求令人印象深刻：一是经济特区处于改革开放最前沿，加强党的全面领导和党的建设有着更高要求；二是中国特色社会主义是物质文明和精神文明全面发展的社会主义，经济特区要坚持“两手抓、两手都要硬”，在物质文明建设和精神文明建设上都要交出优异答卷。这两点有着深刻的内在逻辑和重要的现实意义。加强党的全面领导和党的建设是建设中国特色社会主义的前提和保障，是思想的动力，行动的指南；物质文明建设和精神文明建设是党的英明坚强领导和党建工作常抓不懈的具体体现和自然结果。深圳作为有着深远影响的成功经济特区，在经济建设方面走在了时代和世界前列，但在文化建设和精神创造方面，还需要进一步吸收优秀传统文化和现代文明、当代先进文化的精髓，使得深圳这座年轻而充满活力的城市能够焕发出更加绚丽的光彩，成为改革开放最为成功的范例之一。

北京大学经济学院冯科认为，习近平明确了深圳在第二个一百年奋斗目标中肩负着粤港澳大湾区乃至在全国的技术进步和制度创新中引领辐射带动的任务。深圳的重点应该在创新，特别是新一代信息技术的创新，尤其要重视资本与高技能人才相结合的创新，兼顾人民群众均富的目标，兼顾发展与环境相容的目标。既要在新时代改革开放的新阶段构建全新的国际区域经济开放创新格局，也要联系港澳带动国际国内经济“双循环”，同时还要肩负起全面深化改革的历史性任务。冯科表示，作为北京大学的一名学者，他将深刻领会习近平的讲话精神，积极把握深圳乃至粤港澳大湾区的二次改革开放的历史性伟大机遇，充分发挥专业特长，积极为特区发展做出应有的贡献。

北京大学工学院副院长邹如强表示，习近平在深圳经济特区建立40周年庆祝大会上的讲话中提到，要加大基础研究和应用基础研究投入力度，发挥深圳产学研深度融合优势，主动融入全球创新网络。他还说，作为科研工作者，习近平的讲话让他深受鼓舞和启发。在学习深圳产学研发展经验的同时，要加快促进高校与企业融通创新，将相应的科研成果和技术转化应用，进行有效产学研结合，更好地造福人民。不仅要有“中国速度”，更要有“中国技术”。

北京大学外国语学院西班牙语专业2018级本科生徐沛琳表示，深圳作为改革开放之初面向世界的开放窗口，敢为人先、奋为人先，由一座小小渔村转变成具有全球影响力的国际大都市，靠的是思想破冰、求变创新。她对习近平强调的“一花独放不是春，百花齐放春满园”印象深刻。她说，习近平指出经济特区建设 40 年的实践离不开世界各国的共同参与，也为各国创造了广阔的发展空间、分享了发展利益。欢迎世界各国更多地参与中国经济特区的改革开放发展，构建共商共建共享共赢新格局。作为一名西班牙语专业的本科生，她将结合专业所学，不断提高学识水平，增强能力素养，脚踏实地，响应号召，争取为特区发展建设贡献力量。

勇担重任，为新时代经济特区发展贡献北京大学力量

深圳是改革开放后党和人民一手缔造的崭新城市，是中国特色社会主义在一张白纸上的精彩演绎。40 年间，有无数北京大学人选择深圳这个改革开放的前哨。2001 年 1 月，北京大学与深圳市人民政府共同创办北京大学深圳研究生院，进一步深化了北京大学与深圳的合作关系。如今，深圳研究生院依托北京大学、立足深圳，逐步成为扎根深圳的北京大学研究型国际化校区、北京大学创建世界一流大学战略的重要组成部分。曾经西丽湖畔荒芜的芦苇地，如今已是一片郁郁葱葱。

北京大学深圳研究生院党委书记谭文长认为，习近平的重要讲话指出，经济特区是党和国家为推进改革开放和社会主义现代化建设进行的伟大创举，党的领导是始终保持经济特区建设正确方向的根本保证，也是深圳经济特区建立 40 年来取得伟大成就的首要经验。他表示，作为在深圳异地办学的校区，在经济特区改革开放再出发的关键节点上，北京大学深圳研究生院要坚持党的领导，增强“四个意识”，坚定“四个自信”，做到“两个维护”，改革不停顿，开放不止步，在新时代新机遇面前，敢为人先，先试先行，创新教育模式，锐意进取，走内涵式发展的道路，为粤港澳大湾区建设贡献北京大学力量。

北京大学深圳研究生院常务副院长杨震认为，深圳经济特区 40 年改革开放、创新发展积累的宝贵经验，对新时代经济特区建设具有重要指导意义，也为北京大学深圳研究生院在经济特区办学、办好学提供了生

动的样本。他表示，习近平在讲话中提到必须坚持发展是硬道理，坚持敢闯敢试、敢为人先，以思想破冰引领改革突围。如今粤港澳大湾区、社会主义先行示范区建设，为北京大学深圳研究生院的办学提出了新要求、带来了新机遇，下一步北京大学深圳研究生院要以时不我待的精神开拓进取，为北京大学在深圳的战略发展注入新内核，提供新动力。

北京大学深圳研究生院环境与能源学院吴华南指出，习近平高度赞扬并激励了深圳人，也将建设中国特色社会主义的历史使命赋予了深圳人。他为自己是新深圳人感到骄傲。身为党员和环境科研工作者，吴华南的内心充满了责任感和使命感。他说，科研工作者在工作中更应该坚持“拓荒牛”的精神，从国家和人民的实际需求出发开展创新工作；积极主动地为人与自然和谐发展出谋划策,在坚持原则的基础上求新求变，做好生态文明建设的践行者。同时，利用自身国际化背景和工作条件，做好特区建设的宣传员，让世界更好地了解深圳、更加热爱中国。

北京大学国际法学院 2020 级硕士生王磊以亲身经历讲述了他眼中的“深圳变迁”。他说道：“因为父母常年在广东东莞打工，所以自小跟着父母在东莞生活了很长一段时间。以往一直听着父母和他们的亲朋好友说深圳有多么繁荣，但那时候家里经济条件不好，我只是在电视上看到深圳的繁华景象。后来抱着对深圳的憧憬考入了北京大学深圳研究生院，在这里开始了解了深圳的文化以及它的发展。”王磊感慨于特区40 年来迅速发展的历程，他表示，作为北京大学深圳研究生院的学子，他将认真学习科学文化知识，以北京大学人的智慧和汗水为这座城市的发展做出自己的贡献。“我为能和这座伟大城市、这所伟大大学一起成长而骄傲，我愿尽自己的努力与深圳和北京大学续写传奇故事。”

原载于《人民日报》 2020 年 10 月 16 日

浙江要在构建新发展格局中当好“领头羊”

当前，国内外形势发生了深刻复杂的变化，新发展格局是重塑中国国际合作和竞争新优势的战略抉择。在践行“八八战略”、奋力打造“重要窗口”的进程中，浙江如何完善和畅通国内国际“双循环”，加快构筑现代化经济体系？记者采访了北京大学国家发展研究院余淼杰。

四个方向打造国内大循环战略节点

习近平提出通过“双循环”在国际大变局的背景下来开新局，做好新发展格局，其实和习近平在浙江工作时提出的“八八战略”是一脉相承的。不管是从经济，还是从文化、环境，我认为浙江都是在沿着“八八战略”的部署和方针在践行的。未来发展应做到以下几个方面：第一，要继续发挥民营企业和民营经济的作用，以创造更多的就业。如果能够创造更多的就业，那么老百姓就会有持久性的收入增长，就可以拉动内需。第二，更加主动积极地做好城市群和都市圈的有关工作，浙江有非常优渥的地理位置，杭州和上海都是非常重要的城市，未来应当推进区域合作、城市之间的合作，让上海和杭州成为无缝的城市群。第三，可以以“两新一重”为抓手来推进“三化融合”。第四，要创造公开、公平、公正的市场环境，推进各种要素的市场化配置。例如，为人才创造更好的环境，以便于人才落地浙江。

区别对待国内循环和国际循环

“双循环”的意思是指以国内大循环为主体，国内国际双循环结合，这两者并非割裂开的。国际循环是为国内循环服务的，如国内进口是为了服务国内生产和消费，提高居民的福利。国内循环也可以服务国际循环，中国通过加工贸易、进口原材料和中间品不断地提升产品的附加值，更好地落地产业升级，这样中国的产品销往海外，就形成了国内循环对国际循环的支持。应当区别对待国内循环和国际循环。另外，对外开放方面有几点需要注意：其一，企业要进行出口目的地的多元化发展，积极开拓欧盟市场和东南亚市场。其二，响应“一带一路”倡议。“陆上丝绸之路”和“海上丝绸之路”都很重要，但考虑到目前中国与东盟有较好的经济贸易基础，因此应当优先发展“海上丝绸之路”。其三，打造外贸新形态，不仅要大力发展线下贸易、实体贸易，因为浙江有阿里巴巴这样的龙头企业和蚂蚁金融企业，还要发展电子商务贸易、服务贸易，更好地推动数字经济的发展。

为新发展格局提供浙江自由贸易试验区经验

浙江可以和其他自由贸易区开展合作，浙江位于中国经济最发达的地区——长江三角洲。长江三角洲的发展强调一体化，在长江三角洲共有三个自由贸易区：上海、浙江及第六批自由贸易区中的安徽自由贸易试验区。在未来自由贸易区的发展上，应当做到大胆试、大胆闯，发挥自己自由贸易区的比较优势，形成自己的特色。

原载于 浙江新闻 2020 年 9 月 29 日 记者 潘如龙

成都要用好双机场优势，打造自由贸易空港

2020年国际形势复杂多变。这一情况对成渝地区双城经济圈建设有什么影响？打造具有全国影响力的改革开放新高地，成渝地区又有哪些抓手？

带着问题，记者采访了北京大学国家发展研究院党委书记余淼杰。余淼杰教授是国际贸易和中国经济发展等领域知名经济学家，采访全程他儒雅温和，但回答却很坚定：百年未有之大变局下，成渝地区开放角色会越来越重要。

认清战略角色：大变局下，如何认识“双城记”战略意义？

中美关系日益复杂、全球化出现新变化、局部价值链面临破裂风险，多重形势下，成渝地区开放角色越来越重要。

记者：2020年国际形势复杂变化。中央指出，推进成渝地区双城经济圈建设，是构建以国内大循环为主体、国内国际双循环相互促进的新发展格局的一项重大举措。为什么这么说？

余淼杰：现在面临的百年未有之大变局，可以体现在三个方面：第一是中美关系日益复杂；第二是全球化出现新变化，从依赖WTO作为主要平台的多边经济贸易合作，转变为更加依赖区域经济合作；第三是这些形势带来局部价值链破裂的风险。针对上述情况，党中央明确提出加快推动形成以国内大循环为主体、国内国际双循环相互促进的新发展

格局。“双循环”的重点在于循环，“内循环”和“外循环”要彼此促进。成渝地区双城经济圈建设是有利于构建新格局的。

促进“内循环”，就要发展好国内大市场，发展城市群推进区域经济一体化就是重要方面。推动成渝双城经济圈建设，正好可以形成中国城市群“东西南北”四极布局，还能带动西部地区发展。成渝地区双城经济圈人口密集，也非常适合“两新一重”，尤其是新基建的布局，促进落实工业化、城镇化、信息化“三化融合”。

推动“外循环”，重点落在推进“一带一路”建设和用好 RCEP，这是因为中美贸易不稳定性增加，以东盟为主的 RCEP 与中国合作更加紧密，东盟是中国最重要的贸易伙伴，欧盟紧跟其后。而成渝地区正是推进“陆上丝绸之路”的重要内陆节点城市，向南可以直接主动对接湄公河流域，推动西部地区跟东盟更好地经济贸易往来；向西，成都有中欧班列（成都），也是“陆上丝绸之路”为数不多的双机场城市，可以更好地和欧盟合作。由此可见，成都在对外开放中的角色越来越重要。

用好开放优势：建设内陆开放高地，如何突出区域特色？

构建全面开放新格局，要把握“双向”和“立体”两个关键词。重庆的长江水道、成都的中欧班列和双机场，构成了彼此的优势和差异化发展基础。

记者：中央明确要求成渝地区要突出区域特色，建设具有全国影响力的改革开放新高地。和沿海相比，您认为内陆地区的开放特色在哪里？

余淼杰：站到比较高的层次上看，十九大提出，中国要构建全面开放新格局。全面开放新格局，包括“双向”和“立体”两个概念。

怎样叫“双向”？一个是向东，一个向西。向东，因为重庆在长江上游，需要对接中游的城市群，通过长江水道来发展对外经济；而向西是“陆上丝绸之路”。目前，因为中国跟东盟国家的经济贸易基础好，所以“海上丝绸之路”发展得快，但是下一步还是要把“陆上丝绸之路”从概念变成现实。成都是重要节点，像开行数量领跑全国的中欧班列（成都）就是独有优势，广东等沿海地区就没有。

怎样叫“立体”？立体不只是对海和对长江，同时也包括空运。成都是中国少有的拥有双机场的城市，这也是成都的重大优势。

记者：怎么把优势用好？

余淼杰：成都作为西部的中心，应该做好中欧班列的工作。第一是重视和欧盟经济贸易机制对接。国家已经出台各种政策，来实现机制创新，比如说最近有一个中欧地理标志的协定，其实就是中国跟欧盟经济贸易一体化更好的推进方式，成都要积极对接。第二是产品出口到“陆上丝绸之路”的时候也可以争取国家帮忙推进。怎么说？在中国，产品如钢铁煤炭产能过剩，但对欧洲国家来说可能是迫切需要的，因为中国的产品全球最便宜，欧洲国家要发展基础设施就迫切需要，这些产能对它们不仅不是过剩的，甚至还是雪中送炭。把这些重工业的产品对接销售到西方去，通过铁路来运输也合适，也可以降低运输成本，所以完全可以争取国家推进。第三，问题在于是有些国家并没有那么多资金。这时候就要发挥金融功能，如亚洲基础设施投资银行、私募基金等，解决这个问题。

同时作为西部经济的中心，成都特别要发挥双机场的优势。发展高端服务贸易的话，双机场是重要依托。例如，国际游客西南地区旅游需求特别高，以双机场优势促进旅游业发展，不仅辐射四川，也辐射西南。那么马上可以做的就是，通过双机场，大量迎接国际游客，打造旅游新高地。我认为，成都有个抓手是争取打造自由贸易空港。

记者：我们是内陆地区，我们要建的是什么样的自由贸易港？

余淼杰：一般当讲到自由贸易港的时候，都认为是河港或者海港，但是成都可以充分挖掘双机场的优势。而且除了双机场，成都还有其他优势可以同步利用，更好地建设自由贸易空港。例如，打造自由贸易空港，多承接数字导向、知识密集附加值比较高的产品。所以我们可以建数字空港，西南地区生产大量的软件、电子产品，体积轻、附加值高，适合于空运，也适合成都空港联系落地对接。

当然，成都在空港上还有一个特色在于并不是一个独立的空港，可以跟泸州的河港对接，打造水陆空立体的开放格局。

记者：提到自由贸易港，就让人想起了这些年越来越多的自由贸易试验区。两者区别在哪？自由贸易试验区下一步的任务体现在哪里？

余淼杰：自由贸易港是比自由贸易试验更为先进、目标更高的一种试验形式，如自由贸易港可以自己设计税制和社会管理制度。

但自由贸易试验区和自由贸易试验港，都是以开放促改革的重要抓手。有一个理念要在工作中不断强调，就是“在改革中开放，在开放中改革”，虽然建设自由贸易试验区好像是一个对外开放的工作，但事实上它可以更好地通过对外开放来促进对内的改革。目前，自由贸易试验区基本工作是“一线放开、二线管住”，还肩负负面清单的缩减、准入前国民待遇、政府简政放权改善营商环境等改革任务。成渝地区这方面已经做得不错,不过还可以借鉴一些东部的自由贸易试验区和园区经验，通过大规模地引进外资、对外投资，引进先进的管理经验、对接先进的规则。

除了对外开放促改革，自由贸易试验区也要对内开放，一种方式就是随着近几年自由贸易试验区的增多，自由贸易试验区之间更要有意识地协同合作。比如2020年湖南建了自由贸易试验区之后，成渝两地自由贸易试验区就不妨与它合作，促进长江上游中游对接，更好地发挥长江经济带的作用。

找准发展抓手：价值链爬坡升级，成渝要怎么做?

推动价值链爬坡升级，必须注重两个很重要的点，一个叫数字导向，一个叫知识密集。

记者：尽管有这些新机遇，但局部价值链可能破裂的风险，还是会给成渝地区产业发展带来挑战。

余淼杰：成渝地区产业发展要顺应趋势，像劳动密集型产业，就不见得一定要承接，因为和劳动力成本更低的东南亚地区比，成都在这类产业上比较优势不强。成渝地区应该承接资本密集型产业，因为这类产业需要产业链的配套,而东南亚国家尽管劳动力成本低但没有产业配套,国内特别是四川和重庆，则有“三线建设”的产业基础，承接资本密集型产业有比较优势。

成渝地区承接资本密集型产业后，进一步注意价值链升级，也有利于中国更好地应对全球价值链断裂风险。现在产业转移、制造业外资企业撤资论调抬头，尽管不具有可行性，但也提醒我们必须提升价值链。国家也非常重视成渝地区承接的资本密集型产业，如为推进加工贸易的转型升级，还专门设立了加工贸易基金。要推动价值链爬坡升级，必须注重两个很重要的点，一个叫数字导向，一个叫知识密集。

记者：数字导向落到产业上，成渝应该关注哪些产业？

余淼杰：数字经济有三方面内涵。一是数字商品贸易，偏向发挥电商优势，打造电商平台；二是数字服务贸易，主要包含如软件出口、咨询等；三是数据贸易，贵州做得很好。我觉得成都数字的商品贸易可能优势不明显，因为阿里巴巴等巨头主要在东部，但是可以做数据贸易，和贵州更好地合作，还可以发展数字服务贸易，这方面能运用好双机场优势，做数字空港。

记者：您前面说，价值链升级还有个关键是知识密集。

余淼杰：成渝地区目前能够承接的是资本密集产业，下一步要努力提升它的产品的附加值，向中高端冲刺。这个怎么来实现？加强研发投入非常重要。说到底还有一点，都需要靠人才，要让要素更好地配置，设计出更好的政策来吸引人才。人才的引进只是第一步工作，第二步，还要提升本地的人才的水平和能力。

原载于 川观新闻 2020 年 10 月 20 日 记者 刘志杰

成渝可以“前店后厂”

2020年初，中央财经委员会第六次会议首提推动成渝地区双城经济圈建设。

成渝未来在哪儿？为此中共四川省委四川省人民政府决策咨询委员会、四川省人民政府驻北京办事处、四川广播电视台联合，就成渝经济发展的各类相关问题，在北京对10多位重量级专家学者进行专访，听取宝贵意见。今天的“夜听专家说成渝”，我们请来了北京大学国家发展研究院余淼杰教授，余教授的主要研究领域为国际贸易和中国经济发展，被国家财政部、商务部、国务院参事室和多个地方政府聘为专家顾问。

问题一：成渝两地最开始叫成渝经济区，后来变为成渝城市群，到现在提出的成渝双城经济圈，您觉得为什么会有这样的变化？

余淼杰：这个提法是跟国家的战略紧密相关的，发展区域经济这个重点也有一个逐步明确的过程。现在我们已经非常清楚，国家一个主要工作是推进都市圈跟城市群很好地融合，然后通过都市圈跟城市群的融合来落地工业化、城镇化、信息化的“三化融合”。如果你看晚上的灯光图，你可以看到，成都和重庆两地经济发展得很好，灯光璀璨，而成都跟重庆两地之间的连线还比较黑，其实就是我们所讲的月明星稀的概念。作为一个成功的城市群，它应该是无缝对接的。以成都为中心，要打造我们的成德眉资同城化，要打造一批相对来讲经济总量比较大的中上城市或者中等以上的城市，这个概念必须GDP在3000亿元以上，有几个代表性的城市，然后由点连成线，线争取变成一个面。我觉得有一点可以借鉴的途径，就是在不同城市，它应该有自己独特的产业体。中国经济的发展，它有一个非常独特也是很好的现象，就是产业集聚的现象，中国每一座比较重要的地级城市，它都有一两个主打的产业，并不是面面俱到。

问题二：作为西部经济中的两颗明珠，成都和重庆该如何抓住并用好推动成渝地区双城经济圈建设这一重大战略机遇，发挥各自优势，实现协同互补呢？

余淼杰：我觉得成都跟重庆两地的经济发展应该差异化发展，强调差异化发展，我们某种角度可以借鉴广东的模式，深圳跟东莞，或者香港跟深圳，它有一种“前店后厂”的模式，前面是店后面是厂，成渝我觉得可以根据它的产业特点来发展本地经济。成都可能更多的是打造高端服务业，重庆更多的是从高端制造业的角度来发展。成都经济的发展它可能有一点、有一个主体特别重要，就是数字经济。数字经济的发展有不同内涵，我觉得至少有三方面的内涵，一是数字商品贸易，二是数字服务贸易，三是数据贸易。数字商品贸易主要就是发展电商优势，打造电商平台；数字服务贸易就是软件出口或者咨询业；数据贸易其实可以借鉴贵州，它现在做得特别好，如阿里云等，打造一个新的数据中心，我觉得这是成都应该突出的一个方向。成都特别重要的是要发挥它双机场的优势，此种优势并不是每座城市都有的，为什么双机场重要？因为它使整个服务贸易、高端服务贸易、附加值高的服务贸易有所依托。

问题三：如今，成渝地区双城经济圈建设上升为国家战略，必将加速两地从相对封闭的内陆深处跃升到改革开放的前沿，那么，成渝地区该如何抓住这一契机呢？

余淼杰：自由贸易试验区有几项重要工作，第一项工作是推进负面清单的建设模式，特别是减少负面清单的数量。第二项工作是要推进贸易的自由化跟投资的便利化。8 月 5 日，国务院办公厅出台了 15 项更好地落地贸易自由化和投资便利化的措施，我觉得成渝两地可以更加主动地对接落地战略。第三项工作是要做一个自由贸易试验区，如果比较先进的话，应该是能够成功推进一些金融方面的试点工作的，我想成都和重庆在这点上应该更多地合作起来，打造一个西部的金融中心。第四项工作是我们平时所讲的简政放权或者是改善营商环境，这个很重要。对于成都，我觉得要做好两点，第一点是打造一个自由贸易空港，当我们讲到自由贸易港的时候，一般都认为是河港或者海港，但是在成都，我们应该挖掘双机场的优势，数字导向、知识密集价值链的构建，这应该是成都未来经济发展的一个重点。自由贸易空港承接的服务，以及我们运输的商品，都应该要么数字导向，要么是知识密集、附加值比较高的产品。对成都而言还有一项很重要的工作，也就是要把“陆上丝绸之路”从一个概念变成一个现实，我觉得蓉欧专列大有可为。

原载于 四川观察 2020年10月20日 记者 孟琳 胡定舟 杨砚钊

比较优势不明显时，产业如何错位发展？

成渝地区产业发展，同质化问题时常引人担忧。

“城市群建设中，各地要协同发展、差异化发展。”北京大学国家发展研究院余淼杰也提醒成渝地区产业发展要避免同质化。他建议成渝两地可以借鉴广东“前店后厂”的模式，结合自身资源禀赋，成都打造高端服务业，重庆注重高端制造业的发展。

但还有很多细分产业，可能两地比较优势不太突出；成渝之外也有很多发展水平相当、产业比较优势不相上下的城市。这种情况各地该如何协同发展？余淼杰认为要从三方面入手理顺协调机制。

第一，对标顶层设计，明确沟通机制。两地之间有上级沟通的机制，对于避免产业同质化发展有重要意义。

第二，明确成渝地区应该承接什么产业、不承接什么产业。例如，确定主动承接资本密集型产业，拒绝粗放的产业，在招商引资之前就应该达成共识。

第三，没有明确有比较优势的产业，还有个标准是“先入为主”，就是某个产业或者环节另一方已经开始起步做得还不错，就约定好这个细分产业就这个地方做，不用“打仗”。双方还要形成这样一种默契，把沟通机制理顺。

原载于 川观新闻 2020 年 10 月 20 日 记者 刘志杰

《非凡“十三五”：外贸从大到强》

在最近公布的2020年前三个季度主要经济数据中，外贸指数十分亮眼，前三个季度中国货物贸易进出口总值同比增长0.7%，累计进出口总值年内首次实现同比正增长。在新冠肺炎疫情冲击尚未结束的背景下，这样的成绩非常难得。回顾过去五年，整个“十三五”期间，中国外贸经历了多次冲击和考验。那么，外贸行业是怎样寻找出路、锻造韧性的呢？

−6.5%，−0.2%，7.5%，它们分别对应的是中国2020年前三个季度的外贸进出口增速。从第一季度大幅回落到第二季度止跌企稳，再到第三季度的全面反弹，在新冠肺炎疫情给全球经济带来的冲击尚未结束之时，这样的表现超乎预期。

复工复产、减税降费、“六稳”、“六保”，这些媒体上出现的高频词汇无不透露出2020年新冠肺炎疫情之下，中央对于稳住外贸基本盘的紧迫感和行动力，一系列政策组合拳从供给端到需求端给外贸企业提供了全方位的服务，为国民经济，特别是外贸的快速复苏奠定了坚实基础。

作为全球主要的贸易大国，中国在“十三五”期间一直受到外部环境的冲击和考验，也屡次渡过险滩，除了政府及时而有力的政策帮扶，中国外贸产业日益增强的韧性被认为起到了至关重要的作用。

2016年公布的《非凡“十三五”：外贸从大到强》中指出，“十三五”期间，中国要加快转变外贸发展方式，优化贸易结构，提高出口产品科技含量和附加值。在随后颁布的《对外贸易发展“十三五”规划》

中并没有设定规模增速的量化指标，这反映出决策者对于当时国际大环境和国内发展潜力的判断。2015 年、2016 年世界贸易额连续出现了大幅萎缩，受此影响，中国外贸增速已经连续三年未达到既定目标，而与此同时，中国外贸体量到达了一个历史高位。

"十三五"之初，尽管中国货物进出口总额世界第一，但是加工贸易占了近 40%，在国际分工价值链中，中国仍基本集中在中低端，出口产品主要依赖劳动力密集、技术含量较低、附加值不高的加工组装环节，尤其是随着中国劳动力、土地等要素成本不断上升，制造业传统的比较优势明显弱化。中国外贸虽然规模增长快，但质量和效益不高，核心竞争力不强，这成了中国外贸行业面临的一座大山。

如何向全球价值链中高端突围并确立竞争优势？打造自主品牌成为一个重要的发力点。作为外贸大省的广东，2019 年外贸进出口总额达 7.14 万亿元，连续 34 年位居全国第一。更重要的是，新业态、新动能在"十三五"期间继续保持快速发展，越来越多本土品牌制造业企业在这几年脱颖而出，迅速占领全球高端市场份额，其产品的每个生产环节和重要部分从一开始就打上了全球化的烙印。

一款由广东东莞某自主品牌生产的智能床垫，设计来自意大利的研发中心，弹簧、乳胶等配件都来自全球知名的供应商，产品卖到全球后，大部分的利润都留在了中国企业自己手里，这与此前设计和品牌都来自国外，中国企业通过代加工赚取微薄利润的加工贸易有了本质区别。"十三五"期间，越来越多的制造业企业把更多的投入放在了产品设计和研发上，实现着转型升级上的突围。

北京大学国家发展研究院余淼杰说："我国产品的出口附加值在不断提升，这是我国外贸方面提质明显的一个特征。以深圳、东莞为代表的粤港澳大湾区在研发创新水平上，创新占 GDP 的比重占到了 4.1%，高于欧美国家 2.6%的水平。"

"十三五"期间，外贸企业的转型升级让中国外贸产品结构持续优化，高新技术产品出口保持较高增速。2019 年，仅机电产品的出口占比就提升至 58.4%，除了货物贸易的结构优化，中国服务贸易额也稳步攀升，服务进出口规模连续6年位居世界第二，优化的外贸结构让外贸质量进一步提升。

回顾“十三五”期间的全球贸易环境，贸易保护主义和逆全球化的抬头成为一大挑战。2018年，作为现行国际贸易体系的主要缔造者，也是中国第一大贸易伙伴国的美国主动挑起了多轮针对中国的贸易摩擦，给中美经济贸易关系乃至全球经济贸易领域秩序带来极大冲击。中国除了积极利用现有规则进行果断应对，外贸区域结构的优化成为抵御风险的重要环节。

2019年，中美之间因经济贸易摩擦，双边贸易额大幅下滑了12%，然而值得注意的是，中国当年整体外贸额依然增长了0.5%，出口甚至创下了25 000亿美元的历史新高。分布广泛的外贸伙伴正是这背后的重要原因之一。

商务部研究院对外贸易研究所所长梁明说：“2016年，我们对新兴市场出口占比仅有46%，那么到2019年我们已经提升到51.5%了，所以说我们对新兴国家出口是在大幅增长的，这个也是降低了中国外贸的风险。”

商务部发布的数据显示，2020年以来，中国与东盟国家进出口稳步增长，1～8月双边贸易额为4165.5亿美元，占中国外贸总值的14.6%。东盟已经历史性地成为中国第一大贸易伙伴。与此同时，包括东盟十国在内的“一带一路”沿线国家和地区占中国外贸的比重预计将在2020年超过30%。随着新兴市场在中国外贸份额中的提升，以及更多元的区域经济贸易合作机制，中国的出口结构也变得越来越安全、健康。

“十三五”期间，受贸易保护和单边主义等趋势的影响，全球跨境投资持续低迷，而中国利用外资却逆势增长，2017年中国已经成为全球第二大外资流入国，2016～2019年中国吸收外资合计达5496亿美元。与此同时，利用外资的质量进一步提高。在揭牌成立仅一年的上海自由贸易区临港片区，贸易自由化便利化制度体系加速建设，欧洲第一大资产管理公司东方汇理银行与中国银行筹备设立合资理财公司，外资出资比例占到55%，这是中国首家由外资控股的合资理财公司。

2013年，中国首个“自由贸易试验区”在上海浦东诞生，开启了“大胆试、大胆闯、自主改”的新探索。随后，自由贸易试验区也扩展到更多的省份，特别是“十三五”期间，自由贸易试验区迅速扩容，总数已经达到 21 个，形成东中西协调、陆海统筹的“自由贸易试验区”发展格局。不断扩围提质的自由贸易试验区展现出中国扩大开放的新作为，也彰显了中国以扩大开放应对外部挑战的底气和定力。

2020 年，中国继续自主降低关税，进一步缩减外商投资准入负面清单，全国版负面清单已缩减至 33 条。同时，中国持续打造国际化、法治化、便利化营商环境，在世界银行营商环境排名中从 2018 年的第七十八位上升到第三十一位。“十三五”的收官之年，中国外贸继续提质增效，打造高水平开放新格局的脚步依然没有停歇。

2020 年是“十三五”规划的收官之年，作为拉动国民经济增长的“三驾马车”之一的外贸，从数字来看，占比已经减少，而质量却在稳步提升，特别是在“十三五”期间，面对自身结构性矛盾和国际形势的风云突变，外贸企业积极转型升级，打造新的竞争力。国家也在持续扩大高水平开放，开放水平和开放质量全面跃升，在外部环境高度不确定之时，不仅稳住了外贸外资基本盘，更推动中国开放型经济迈上新台阶。打造新发展格局，中国要以国内大循环为主体，也需要国内国际双循环相互促进。外贸在国民经济中依然举足轻重。

原载于 焦点访谈 2020 年 10 月 28 日

中国 24 个省份[①]2020 年前三个季度经济正增长 全国年增长约达 2.5%

近日，中国各省份陆续公布 2020 年前三个季度“成绩单”。截至 10 月 28 日，除上海、西藏外，已有 29 个省份公布了经济运行情况，其中 24 个省份实现正增长。北京大学国家发展研究院余淼杰在接受香港中国通讯社记者采访时预料，预期中国经济 2020 年有望实现 2.3%～2.5% 的增长。

从地区生产总值看，广东、江苏、山东继续位居前三。从经济增速来看，前三个季度实现正增长的省份达到 24 个，21 个省份增速跑赢全国平均数据，其中有 14 个省份增速在 2%及以上。总体而言，全国各地经济均呈现稳定复苏态势。

北京大学国家发展研究院余淼杰对香港中国通讯社记者表示，2020 年中国经济在新冠肺炎疫情下实现了快速的恢复，预期全年有望实现 2.3%～2.5%的增长。主要在于政府采取财政及货币政策稳住消费、外贸的同时也实现了同比的增长，另外新基建、传统基建也拉动了经济。

不仅是沿海城市和消费增长强劲的一线城市经济呈“暖意”。目前前三个季度“成绩榜单”中，西部的贵州以 3.2%的增速暂时居首，增速比上半年加快 1.7 个百分点。西部地区多个省份前三个季度也都实现了正增长，且均高于全国增速。其中，甘肃、云南分别同比增长 2.8%和 2.7%，宁夏及重庆增速均为 2.6%，四川同比增长 2.4%，新疆和广西同

① 注：本文中所称的“省份”包括省、自治区和直辖市。

比增长 2.2%和 2%。

余淼杰表示，贵州发展数字经济、数据贸易，包括 5G 建设、AI 产业等新经济，有效地拉动了 GDP 的增速。整个西部地区如果能够发挥自己的特色，可以和沿海城市形成差异化发展，其实能找到新领域的竞争力。

据报道，贵州是中国首个大数据综合试验区及全国第一个提出大数据发展战略行动并付诸实践的省份。2020 年 7 月，中国信息通信研究院发布《中国数字经济发展白皮书》显示，2019 年贵州数字经济增速达 22.1%，连续 5 年排名全国第一。

中部地区 6 省中除了湖北，其余 5 省前三个季度数据均已“转正”。湖北在巨大困难挑战中稳住基本盘，虽然前三个季度 GDP 同比下降 10.4%，但降幅较上半年收窄 8.9 个百分点。其中，武汉在已公布的前三个季度 GDP 的城市中，已重返全国前十。

从各地恢复经济的情况看，有些省份侧重外贸，有些省份在拉动消费上用了力。其中，海南免税消费强劲增长，第三季度社会消费品零售总额同比增长 17.7%。前三个季度，浙江省进出口总额为 2.4 万亿元，同比增长 8.6%；山东省跨境电子商务进出口金额增长 149%。

不过，欧洲多国在严峻新冠肺炎疫情下再次封城，中国外贸在第四季度是否会再遭年初时的重创？余淼杰说：“短期的封国封城或许会减少对中国商品的需求，但是在解封后，反弹性的消费主要集中在衣服、鞋帽等生活用品，可以明确地说，下半年外贸不会拖后腿。”

原载于 香港中国通讯社 2020 年 10 月 29 日 记者 陈卓仪

党的十九届五中全会精神解读

2020 年 10 月 30 日星期五，北京大学国家发展研究院“党委书记讲党课”在朗润园万众楼一楼大教室举行，党委书记余淼杰第一时间领学解读《中国共产党第十九届中央委员会第五次全体会议公报》（以下简称党的十九届五中全会公报），北京大学国家发展研究院第 33 期初党学员和团校学员参加。

10 月 26～29 日，党的十九届五中全会在京召开，审议通过了《中共中央关于制定国民经济和社会发展第十四个五年规划和二〇三五年远景目标的建议》。10 月 30 日，中共中央在北京举行新闻发布会，介绍党的十九届五中全会精神，引起师生热议。余淼杰带领同学围绕最新发布的党的十九届五中全会公报进行学习，并结合中国当前的国际国内环境进行解读。

首先，余老师对党的十九届五中全会做了简单的介绍并强调学习党的十九届五中全会公报的重要性。他表示，认真学习党的十九届五中全会公报不仅有助我们理解党的最新精神，还有助于我们做研究；既可以看出未来中国发展重点，又为我们作为经济学人的共产党员提供了丰富的研究素材，又为我们理论结合实际，投入到广大的经济建设当中，为中国社会主义建设添砖加瓦提出了具体蓝图。

随后，余老师着重强调了“四个自信”与“四个意识”之间的关系，并对“五位一体”“六稳”“六保”等概念进行了解读。结合多年经济研究的经验，余老师认为中国在 2020 年 GDP 突破 100 万亿元的问题不大，根据 IMF 的文件也可以看出，中国现在是世界上唯一一个预期增长为正的国家。这些都是在党的领导下，在取得抗击新冠肺炎疫情斗争重大战略成果的背景下，为我们2020年的经济增长争取的有利环境。在介绍中国在脱贫攻坚上取得的伟大的成就时，余老师指出联合国给出的脱贫指标为人均每日1.9美元，由于中国底子薄、基数大、各地区发展不平衡，所以中国能够实现5575万农村贫困人口脱贫很不容易。中国的粮食年产量连续5年保持稳定；中国当前有8亿的就业人口，其中制造业占了30%，新增的6000万就业大部分进入制造业和服务业；基本的医疗保险覆盖超过13亿人；以上这些都是党克服种种困难，为我们创造的来之不易的生产生活环境。

余老师认为，党的十九届五中全会提出了二〇三五年基本实现社会主义现代化的远景目标，这为我们指明了前进的方向。社会主义现代化的内涵与以往有了不同：一是工业化强调了“新型工业化”而不是传统的工业化，把信息化提到了城镇化之前。二是给定中国目前的人均收入是1万美元，属于刚刚从发展中国家向发达国家过渡的时期，中等收入群体有3.5亿人，党的十九届五中全会开始强调人均GDP达到中等发达国家水平，中等收入群体显著扩大。“四个全面”的内涵也与以往有所不同，从全面建成小康社会到全面实现社会主义现代化。这为我们学习经济学的同学提供了丰富的材料和广泛的素材，为我们投身于中国经济建设，利用自身优势讲好中国经济故事提供了大有可为的空间。

结合党的十九届五中全会提出的远景目标，余淼杰老师主要从经济发展、改革开放、民生福祉三个方面提出了自己的看法。一是依然强调以经济建设为中心，但是更加强调经济建设的质量、经济结构的优化；二是社会主义市场经济体制更加完善，强调在有效市场以及有为政府之间更好的搭配，既强调市场也强调政府，从国际规则的追随者，到参与讨论制定国际规则；三是市场主体更加充满活力，不仅国有企业做大做强，民营企业也发挥了越来越重要的作用；四是要素市场化的配置改革，促进要素的自由流动；五是更高水平开放型经济新体制，包括对外开放主体的多元化和企业形态的多元化。余老师指出，以上这些都和我们平时所学所思密切相关，作为青年人要深入到中国社会主义现代化建设的方方面面，为我们实现社会主义现代化建设的目标而奋斗。

针对当前的热点问题,余老师主要就以下三点提了一下自己的看法。第一点是创新，是科技自立自强，余老师说以前我们可能认为“造不如买、买不如租”，现在我们更强调自主创新的作用。第二点是在实体经济与虚体经济的关系上，坚持把发展经济着力点放在实体经济上，强调金融服务实体。“十三五”期间出现的问题便是钱流入金融行业，再从金融行业流入房地产，经济脱实转虚。数字中国也是一个新的提法，数字产业也是中国最有可能实现“弯道超车”的产业。第三点是要以中性竞争原则推进要素市场化，以构建全面开放新格局推进贸易自由化，以改善营商环境来推进投资的便利化，以积极财政政策、稳健货币政策提升居民消费，以发展“两新一重”推进 “四化融合”。

最后，余老师总结道：“党的十九届五中全会做了两个重要判断，一是中华民族伟大复兴向前迈出了新的一大步，二是中国发展机遇和挑战都有新的发展变化。党的十九届五中全会提出了一个远景目标、六个主要目标，强调一个核心——创新。并提出了十一项举措，释放出九大信号，即一是战略布局的变化，从全面建成小康社会到全面实现社会主义现代化；二是强国作为一个核心的信号多次出现；三是构建新发展格局是“十四五”的主要内容；四是强调创新的核心地位；五是全面推进乡村振兴；六是形成对外开放新格局；七是实现全体人民共同富裕；八是积极应对老龄化；九是百年的建军强军。”

余老师号召同学要认真学习贯彻党的十九届五中全会精神，深切领会全会用意,同时以党员的高标准严要求来对待学习生活中的方方面面,鼓励同学深入到实践当中，将实践中所得真知和所学知识结合，做出伟大的研究，更好地诠释中国经济故事，为我们实现社会主义现代化建设做出贡献！

原载于 北京大学国发院本硕博 2020 年 10 月 31 日

进博会：新时代共享未来，“双循环”相辅相成

2020 年 11 月 5～10 日，以“新时代，共享未来”为主题的第三届进博会如期在上海举行。这是在常态化新冠肺炎疫情防控下，中国举办的又一场重大国际经济贸易活动，集中释放了中国坚定扩大开放、维护多边贸易体制、与世界共享中国大市场的积极信号。

就当前环境和进博会召开的意义，以及“双循环”战略提出的背景和落地方向，《商学院》记者采访了北京大学国家发展研究院余淼杰。

可以看到，进博会的召开，一方面有助于稳住中国外贸外资基本盘，稳定产业链供应链；另一方面有助于实现扩大内需战略，促进国内国际两个市场两种资源的深度融合互动，更好地服务于国内大循环为主体、国内国际双循环相互促进的新发展格局。

进博会彰显开放诚意

当前新冠肺炎疫情在很多国家重新抬头，不过中国经济已经在新冠肺炎疫情中恢复，第三季度 GDP 上升了 4.9%。

余淼杰指出，根据 IMF 预测，中国 2020 年 GDP 增速可达到 1.9%，其实是有所低估的，2020 年预计有望实现 2%以上，或可达到 2.3%左右。

在全球抗疫常态化下，当前某些国家，特别是美国高举贸易保护主义大旗，逆全球化“回头浪”出现，中国如期召开进博会，显示了中国扩大进口的决心，彰显了开放的诚意。

他分析到，从国内来看，中国一向都是强调希望在进出口贸易趋向平衡，并没有片面追逐过量的贸易顺差。换言之，中国愿意扩大进口，因为进口资本品和中间品，有利于降低国内企业的生产成本，提升全要素生产率，获得竞争优势。

从国际来看，中国召开进博会，有助于其他国家扩大对华的出口，减缓新冠肺炎疫情对其他国家所带来的负面冲击，帮助其他国家摆脱高失业率困境，彰显了中国一直强调的“一花独放不是春，百花齐放春满园”的美好愿望。

从五大方面推动“内循环”

早在 2006 年中国就曾提出，把扩大国内需求特别是消费需求作为基本立足点，促使经济增长由主要依靠投资和出口拉动向消费与投资、内需与外需协调拉动转变。

在今天，国家再提以国内大循环为主体的用意何在？

余淼杰分析，在中国加入 WTO 后，对外出口取得了长足发展，在 2006 年，中国外贸在 GDP 的占比达到近 70%，历史少有。在这一成绩面前，中央也看到其中的风险，一个国家的出口占到全球出口的 10%以上，这种情况可能难以长期持续。而 2008 年全球金融危机后，欧美各主要工业国家外需疲软，中国的出口面临着比较大的压力，因此改变出口拉动经济增长，培育内需驱动的模式更加迫切。

2017 年之后，美国特朗普政府推行了逆全球化的经济贸易政策，对中国多次挑起贸易摩擦，中美贸易战愈演愈烈，在这种情况下，通过加快国内经济循环推动经济发展显得更为重要。

关于要打通国内大循环，还需要打通哪些关节，余淼杰分析，至少需要从以下五个方面做起。

第一，坚持公开、公正、公平的原则，推动要素市场化配置，实现资源合理配置。在人力上，适当延迟退休年龄，通过就业培训提升蓝领工人质量，对人才实行按才分配，优化配置；在资本上，继续扩大吸引外资；在土地上，在确保 18 亿亩耕地不变的红线前提下，尽量盘活农业用地，在部分大城市、特大城市允许农业用地转化成为建设用地、进一步降低人为障碍、增加土地供给、降低企业用地成本、缓解大城市房价上涨压力；对数据这一新型生产要素，要更早重视数据市场培育。

第二，发展“内循环”要以推进全面开放新格局作为主要抓手来落地。推动贸易自由化，除了通常降低关税、通关便利化等常规方式外，还要注重发展自由贸易试验区。在“十四五”开局之年，实现胡焕庸线以东全覆盖自由贸易试验区的目标。当务之急是要推进吉林、山西、江西，以及贵州的自由贸易试验区建设。

同时，继续缩小负面清单落地准入前国民待遇，大胆有序地推进金融试点改革，简政放权，改变事前审批为事中事后监管报备，努力建造新型的亲商关系。

继续推进自由贸易港建设，循序渐进，最终实现制度集成创新的全面开放。考虑在内地有条件的城市，特别是有双机场的城市，建设自由贸易空港。创造更好的投资环境，推动外商对华投资。

第三，积极运用宏观政策提升内需，拉动消费。培育居民消费能力，必须从源头入手，做好稳就业，稳市场主体。采用稳健货币政策，对小微企业的精准发力，通过再贴现再贷款，总体降低利率走廊，进而降低融资成本。另外，培育内需，从长远看，需要提升居民恒久性可支配收入。关键在于减税降费，特别是降低工薪阶层收入所得税，适当提升起征点。

第四，通过积极财政政策，特别是借助“两新一重”，以需求推动供给，即新型基础设施建设、新型城镇化建设、交通、水利等重大工程的建设来更好地实现城镇化、工业化和信息化的“三化融合”。在数字化时代，强调信息化与城镇化、工业化的融合更为迫切，有助于实现工业 4.0 和智慧城市的发展，极大地提升老百姓幸福获得感。新基建要在城镇化、工业水平高的地方优先发展。

第五，推进五大城市群发展，构建都市圈。实现长江三角洲一体化、京津冀协同发展；粤港澳大湾区既要齐头并进共同发展又要注重差异化；

成渝城市群要继续发挥对周边城市的辐射作用，避免“月明星稀”现象；长江中游城市群则应该借助湖南自由贸易试验区建设机遇，更好地打通南下之路，主动对接粤港澳大湾区，融入“海上丝绸之路”，并努力推进与非洲相关国家的产能合作。

“去中国化”不会实现

关于国内大循环和国内国际双循环之间的关系，余淼杰分析，“双循环”是辩证统一、相辅相成的。扩大进口，做好进博会是“外循环”，也是对“内循环”的推进。出口主体，包括出口市场、方式、企业、贸易形态的多元化布局，是对“内循环”健康发展的根本保证。

未来进出口贸易会有怎样的变化?余淼杰认为，随着美国对华贸易政策的不断改变，把中国定义成战略竞争伙伴，中国对美国的出口将会面临比较大的压力。在这种情况下，中国应该发展差异化出口，瞄准数目众多、潜力更大的新兴国家市场，努力建立“金砖五国”自由贸易区。

在全球新冠肺炎疫情突发时期，部分国家出现医疗物资紧缺，也引发了对依赖全球化供应链的反思。以美国、日本、法国等为代表的国家政府，采取财政补贴等方式鼓励制造企业回归，加速推动供应链环节从中国撤离，完善本土供应链，增强经济独立性。

关于这些国家的举动，以及对中国在全球供应链体系地位的影响，余淼杰认为，美日所进行的“去中国化”行动，特别是美国希望把制造业产业链拉回美国的行为，违反了国际分工的趋势。

“在我看来，这是不会实现的。主要有两个原因，第一，因为最终制造品的最大需求市场依然是在中国，从美国运到中国的交通运输成本将会急剧的上升，这对美资企业来讲，得不偿失；第二，美国平均月工资在 4200 美元以上，中国为 750 美元，但中国的劳动生产率已经达到美国的 50%以上，因此中国的产品具有比较优势。所以，劳动密集型、资本密集型产品不可能转移回美国。美日的比较优势主要在建立研发中心。”余淼杰说道。

他建议，国内劳动密集型产业可以选择政治稳定，基础设施相对较好，与中国政经关系稳定友好的非洲国家。而资本密集型产业则应该仍然留在国内发展，从沿海省份转移到内陆省份。“中国作为全球唯一具有全产业链的工业国家具有这种优势。”

向价值链高端爬升

在诸如进博会等扩大开放政策的推动下，中国企业在与其他国家的企业共享中国市场时，中国企业该如何更好应对?

余淼杰认为，首先要深挖潜力，提升全要素生产率。“可以通过扩大进口，降低企业中间成本，提升利润潜力，进而有能力加大投入研发，提高产业高附加值。”

他表示，在竞争压力下，中国制造业企业更应该迎难而上，变压力为动力，淘汰落后产能，推动产品创新、工序改进，同时，缩短战线，在核心拳头产品上发力，努力向价值链高端爬升。

在余淼杰看来，新冠肺炎疫情对中国是挑战，更是机遇。在经济“双循环”战略下，有助于构建中国的新发展格局，实现“十四五”期间经济更上一层楼，成为全球经济总量最大的国家，实现两个一百年目标。

原载于《商学院》 2020 年 11 月 4 日 记者 陈茜

在开放中创造机遇，在合作中破解难题

据中央广播电视总台中国之声“新闻纵横”报道，2020 年 11 月 4 日晚，第三届进博会开幕式在上海举行。在新冠肺炎疫情仍在全球肆虐的大背景下，中国在确保防疫安全前提下如期举办这一全球贸易盛会，体现了中国同世界分享市场机遇、推动世界经济复苏的真诚愿望。

开幕式上，习近平以视频的方式发表主旨演讲，强调中国将坚定不移地全面扩大开放，愿同世界分享市场机遇，让中国市场成为世界的市场、共享的市场、大家的市场，推动世界经济复苏，并宣布了中国全面扩大开放新举措。专家学者表示，习近平的演讲再次让世界看到了中国在构建新发展格局中坚定对外开放的决心，将为国际社会注入更多正能量。

突如其来的新冠肺炎疫情给各国带来了严重冲击，也给世界经济带来了重创。尽管众多大型国际展会都按下暂停键，但第三届进博会不仅如期举办，而且展览面积更大、展区设置更优、展商质量更高。中国国际经济交流中心首席研究员张燕生认为：“进博会首先是在新冠肺炎疫情世界蔓延的情况下举办的，它也是‘十三五’处于收官阶段、‘十四五’处于开局阶段。怎么起好步、开好局？确实我们中国的发展进入到一个新的阶段，我们说满足人民日益增长的对美好生活的需要，需要‘世界大脑’。上海进博会给我们提供了一个‘世界大脑’，来满足‘50 后’‘60 后’对健康的需求，满足‘70 后’‘80 后’对美好生活的需求，满足‘90 后’‘00 后’对个性化需求这种生活的需要。”

新冠肺炎疫情大流行使世界经济不稳定不确定因素增多。北京大学国家发展研究院余淼杰表示，这反映出全球化依然是世界发展的基本趋势。余淼杰说：“尽管经济全球化出现了一些‘回头浪’，但经济的全球化作为一种基本趋势，它并没有发生改变。这是因为全球化的布局中，经济全球化的两个基本特征，也就是产品生产的地区化及贸易的多边化，这两个根本特征并没有发生改变。”

正是基于这种判断，习近平在演讲中指出，各国要携手致力于推进合作共赢、合作共担、合作共治的共同开放。张燕生表示：“实际上我们都知道这种合作共赢，首先它是一个共享型。中国市场既是世界的，也是大家的，也都是我们共同的，因此它的每一份收益都有中国的一份，也有国际采购商的一份，以及合作各方的一份。进博会给大家提供一个在技术方面交流、设备方面交流、人文方面交流等方方面面合作分担，来减少危机对我们冲击的压力。”

适应新形势新要求，中国提出构建以国内大循环为主体、国内国际双循环相互促进的新发展格局。这不是封闭的国内循环，而是更加开放的国内国际“双循环”，不仅是中国自身发展需要，而且将更好地造福各国人民。习近平强调，下一步，中国将坚定不移地全面扩大开放，并宣布了中国全面扩大开放的四项新举措。余淼杰认为，这让世界再次看到了中国在构建新发展格局中坚定对外开放的决心和恒心。余淼杰表示：“开放的四个举措，有的是一以贯之，有的是在这一届进博会上有所创新。例如，这次所强调的开放，向多边周边及地区方面的开放，就是说我们不仅是在强调全球多边合作，同时我们也要强调地区区域合作，特别是跟中国经济贸易紧密的区域合作。习近平主席今年的谈话给我总体的印象，是彰显了中国构建全面开放新格局的这种布局，也彰显了中国要继续推进对外开放，融入全球经济贸易一体化的这样一种态势。”

原载于 央广网 2020 年 11 月 5 日 记者 刘会民

读懂党的十九届五中全会精神，理解“双循环”

2020 年 10 月 30 日下午，北京大学共青团系统集体前往北京市协同创新研究院参访交流，并召开专题学习会，学习贯彻党的十九届五中全会精神。北京大学博雅特聘教授、北京大学国家发展研究院党委书记余淼杰受邀出席会议，北京大学团委书记班子、机关各部门负责人、基层院系团委书记及部分学生骨干参加学习。

余淼杰以“中美大变局下的中国经济‘双循环’”为题，深入解读了党的十九届五中全会关于中国经济和社会发展的相关论述，全面剖析了以国内大循环为主体、国内国际双循环相互促进的新发展格局，系统阐述了《中共中央关于制定国民经济和社会发展第十四个五年规划和二〇三五年远景目标的建议》的关键内容。

余淼杰谈到，当今世界正处于百年未有之大变局，中美贸易局势反复不定、国际多边经济贸易合作停滞不前、全球价值链面临破裂，“双循环”新发展格局将成为未来五年中国经济社会发展的重要结构。依托全球最完备的工业门类、巨大的市场规模与潜力、集聚化专业化的产业链等优势，中国以扩大内需为战略基点，把扩大内需与深化供给侧结构性改革有机结合，以创新驱动和高质量供给创造新需求，全面促进消费，拓展投资空间。

余淼杰指出，构建“双循环”新发展格局，重在“对内开放”，要进一步以中性竞争原则推进要素市场化，加强全面开放，改善营商环境，推出积极的财政政策和稳健的货币政策，发展“两新一重”促进“三化融合”，畅通国内大循环。他认为，全球化结构与形态虽然发生了变化，但是基本方向与趋势没有改变。中国应保持战略定力，积极应对中美关系，优先发展数字导向和知识密集的全球价值链，以巩固中国中心节点地位，用“双循环”开创新局面，书写中国经济新篇章。

会议指出，共青团系统要全面深入学习领会党的十九届五中全会精神，在学深悟透、学思践悟、学以致用上用足“绣花功”，在真学真懂、真信真用、真抓真干上下好“精准棋”，要精心策划、做好统筹、扩大覆盖，用生动、活泼的方式宣传好党的十九届五中全会重要精神，展现好“十三五”以来取得的重大成就，汇聚北京大学青年奋斗“十四五”、奋进新征程的强大力量，讲好一堂爱国爱党爱社会主义的思政必修课。

会议一致认为，在新的历史起点上，北京大学共青团要更加紧密团结在以习近平同志为核心的党中央周围，在学校党委的坚强领导下，同心同德，顽强奋斗，坚持立德树人、坚持服务国家、坚持改革创新，在实现中华民族伟大复兴的新长征路上奋勇搏击，为夺取全面建设社会主义现代化国家新胜利贡献才智。

原载于 北京大学新闻网 2020 年 11 月 6 日 北京大学团委

“十四五”时期要素市场化配置：破除壁垒，实现城乡双向流动

自2020年4月中共中央、国务院发布中国首份要素市场化配置文件以来，加强商品服务流通、畅通国内大循环成为宏观经济政策重点与焦点。11月3日，《中共中央关于制定国民经济和社会发展第十四个五年规划和二〇三五年远景目标的建议》（以下简称《建议》）提出，“十四五”时期要破除妨碍生产要素市场化配置和商品服务流通的体制机制障碍，降低全社会交易成本。

日前，北京大学国家发展研究院余淼杰在接受澎湃新闻（www.thepaper.cn）记者专访时对此解读道，当前，中国要素市场化配置范围仍相对有限，“十四五”时期将通过改革户籍制度、减少商品流通关卡、创造亲商利商环境等措施破除妨碍生产要素市场化配置的体制机制障碍，推动新发展格局的形成。

在中国国际经济交流中心11月5日举行的第134期“经济每月谈”活动上，中国国际经济交流中心副理事长、国务院发展研究中心原副主任王一鸣在回答媒体提问时，对于推动要素市场化配置也谈道，“新发展格局的核心要义不在‘内外’，而是‘循环’，只有打通要素生产、分配、流通、消费各个环节，才能增强经济发展的内生的动力”。

劳动力自由流动，公共服务与常住人口挂钩

余淼杰认为，在破除妨碍生产要素市场化配置和商品服务流通的体

制机制障碍方面，中国主要的任务有两点：第一，要减少国内的贸易壁垒，构建国内统一的大市场；第二，推进要素市场化配置。

关于第一点。“这个可以通过减税降费来实现，同时如果各个省市和地方的过路费可以降低、关卡可以取消的话，也有助于促进各种商品、劳动力的自由流动。”余淼杰称，人才是当今中国重要的生产要素，对户籍的改革及对人口自由流动的鼓励应是中国真正实现按生产要素分配的一个重要改革方向。

对此，王一鸣也表示，生产要素中与公众生活最密切相关的就是劳动力。当前，中国常住人口城市化率和户籍人口城市化率之间依然存在缺口，“在过去一个时期，这个缺口有所缩小，但是不明显”。

如何推进农业转移人口的落户？王一鸣认为，要放开除个别超大城市以外的城市落户限制，特别是要强调，公共服务要与常住人口挂钩，而不是与户籍人口挂钩。

第二点的主要工作在于，要对不同的市场主体按照公开、公平、公正的原则推动改革。余淼杰称，一定要在保证国有企业做大做强的基础上，发挥民营经济的作用，给各类企业创造出一个“亲商利商”的环境。

值得注意的是，优化民营经济发展环境、破除制约民营企业发展的各种壁垒是2020年以来中央始终强调的激发各类市场主体活力的重要原则。

2020年政府工作报告中，李克强就明确，要保障民营企业平等获取生产要素和政策支持，清理废除与企业性质挂钩的不合理规定。同时，2020年政府工作报告做出具体部署，明确要构建亲清政商关系，限期清偿政府机构拖欠民营和中小企业款项。

余淼杰还认为，要打通壁垒、实现生产要素市场化自由流通，就要出台落地针对各种要素实行市场化配置的文件。例如，深圳的社会主义先行示范区实施方案就在具体规划上进行了很好的探索和实践。

余淼杰分析称，以土地这一要素为例，深圳建设中国特色社会主义先行示范区综合改革试点实施方案明确，将国务院可以授权的永久基本农田以外的农用地转为建设用地审批事项委托深圳市政府批准。这就意味着，除了保证基本农田建设的农田用地以外，其他宅基地、耕地都可以转化为建设用地，同时这一审批事权委托下放给了深圳市政府。

此外，深圳还支持在符合国土空间规划要求的前提下，推进第二、第三产业混合用地。余淼杰认为，让土地在第二产业和第三产业之间灵活转换，是全国范围内生产要素市场化继续改革的方向。

扩大农村集体经营建设用地使用权入市

事实上，土地、劳动力、服务等多种要素总是存在相互促进、共同发展关系的。例如，只有吸纳劳动力转移越多的地方，才需要更多的土地，这就涉及两种要素的互动。

《建议》明确，“十四五”期间中国将探索宅基地所有权、资格权、使用权分置实现形式。保障进城落户农民土地承包权、宅基地使用权、集体收益分配权，鼓励依法自愿有偿转让。

宅基地所有权、资格权、使用权“三权”分置意味着落实宅基地集体所有权，保障宅基地农户资格权和农民房屋财产权，适度放活宅基地和农民房屋使用权。

王一鸣分析称，当前中国土地使用依然还是双轨制的，即城市建设用地和农村土地在法律上双轨并行。“十四五”期间，中国将进一步拓展宅基地使用权流转的范围，在农村用于工业、商业等用途所占的集体经营性建设用地方面，还将实践集体经营性建设用地进入市场。

2020 年 1 月 1 日开始实施的新《中华人民共和国土地管理法》删除了原法关于“任何单位和个人进行建设，需要使用土地，必须使用国有土地”的规定，允许了集体经营性建设用地入市。这表明，农民的集体土地不必先通过征收转变为国有土地后，再出让给开发商。

“这涉及‘十四五’期间怎么扩大集体经营建设用地的使用权入市，扩大用途范围”，王一鸣称，只有同权同价，落实改革，才能增加农民收入，促进城乡要素的双向流动。

王一鸣表示，《建议》鼓励“十四五”期间地方政府加快农业转移人口市民化，《建议》文件中明确，要完善转移支付制度，加大对欠发达地区财力支持，逐步实现基本公共服务均等化。这既是对人口要素自由流通的保障，也是推动服务要素流通的重要举措。

在“十四五”时期城市化建设中，王一鸣还提到转移人口的成本问题，他认为要建立相关分摊机制。“部分地方转移人口规模很大，如果完全由当地政府来负担，压力会非常大。”因此，他认为在城乡人口转移的过程中，包括个人、使用劳动力的企业等多方需要分摊成本，进而实践建立一个转移人口成本的合理分摊机制。

要素市场化与经济风险可控

与要素市场化紧密联系着的另一个问题,是经济安全风险的可控性。《建议》明确，要加强经济安全风险预警、防控机制和能力建设，实现重要产业、基础设施、战略资源、重大科技等关键领域安全可控。

刚闭幕的党的十九届五中全会也频频提及“安全”一词。在“十四五”时期经济社会发展指导思想和必须遵循的原则中，公告明确，要统筹发展和安全。

强调经济和金融安全可控与加强要素市场化配置是什么关系？二者是否冲突？余淼杰回应澎湃新闻称，推动要素市场化配置和强调经济发展安全可控并不冲突。而且相反，二者是相辅相成、辩证统一的。

以 2020 年 6 月 1 日印发的《海南自由贸易港建设总体方案》为例，海南自由贸易港的改革发展大致分为两部分。余淼杰分析称，一是五年之内实现初步成果，即初步建立以贸易自由便利和投资自由便利为重点的自由贸易港政策制度体系。“这一部分的着力点就在于实现各种商品和要素的自由流动，也就是要素市场化配置。”

二是长期来看，到 2035 年，海南自由贸易港建设要强调创新制度的集成，其中重要的一点就是要做好风险的管控工作。余淼杰表示，特别是要做好贸易防走私、金融防诈骗、卫生防控等，这意味着在制度体系和运作模式更加成熟的过程中，各方面的保障都是必要的。

多位专家在接受澎湃新闻采访时表示，“十四五”时期，要通过坚持创新的核心作用，加强各生产要素的流通循环，利用新技术、新形态、新动能的发现和创新进一步提升中国在全球价值链中的地位，加快构建新发展格局。

原载于 澎湃新闻 2020 年 11 月 7 日 记者 张若婷

“放管服”改革深化，数字经济市场准入放宽，平台经济将迎利好！

国务院办公厅日前印发《全国深化“放管服”改革优化营商环境电视电话会议重点任务分工方案》（以下简称《分工方案》），明确了5个方面25项重点任务。对于数字经济领域，要求放宽市场准入，移动应用程序（APP）多部门联合检查检测，避免重复检测。

专家表示，通过上述规定的简政放权方式，可以更好地发展平台经济，不仅数字经济的规模会扩大，同时也会使得发展更为健康、更为有序。

为什么会出台这项规定?

在要放出活力、放出创造力方面，《分工方案》明确，应下决心取消对微观经济活动造成不必要干预的审批，以及可以由事前审批转为事中事后监管报备。从放管结合的角度出发，加快清理不涉及重大项目布局又不触及安全底线的审批，改变“以批代管”的情况，进一步降低准入门槛。该项工作由国务院办公厅牵头，国务院相关部门及各地区按职责分工负责。

具体而言，针对数字经济领域市场准入事项数量多、条件高、手续繁问题，应研究提出放宽数字经济领域市场准入的改革举措。推动实现移动应用程序（APP）多部门联合检查检测，避免重复检测。简化优化网约车行业市场准入制度。

上述这项工作将由国务院办公厅、中华人民共和国国家发展和改革委员会（简称国家发改委）牵头，中华人民共和国工业和信息化部、中华人民共和国公安部、中华人民共和国交通运输部、中共中央网络安全和信息化委员会办公室等相关单位按职责分工负责。

“这是切实落地党的十九届五中全会及‘十四五’规划的相关规定。党的十九届五中全会明确提到，健全社会主义市场经济体制的一个重要抓手，是推动中国经济‘双循环’新发展格局，而且明确指出新发展格局不是权宜之计而是长久的战略。按照公正、公开、公平的原则，来推动市场各种要素的市场化配置，就是其中‘国内大循环’的一个重要工作。”北京大学国家发展研究院余淼杰向《21世纪经济报道》记者表示，推进“放管服”的工作，改事前审批为事中事后的监管报备，是构建更好的营商环境，切实落地推进各种要素按市场化配置的主要举措。

余淼杰认为，改事前审批为事中事后监管报备，也是中国设立将近21个自由贸易试验区的一个重要的试验成果，是中国深化改革、推进全面开放的一个落地措施。

“在中国‘放管服’改革推进过程中，市场活力不断激发，对于推动我国经济高质量发展起到了积极作用。在2019年中央经济工作会议明确‘大力发展数字经济’，以及数字经济正在成为推动我国经济转型的重要驱动力的背景下，深入数字经济领域的‘放管服’改革成为必要的举措。”西南财经大学金融学院数字经济研究中心主任陈文向《21世纪经济报道》记者表示。

将给数字经济带来哪些影响？

对于《分工方案》中提到的“推动实现移动应用程序（APP）多部门联合检查检测，避免重复检测”，陈文分析，数字经济创新创业涉及的部门众多，准入流程复杂，在客观上造成数字经济创新创业的供给不足，已经无法满足社会各方面对于数字化产品的需求。

陈文认为，部分数字经济领域的市场集中度过高，市场集中度过高有行业自身特点的原因，也有政府管制的原因，需要放松管制推动新的创新创业主体，这项规定将更好地确保市场活力。此外，新冠肺炎疫情下微观企业数字化转型的激励进一步提升，放宽数字经济领域市场准入的改革举措降低微观企业数字化转型门槛，有助于推动整个经济体的数字化。

“对于数字经济而言，降低进入的门槛，需要市场准入相对较难、手续烦琐的程序，通过简政放权的方式，可以更好地发展平台经济，避免平台经济一家或数家垄断市场的不良格局，创造出一个更公平竞争的市场格局。”余淼杰预期，这项《分工方案》的落实落地将会促进中国数字经济的发展，不仅会使数字经济规模扩大，同时也会使发展更为健康、更为有序。

原载于《21世纪经济报道》2020年11月13日 记者 张雅婷

上海作为科创产业的策源地，是推动国内国际“双循环”彼此促进的重要枢纽

作为中国改革开放高地的浦东，以及其身后的上海，在构建新发展格局中将承担何种使命？

“浦东要努力成为国内大循环的中心节点和国内国际双循环的战略链接。”①2020 年 11 月 12 日，在浦东开发开放 30 周年庆祝大会上，习近平提出了殷切希望。

这是对浦东的希望，也是对上海的希望。

30 年前，在那个“东方风来满眼春”的年代，上海已是一片令人激情奔涌的热土。当陈高宏得知浦东打破户口、身份、行业界限向全国招聘 40 名干部的消息时，他兴奋地报名考试，并顺利地成为一名“上海人”。30 年后，作为上海交通大学中国城市治理研究院副院长的他，回忆上海的发展与开放历程，用了这个比喻：把中国海岸线看作一张“弓”，上海则如弓上之“箭”，利箭离弦起飞，对全国发展将产生不可估量的影响。在构建新格局中，上海正为打造国内大循环的中心节点、国内国际双循环的战略链接而蓄势勃发。

创新驱动高质量供给，引领创造新消费需求

走进张江人工智能岛，那些能够上天、入地、潜水的人工智能

① 佚名. 浦东开发开放 30 周年庆祝大会隆重举行 习近平发表重要讲话[EB/OL]. http://paper.people.com.cn/rmrb/html/2020-11/13/nw.D110000renmrb_20201113_2-01.htm[2020-11-13].

（artificial intelligence，AI）精灵会让人目不暇接。作为国内首个“5G+AI”全场景商用示范园区，这里共培育了30多个智慧未来的应用场景。在科研与产业深度融合之后，集成电路、生物医药、AI成为张江科学城的三大支柱产业，为推动高质量发展激发强大动能。

习近平在浦东开发开放30周年庆祝大会上指出：“要全力做强创新引擎，打造自主创新新高地。”[①]科技创新中心作为上海推动建设的“五个中心”之一，为产业转型升级，创造高质量供给提供动力之源，为破解产业链、供应链、价值链上的堵点、痛点畅通渠道。

“一定程度上，科技创新驱动下形成的高质量供给可以引领、创造新的消费需求。”在上海市浦东改革与发展研究院综合研究室主任纪慰华看来，构建新发展格局，要坚持扩大内需这个战略基点，而科技、业态模式的创新则为进一步挖掘消费潜力，形成以“需求驱动”为支撑的国内大循环奠定基础。

近期，一本名为《世界农业科技前沿》的书成了叮咚买菜创始人梁昌霖的案头常备，他说：“只有不断学习、了解农业，才能明确供应链布局；唯有供应链强大，才可完善供应体系。当消费者认可、选择，行业便能走向‘正循环’。”

近几年，一大批新零售企业应运而生，并在此孵化、生长、复制、推广。得益于上海自由贸易区的制度红利与外溢效应，包括进口商品直销中心、平行汽车交易中心、进口商品国家馆、跨境电商体验中心等在内的商业模式也不断壮大起来。

放眼上海，最强光、中国芯、创新药、智能造、蓝天梦、未来车、数据港等硬核产业已成为耀眼的名片，资产管理、融资租赁、零售电商、互联网文创等领域更是展现出勃勃生机。伴随上海推进“四大品牌”建设，“上海服务”“上海制造”“上海购物”“上海文化”必将在助推城市发展、深化供给侧结构性改革中，为生产供给、消费升级创造机遇。

---

① 佚名. 浦东开发开放30周年庆祝大会隆重举行 习近平发表重要讲话[EB/OL]. http://paper.people.com.cn/rmrb/html/2020-11/13/nw.D110000renmrb_20201113_2-01.htm[2020-11-13].

增强全球资源配置能力，服务构建新发展格局

中国版图中，上海一端连接长江三角洲、长江经济带，面向内陆；另一端紧邻太平洋，沟通世界。它是中国改革开放的高地，更带动了整个长江流域地区经济的高速发展。在新发展格局中，如果把国内国际“双循环”比作两个相交的“圆环”，上海势必在交点之处占有重要席位。

20 世纪 90 年代初，陆家嘴迎来了英国、日本、法国、意大利四国城市设计师，与中国专家一起为陆家嘴金融贸易区规划开启了一场国际咨询，历经灵感、理念与文化的数次激烈碰撞，中国第一个汇集国际智慧的规划方案诞生了。

“栽下梧桐树，引得凤凰来。”规划落地后，外资金融及贸易机构纷至沓来，数个“中国第一”被载入史册：1992 年，第一家外资保险公司美国友邦保险公司来了；同年，第一家中外合资大型商业零售企业第一八佰伴也来了；1995 年，第一家外资银行日本富士银行上海分行在此开张……

时光流转，今天陆家嘴创造的 GDP 已有 5000 多亿元；4 万多家企业集聚于此，其中跨国公司地区总部有 119 家。陆家嘴已成为全球金融要素市场最完备、交易最活跃的地区之一，是中国金融领域对外开放的主战场。

习近平强调，要增强全球资源配置能力，服务构建新发展格局。纪慰华对此感受颇深，她说上海正是通过融入全球金融业务体系，带动了本土企业融合国际资本、培育金融人才，为强化全球资源配置功能，推动经济高质量发展创造了条件，成为国内国际“双循环”中的战略链接。

倘若把跨国机构落户于此看为一种“引进”，那么金桥开发区由“代工厂”向“智慧谷”的蝶变则是上海“走出去”的缩影。在“双循环”的背景下，“引进”与“走出”成为其融通世界的一种写照。

1990 年，以出口加工为主的金桥开发区成立，其工业总产值一度越过百亿元。但是，简单的加工贸易靠“价廉量多”取胜，金桥人意识到粗放的劳动密集型发展并不是一条可持续之路。随后，金桥通过研发设

计、虚拟工厂、总部经济等方式，把整个产业链联系起来，为产品提质增效创造基础。

如今，新一轮技术革命的浪潮滚滚而来，金桥人紧握先机开创新局。2020 年，“金桥 5G 产业生态园”开园，华为、中国信息通信研究院、中国移动等 5G 创新中心或实验室等落户于此，纷纷聚焦新兴产业布局，为“中国智造”以更为卓越的品质走出国门积蓄能量。

“外贸出口是中国融入经济全球化的重要体现，带动企业发展、提升就业需求，对长江三角洲乃至全国发展都产生深远作用。”北京大学国家发展研究院余淼杰说，通过参与全球合作与竞争，倒逼企业转型升级，为推动中国在全球价值链上向中高端跃升提供了内生动力。由此看，上海作为科创产业的策源地，正是推动“国内循环”与“国际循环”彼此促进的重要枢纽。

以制度创新为核心先试先行，推进高水平制度型开放

7 年前，浦东继推行国家综合配套改革试点之后，又肩负起建设自由贸易试验区的重担。那么，它是如何成为撬动中国新一轮改革开放的支点的？我们透过几个镜头一探究竟。

2013 版 190 项、2017 版 95 项、2020 版 30 项……这是上海自由贸易区外商投资负面清单的“瘦身”记录。截至 2020 年 8 月，上海自由贸易试验区累计新设企业 6.7 万户，新设外资企业 1.2 万户……这是上海自由贸易区“大家庭”的成员数量。

一减一增间，我们清晰地看到：对外商投资的准入限制少了，投资者热情高了，中国与国际规则体系衔接的步伐快了，制度创新正为激发市场活力释放巨大红利。

在临港新片区，美国企业家马斯克选择把“超级工厂”落户于此，成为《上海市贯彻落实国家进一步扩大开放重大举措加快建立开放型经济新体制行动方案》的最早受益者，在近半年时间内完成了从签约到开工建设。伴随“一网通办”的不断完善，经营者只要递交一次材料，就

可让数据轻松为其“跑路”，这也为提升行政审批效率创造了条件。

在张江药谷，制度创新的烙印也十分鲜明。和记黄埔医药有限公司高级副总裁吴振平也曾为资金运转困难而犯愁。好在，上海浦东成为推行国家药品上市许可持有人制度的试点，探索研发与生产相分离的医药管理模式。公司作为创新药企业，可将药品生产外包给其他工厂，以节约资金投入科技研发。

这片试验田中，还有不少“新苗”在蓬勃生长：聚焦投资、贸易、金融等领域推行事中事后监管，率先构建与国际通行规则接轨的制度体系，形成国际贸易单一窗口、自由贸易账户、证照分离等制度创新项目，等等，在探索高水平制度型开放的过程中，这片被深耕的土地上成绩斐然。

2020 年 9 月，中国宣布设立北京、湖南、安徽自由贸易试验区及浙江自由贸易试验区扩容。至此，中国自由贸易试验区达到 21 个。可见，改革良种已经播向全国，自由贸易区以“点”上的制度创新为全国释放了“面”上的改革红利，“雁阵”之势正为构建新发展格局激发砥砺奋进的力量。

党的十九届五中全会将“更高水平开放型经济新体制基本形成”列入“十四五”规划目标，在完善社会主义市场经济体制的壮阔进程中，上海会以怎样的斗志立于时代潮头？

“装点此关山，今朝更好看。”让我们拭目以待。

原载于《光明日报》 2020 年 11 月 13 日 记者 李晓

中国官方别具匠心，为困难企业设立“休眠期”

2020年11月28日，国务院发布第七次大督查情况通报，提出企业经营困难可设立“休眠期”的建议。著名经济学家余淼杰认为，“休眠”不同于“破产”，别具匠心，能为小微企业度过新冠肺炎疫情及基层民生就业提供保障。

国务院的通报显示，部分督查组反映，市场监管部门对连续两个年度未报送年度报告的企业，可以吊销营业执照。很多企业因短期经营困难暂时歇业，但仍有意愿继续经营，而企业一旦被吊销营业执照，其法定代表人再次创业会遇到障碍。建议对未按规定报送年报的企业设立“休眠期”，合理设置休眠条件和程序，承认休眠期间企业合法存续地位，保证企业经营资格和主体资格的连续性。

北京大学国家发展研究院余淼杰对香港中国通讯社记者表示，“休眠”制度实际上是减少了企业的沉没成本，特别是对于小微企业来说，营业执照是一项特殊的固定成本，而让经营困难的企业“休眠”，为其按下“暂停键”，一方面能帮助经营困难的企业在新冠肺炎疫情下挨下去；另一方面，与“破产”不同的是，“休眠”为就业人员提供了保障，让企业不会因经营困难倒闭而遣散员工。

2020年以来，全球大小企业出现前所未有的“活下去”挑战，不少知名企业或破产或裁员。美国等国家“放水”加大货币供应为企业输送贷款，欧洲国家以财政支出补贴企业，部分国家及地区如日本、中国台湾，发放“消费券”期盼振兴经济；韩国、日本、中国香港、中国澳门等国家和地区也给居民发现金刺激消费。

余淼杰指出，各国和地区的刺激经济措施各有千秋，补贴比发现金更能有效纾困。不过，他指出，“摊大饼”的补贴方式未必能惠及全民。一方面，“给谁、不给谁”是一个难题；另一方面，对企业的财政补贴难以保障基层就业人员。2020 年以来，中国政府的纾困主要以降税、减费、贷款为主，“休眠”制度则能给经营困难的企业喘一口气。

2020 年 8 月，深圳已率先试行“休眠”制度。深圳市市场监督管理局发布措施，结合新冠肺炎疫情实际，针对不少企业短期内面临经营困难需要暂停歇业的问题，深圳将在全国率先试行企业“休眠”制度。如今，“休眠”制度有望从最初的探索扩及更大范围试行。

值得注意的是，让企业“休眠”，并不意味着制造“僵尸企业”或“沉睡企业”。因此，建议特别强调，要合理设置休眠条件和程序，防范企业为逃避责任而随意“休眠”，要设立“休眠”期限及“复苏”条件和程序，使企业能够顺畅地启动和终止“休眠”。

原载于 香港中国通讯社 2020 年 11 月 30 日 记者 陈卓仪

2020年中国无惧新冠肺炎疫情，提前实现脱贫目标

2020年，新冠肺炎疫情持续蔓延，全球减贫事业面临严峻挑战。然而，中国却提前10年实现了联合国《2030年可持续发展议程》的减贫目标。有学者指出，中国经济发展是助力精准脱贫的关键，脱贫攻坚的出发点都是为了切实提升人民的福祉，真正落地践行“为人民服务”的初心。

据联合国关于可持续发展目标的年度评估报告预计，2020年全球将有1亿人因新冠肺炎疫情重新陷入极端贫困。这是自1998年以来全球贫困人口首次增加。到2030年，全球或将再有2.07亿人陷入极端贫困，从而使极端贫困总人数突破10亿。

2020年是中国国民经济和社会发展第十三个五年规划的收官之年，脱贫工作无惧新冠肺炎疫情影响。2020年2月，国务院扶贫办对2019年底未摘帽的52个贫困县实施挂牌督战。

3月12日，时任国务院扶贫办主任刘永富强调，2020年虽然受到新冠肺炎疫情影响，但脱贫基本标准不会变。

4月22日，全国扶贫宣传工作会议在北京召开，中央政府始终坚持2020年现行标准下的农村贫困人口全部脱贫，向全中国人民做出郑重承诺，必须如期实现。

在新冠肺炎疫情逐步受控下，扶贫工作顺利开展。11月23日，贵州省政府宣布，经审定全省66个贫困县全部实现脱贫摘帽。这也标志着

中国国务院扶贫开发领导小组办公室确定的全国 832 个贫困县全部脱贫摘帽，全国脱贫攻坚目标任务已经完成。

2012 年以来，中国在之前扶贫攻坚的基础上，全面打响脱贫攻坚战。经过 8 年的持续努力，2020 年中国现行标准下农村贫困人口已经全部脱贫，贫困县已经全部摘帽，近 1 亿农村贫困人口实现脱贫，为全球减贫事业做出重大贡献。

北京大学国家发展研究院余淼杰在接受香港中国通讯社记者采访时指出，中国经济的脱贫路径是渐减的一条线，随着经济的发展，贫困率在不断地降低。而非像其他国家，经济增长到一定程度之后贫困率就不再下降。

他说，改革开放 40 多年来，中国 7 亿多人摆脱贫困，对世界减贫贡献率超过 70%。在经济发展中，效率与公平之间的平衡是重要的议题。2020 年 9 月，中国的贫困率降低到 0.3%，脱贫事业实现巨大成就。

2012～2020 年为中国进入第四个脱贫阶段，属于“精准扶贫”。余淼杰解释，精准扶贫就是实施集中统一领导机制；建立建档立卡的贫困户识别登记系统；根据贫困户的具体情况，选择不同的扶贫手段；创新扶贫方式；以及对贫困退出引入了严格的第三方独立评估，监督保障脱贫攻坚战政策的有效性和顺利实施。

余淼杰认为这些精准扶贫经验能有效遏止返贫，相信世界其他国家地区可以参考“中国模式”以达至脱贫理想目标。

事实上，中国减贫的巨大成就，极大地提振了广大发展中国家摆脱贫困的信心。

乍得总统代比说，中国经验向世界表明，贫穷的国家可以改变自身命运，变得富裕。

肯尼亚圣保罗大学经济学者库塞瓦说，中国完成了人类历史上的创举。其他发展中国家也需要结合自身实际情况，寻找新办法来减少和消除贫困。

柬埔寨民间社会组织联盟论坛项目计划部主任谢莫尼勒表示，中国政府决心的体现，也是中国人民对自身发展道路信心的体现。

原载于 香港中国通讯社 2020 年 11 月 30 日 记者 叶永成

《中欧双边投资协定》完美收官 给世界经济复苏吃下一颗定心丸

历时 7 年，《中欧双边投资协定》谈判完美收官。

2020 年 12 月 30 日，中欧领导人共同宣布如期完成《中欧双边投资协定》谈判。这意味着《中欧双边投资协定》的签署近在眼前。

2013 年 11 月，在第十六次中国欧盟领导人会晤上，双方共同宣布启动《中欧双边投资协定》谈判，随后的 7 年里，历经 35 轮谈判。此间，中欧双方曾交换了投资协定的清单出价，也对投资自由化和投资保护的部分重要条款达成一致。

中欧是当今世界两大重要经济体。目前，欧盟是中国第二大贸易伙伴，占中国外贸份额的 13.9%。尽管有新冠肺炎疫情影响，但 2020 年前 11 个月，中国与欧盟贸易总值依然达到了 4.05 万亿元，增长 4.7%。其中，向欧盟出口 2.45 万亿元，增长 7%；自欧盟进口 1.6 万亿元，增长 1.3%。值得关注的是，2020 年前三个季度，中国首次成为欧盟第一大贸易伙伴。

《中欧双边投资协定》的达成不仅有利于深化双边经济贸易合作，对于全球经济复苏也具有重要意义。

在北京大学国家发展研究院余淼杰看来，受新冠肺炎疫情影响，全球经济总体上呈现出停滞不前的状态，现在《中欧双边投资协定》达成，将使中国和欧盟的经济贸易合作进入一个全新阶段，这对欧盟、亚太地区乃至全世界的经济贸易合作都是一个利好消息。

"《中欧双边投资协定》谈判完成给全世界释放出一个强烈信号，展现了维护开放的投资贸易环境的重要性。"全球化智库（Center for China and Globalization，CCG）理事长王辉耀指出，先有 RCEP 的签署，后有《中欧双边投资协定》的达成，中国在短短一个多月内不断在投资贸易领域创造新的里程碑，给在新冠肺炎疫情笼罩下的世界经济复苏吃下一颗定心丸，将极大提振全球经济信心。

他指出，《中欧双边投资协定》的达成将通过推动“外循环”来拉动“内循环”，促进中国新发展格局的构建，而不管是 RCEP 还是《中欧双边投资协定》，都有助于中国进一步推进全面深化改革。

商务部条约法律司负责人在接受记者采访时表示，《中欧双边投资协定》对标国际高水平经济贸易规则，着眼于制度型开放，是一项平衡、高水平、互利共赢的协定。

它的平衡体现在，一是双方做出开放承诺的同时十分注重保留必要的监管权；二是双方既注重促进双边投资合作，也强调投资要有利于可持续发展。

高水平主要体现在，双方致力于促进投资自由化便利化，达成了高水平的谈判成果。协定涉及领域远远超越传统 BIT，谈判成果涵盖市场准入承诺、公平竞争规则、可持续发展和争端解决四方面内容。

互利共赢主要体现在，双方都拿出了高水平和互惠的市场准入承诺，所有的规则也都是双向适用的，将为企业打造公平竞争的环境，惠及中欧双方企业乃至全球企业。“高水平的市场准入承诺将为双方企业带来更多的投资机会。高水平的公平竞争规则将为双边投资提供更好的营商环境。”

该负责人透露，在市场准入方面，协定采取的是准入前国民待遇加负面清单模式。

中方首次在包括服务业和非服务业在内的所有行业以负面清单形式做出承诺，实现与《外商投资法》确立的外资负面清单管理体制全面对接，欧方也在协定中对我承诺其较高的市场准入水平。

此外，针对本身不歧视外资，但对企业设立运营造成重大影响的市场准入限制，双方还将承诺在大多数经济领域不对企业数量、产量、营业额、董事高管、当地研发、出口实绩、总部设置等实施限制，并允许与投资有关的外汇转移及人员入境和停居留。

公平竞争规则方面，双方立足于营造法治化营商环境，就国有企业、补贴透明度、技术转让、标准制定、行政执法、金融监管等与企业运营密切相关的议题达成共识。

余淼杰指出，中国降低欧盟国家在华投资的市场准入门槛，将提高欧洲企业在华的投资规模，同样，中国企业在欧盟的投资规模也有望快速上升。

王辉耀指出，中欧市场的互补性很强，在欧洲具有优势的医疗、养老、金融、酒店等服务业如果进入中国，将会壮大中国服务业的市场，而中国的高新技术行业也有机会在欧洲市场寻找更多的机会。

中国国际贸易学会专家委员会副主任李永指出，《中欧双边投资协定》的达成体现出中方对外开放和营造更好外商环境的决心，也为双方相互之间的投资往来提供了制度保障，“求同存异，坚持开放，这是未来国与国之间、区域与区域之间发展经济遵循的基本精神，而不是拉小圈子，那将对世界经济发展毫无益处，也绝对不是一个最优选择”。

“我们也注意到，纳入与经济贸易有关的环保、劳工议题已成为近年来国际经济贸易协定的重要特征。”商务部条约法律司负责人指出。《中欧双边投资协定》对与投资有关的环境、劳工问题做出专门规定，双方将促进有利于实现可持续发展目标的投资，处理好吸引投资与保护环境和劳动者权益的关系，并遵守相关国际承诺。

该负责人表示，下一步，中欧双方将开展文本审核、翻译等工作，力争推动协定早日签署。此后，协定将在双方完成各自内部批准程序后生效。

原载于《中青报》 2021 年 1 月 5 日 记者 宁迪

“世界经济持续波动，中国经济一边独好”，外贸好形势将持续

2020 年 1 月 14 日，国务院新闻办公室举行新闻发布会，介绍 2020 年全年进出口情况。据海关统计，2020 年，中国货物贸易进出口总值 32.16 万亿元，比 2019 年增长 1.9%，外贸规模再创历史新高，中国成为全球唯一货物贸易正增长的主要经济体。

“明显好于预期”，外贸规模创下新高

具体看，32.16 万亿元的货物进出口总值中，出口 17.93 万亿元，增长 4%；进口 14.23 万亿元，下降 0.7%。贸易顺差 3.7 万亿元，增加 27.4%。从 2020 年 6 月起，中国外贸连续 7 个月正增长。全年进出口、出口总值均创历史新高。

外贸规模的扩大也使得中国的国际市场份额创下历史最高纪录：根据 WTO 和各国已公布的数据，2020 年前 10 个月，中国进出口、出口、进口国际市场份额分别达 12.8%、14.2%、11.5%，均创历史新高。

贸易伙伴呈现了更加多元化的趋势。2020 年，中国前五大贸易伙伴依次为东盟、欧盟、美国、日本和韩国，对上述贸易伙伴进出口分别为 4.74 万亿元、4.5 万亿元、4.06 万亿元、2.2 万亿元和 1.97 万亿元，分别增长 7%、5.3%、8.8%、1.2%和 0.7%。中国对“一带一路”沿线国家和地区进出口 9.37 万亿元，增长 1%。

同时，外贸市场主体的活跃度在增强，2020 年，有进出口实绩企业

53.1 万家，增加 6.2%。其中，民营企业进出口 14.98 万亿元，增长 11.1%，占中国外贸总值的 46.6%，比 2019 年提升 3.9 个百分点，第一大外贸主体地位更加巩固，成为稳外贸的重要力量。外商投资企业进出口 12.44 万亿元，占 38.7%。国有企业进出口 4.61 万亿元，占 14.3%。

外部环境仍然严峻，2020 年有望保持增长

中华人民共和国海关总署新闻发言人李魁文表示，2020 年，世界经济增长和全球贸易遭受严重冲击，外部环境复杂严峻。在这样困难的情况下，中国外贸明显好于预期，实现了快速回稳、持续向好，展现了强大的韧性和综合竞争力。中国也成为全球唯一实现货物贸易正增长的主要经济体，货物贸易第一大国地位进一步巩固。

谈到 2020 年的外贸形势，李魁文表示，2020 年世界经济有望复苏，带动贸易增长，国内经济恢复平稳增长也给外贸发展提供了有力支撑。不过，新冠肺炎疫情变化和外部环境存在不确定性，中国外贸发展仍然面临困难和挑战，随着新发展格局加快形成，高水平对外开放加快推进，2021 年中国外贸进出口有望保持增长。

焦点一：对 124 家冷链食品生产企业暂停进口

李魁文在发布会上介绍，截至 1 月 13 日 24 时，全国海关共对进口冷链食品抽样检测样本 1 295 692 个，检出核酸阳性结果 47 个，其他样本均为阴性。

现阶段，全球新冠肺炎疫情形势依然严峻，进口冷链食品及其外包装存在输入性风险。李魁文表示，中华人民共和国海关总署对检出阳性的境外食品生产企业实施紧急预防性措施，暂停其产品进口申报一周到四周。目前已对 39 家境外食品生产经营单位采取了紧急预防性措施。

同时，在口岸环节开展预防性消毒工作，严防新冠肺炎疫情通过进口冷链食品输入风险。截至 1 月 13 日 24 时，全国口岸环节已预防性消毒进口冷链食品外包装 1317 万件。

截至目前，中国已对发生员工感染新冠肺炎的 21 个国家的 124 家冷链食品生产企业采取了暂停其产品进口措施，其中有 107 家企业是在出现新冠肺炎疫情后自主暂停了对华出口。

焦点二：正研究办法保障 RCEP 的 ROO 落地

2019 年 11 月，中国签署了 RCEP，是目前全球体量最大的自由贸易区，涵盖了全球约 30%的人口、30%的经济总量和 30%的外贸。

中国与 RCEP 国家间的贸易情况受到关注，李魁文介绍，2020 年，中国对其他 14 个 RCEP 国家进出口总值 10.2 万亿元，同比增长 3.5%，占同期中国进出口总值的 31.7%。其中，出口 4.83 万亿元，增长 5%；进口 5.37 万亿元，增长 2.2%。

其中，出口机电产品占同期对 RCEP 成员国出口总值的 53.8%，集成电路、自动数据处理设备及其零部件均实现增长。同期，出口劳动密集型产品 9448 亿元，增长 11.9%。进口方面，进口集成电路、自动数据处理设备及其零部件、铁矿砂均有增长，初级形状的塑料略有下降。

从贸易伙伴看，东盟十国是中国第一大贸易伙伴，进出口值 4.74 万亿元，增长 7%；日本、韩国是中国第四和第五大贸易伙伴；对澳大利亚进出口 1.17 万亿元，下降 0.1%；对新西兰进出口 1255.3 亿元，下降 0.4%。

李魁文表示，海关正在抓紧推动实施前的准备工作，成立了实施工作领导小组，设立了关税实施准备工作等多个专班。目前正在研究出台“RCEP 进出口货物原产地管理办法”和“经核准出口商管理办法”，保障 RCEP 的 ROO 落地。

焦点三：出口口罩相当于除中国外每人近 40 只

统计数据显示，从 2020 年 3 月至年底，全国海关共验放出口主要新冠肺炎疫情防控物资价值 4385 亿元。

李魁文在发布会上介绍，在出口的主要防疫物资中，口罩出口 2242

亿只，价值3400亿元，相当于为中国以外的全球每个人提供了近40个口罩。其中，医用口罩650亿只，占口罩出口量的三成。此外，出口防护服23.1亿件，包括医用防护服7.73亿件；护目镜2.89亿副；外科手套29.2亿双。

医疗器械方面，中国出口呼吸机27.1万台，其中无创呼吸机21.2万台；病员监护仪66.3万台，红外测温仪1.19亿件。此外，出口新冠肺炎检测试剂盒10.8亿人份，为新冠肺炎检测工作提供了支持。

李魁文表示，中国率先全面复工复产，发挥了抗疫物资最大供应国的优势，在满足国内新冠肺炎疫情防控需求的同时，对全球大多数国家或地区出口了新冠肺炎疫情防控物资，有力支援了全球抗击新冠肺炎疫情。

前瞻：中国仍在“窗口期”，2020年外贸形势看好

北京大学国家发展研究院余淼杰长期关注外贸发展。新冠肺炎疫情之下，中国外贸经过一季度大幅震荡随后逆势反弹，最终实现2020年全年3.7万亿元的贸易顺差，趋势基本符合余淼杰的判断，数据明显好于他的预期。

他表示，2019年中国贸易顺差2.9万亿元，学界曾普遍乐观预测，2020年会与2019年接近。如今2020年全年“成绩单”公布，3.7万亿元的贸易顺差明显好于预期。

分析原因，余淼杰认为，从供给来看，中国率先走出全球新冠肺炎疫情冲击，成为全球产品的供应国；从需求看，尽管欧美市场受到严重的新冠肺炎疫情冲击，短期内会减少对产品的需求，但“封国”“封城”不可持续，随着时间推移，2019年下半年欧美国家对产品的需求持续上升，特别是消费品表现尤为明显。今天公布的数据也充分地说明了这个趋势。

谈到2020年的外贸形势，余淼杰认为，总体来看，好的形势还会持续。现阶段，海外新冠肺炎疫情仍在蔓延，中国仍处在“世界经济持续

波动，中国经济一边独好”的“窗口期”，预计2021年上半年的外贸情况可能与2020年下半年接近，依然可以保持1.9万亿～2万亿元的贸易顺差。到下半年，随着全球新冠肺炎疫情得到控制，贸易顺差可能会相对减少，但仍然保持较高水平。

在贸易伙伴的结构上，东盟十国在2020年完成“超车”成为中国第一大贸易伙伴。余淼杰认为，东盟取代美国和欧盟，成为中国最大的贸易伙伴是毫无疑问的，新冠肺炎疫情的出现只是加速了这个过程。

特别是随着RCEP的签署，进一步加强了中国与东盟国家间的经济贸易联系，其作为中国第一大贸易伙伴的地位得到加固。考虑到中国下一步将积极参与CPTPP，未来，不论是商品贸易还是服务贸易，中国与东盟的区域经济贸易合作都会进一步加强。

原载于《新京报》2021年1月14日 记者 姜慧梓

构建“双循环”六大建议！保证居民收入持久性上升

中国网·中国访谈：在经历了近3年的中美贸易战和美国的强势打压之后，在WTO日渐衰弱之际，中国迎来了RCEP的签署和《中欧双边投资协定》谈判如期完成两大利好消息。新的自由贸易区、新的贸易和投资规则，势必给国内经济带来新的机遇，也带来新的要求和挑战。未来，尤其是“十四五”时期，中国将以怎样的姿态迎接经济贸易开放新格局，怎样在深化改革扩大开放的方针指引下，打造更加开放、更加强大的“双循环”产业链？本期节目，我们就此专访北京大学国家发展研究院余淼杰。

中国网·中国访谈：国内目前面临着美国在经济贸易及科技领域的打压，也面临着西方一些关键产业迁出中国回归西方的压力。党中央国务院提出我们要打造国内国际“双循环”这种新的政策建议。对此您怎么看呢？我们打造国际国内“双循环”具有怎样的优势？

余淼杰：的确像您所讲到的，最近，特别是在党的十九届五中全会，还有“十四五”规划建议的说明中，中央一直强调，我们要构建新发展格局，新发展格局的核心关键是以国内大循环为主体，国内国际双循环相互促进的这种新发展格局。我觉得您所讲的，中国发展“双循环”具有四点潜在的优势。

第一，中国的市场特别大，如果问我们现在最大的比较优势是什么，未来10年，我们最明显的国家竞争优势，或者企业比较优势，不再是劳工成本的便宜，而是我们的超大规模市场和不断扩大的内需潜力。这个市场的扩大体现为两点：其一，我们有 14 亿消费者，以及 4 亿中等收入群体。中等收入群体数量还会不断地增加。其二，我们国内统一的大市场正在逐渐形成。您可以看到，现在各个省或者各个区通关的话，过省或者过不同的区，都非常方便。换言之，地区贸易壁垒逐渐下降，也推进了我们国内大市场的加速形成。

第二，产业链的齐备，中国有全球最完备的产业链。中国是全球不多，更准确地讲，是全球唯一的一个具有全产业链的国家，具有 41 个大类，666 个小类。我还专门看了中国在 2019 年出口的海关产品，如果算八位码，比较细的话，中国差不多是 7900 多种。如果做到跟美国一样细——十位码的话，中国是 14 000 多种产品。所以您可以看到，因为您要出口这个产品，首先必须有生产，才能出口，所以中国是全球产业链最全的国家。

第三，工业聚集。事实上，每一座工业城市都有一个鲜明的工业名片，它并不是面面俱到，而是不同的城市有自己主打的产业。比如说，深圳和东莞的电子产业、义乌的小商品市场、廊坊的家具等，每座城市都有自己的特色和优势。

第四，中国的交易成本相对比较低。交易成本相对比较低的意思，是您可以看到，我们刚才讲到产业，有些国家在鼓吹产业回流。其实这是不现实的。为什么呢？因为如果劳动密集型的产业回流，假设回流到美国去，它主要市场还是在中国，从供需两个角度都是不合适的。先说从供给的角度，美国的劳工成本比较贵，差不多是 4000 美元/月。中国现在虽然说劳工成本不断上升，但是也只有约 750 美元/月，中国约是美国的 1/5。同时，中国的生产效率要达到美国的 1/2 以上。所以这么一对比，中国在这个产品上就具有了比较优势。反过来讲，产品在美国生产之后，主要还是要运到中国来卖，因为市场在这边。所以还有一个运输成本。这样从供需角度来讲，产业回流是不现实的，特别是制造业。所以这也是我们竞争优势的体现。

从以上四个角度来讲，我觉得中国发展“双循环”的新发展格局具有明显的潜在优势。

中国网·中国访谈：刚才您谈了中国发展"双循环"格局的优势。对于未来如何打造更好的"双循环"格局，您有怎样的建议呢？

余淼杰：我觉得如果要落地"双循环"，应先说"内循环"，有六点建议。

第一，公开、公正、公平的原则，推进要素的市场化改革。您可以看到，中央4月也已经出台了文件，要建立社会主义市场经济的要素市场。文件中提到一种新的要素，特别强调是数据。之前我们讲到要素的时候一般都是资本、土地、劳力这些传统的要素，但现在数据作为一种新的要素也特别重要，这也给我们一个启示：未来中国一定是朝着数字经济和知识密集这个方向来发展的。

在这里面我们要注意，一方面我们要做大做强国有企业，另一方面我们也要对中小微企业一视同仁，用公开、公正、公平的原则对待中小微企业。所以就要做到各个不同的企业形态百花齐放，共同发展。这是第一点。第二点涉及我们刚刚所讲的，可能用全面开放的新格局来落地贸易自由化和投资的便利化。十九大我们提出来全面开放新格局之后，做了两个重要的工作：第一个工作，刚才也谈到了，建立了21个自由贸易试验区。这个自由贸易试验区有几点核心的工作，一是采用"准入前国民待遇加负面清单"的一种模式。通过负面清单这种模式广泛欢迎外资。二是降低关税贸易自由化，促进投资便利化。三是进一步简政放权，提高营商环境。这些都是自由贸易试验区成功的地方，而且不断地向其他地方复制和推广。

第二，2020年6月，我们提出要建设海南自由贸易港。海南自由贸易港是一个更高形式的开放形式。海南自由贸易港做了两个工作：第一个工作是在2025年之前要实现早期收获，到2035年，我们要在初步实现社会主义现代化的时候实现全面开放。从早期收获——商品、市场，还有要素市场方面的自由化。这相对比较简单。第二个工作就是制度规则的创新。通常来说，创新包括两方面含义，一是技术方面的创新，传统意义上的创新；二是制度、集成方面的创新，包括您刚才所讲到的，除了做到贸易防走私以外，还要做好金融防诈骗，同时也提高各种公共应对、公共危机的应对能力等。

第三，现在要拉动内需，促进消费。那么，怎么样拉动内需和促进消费呢？一句话，用积极的财政政策跟稳健的货币政策来提高消费，促进内需。为什么呢？因为如果居民提高消费，有两个前提：第一个前提是居民就业有保障；第二个前提是您要稳就业先要稳住市场主体。现在因为新冠肺炎疫情的影响，中小微企业相对比较困难。所以我们通过积极的、稳健的货币政策，来对中小微企业进行纾困。这样的话，它们就能够活下来，就能够更好地保住就业。另外，我们要保证居民可持久性收入上升。可持久性收入上升是什么意思呢？即可支配收入跟税前收入的差距不应该过大，不能够说税前 2 万，税后 1 万。所以在财政政策方面我们就要提高可支配收入占总收入的比重。这点必须通过减税降费的财政政策来实现。

第四，我们要推进投资的便利化。国务院办公厅在 2019 年 8 月出台的 15 项工作措施，都是来讲如何促进投资的便利化，引进外资。这里面涉及“六稳”中的四项工作。我们的终极目标是稳就业，出发点是稳预期。方式和途径是 4 个，即稳外贸、稳投资、稳外资、稳金融。所以国务院办公厅出台的 15 项工作措施讲的就是这四个内容。

第五，通过“两新一重”促进“四化融合”。“四化融合”非常重要，特别是新型城镇化跟工业化相互融合。如果离开了城镇化的工业化，可能走不远，因为没人去打工。反过来讲，离开了工业化的城镇化，其实也是会造成一些问题，很多人来城市打工，但没工打，就会造成贫民窟。为什么我们强调要很好地“四化融合”？因为只有很好地“四化融合”，才能促进经济发展。

第六，我们要通过城镇化和城市群来打造五大城市群，做好区域协调发展。这些都是我们要推进“内循环”的重点工作。

“外循环”刚才已经讲到了，即要做好 RCEP、CPTPP，以及中欧 CAI 的工作。

中国网・中国访谈：相信我们做好了刚才您说的这 6 点之后，也是为我们的“内循环”，国内国外“双循环”这种格局，打下一个深厚的根基，从而更好地发挥我们的优势。

余淼杰：是的。

中国网·中国访谈：谢谢给我们带来精彩的解读。

原载于 中国网·中国访谈 2021 年 1 月 28 日

中国网民近10亿　农村占三成
数字经济扶贫成效显著

中国互联网络信息中心（China internet network information center，CNNIC）2021年2月3日发布第47次《中国互联网络发展状况统计报告》，截至2020年12月，中国网民规模达9.89亿，其中农村网民占逾三成；互联网普及率达70.4%。网民人口红利呈现"城到乡""东到西"迁移的特征，城乡数字鸿沟的进一步缩小，对于扶贫成效显著。

2020年，中国在新冠肺炎疫情下完成脱贫攻坚任务。其中，互联网发挥了不可替代的特殊作用。第47次《中国互联网络发展状况统计报告》显示，农村网民数量在2020年12月达到3.09亿，较2020年3月增长5471万；农村地区互联网普及率为55.9%，较2020年3月提升9.7个百分点。

网民人口呈现从"城到乡"迁移特征，城镇网民占网民整体的68.7%，农村网民占31.3%。城乡地区互联网普及率差异为23.9%，2017年以来首次缩小到30%以内。另外，经济欠发达的中西部，网民用户较2016年增长40%，增速较东部地区高12.4个百分点。

过去，农村要致富靠通路，如今，"通网"也让越来越多农村地区摆脱了贫困。

第47次《中国互联网络发展状况统计报告》显示，近年来，网络扶贫行动向纵深发展取得实质性进展，并带动边远贫困地区非网民加速转化。贫困地区通信"最后一公里"被打通，截至2020年11月，贫困村通光纤比例达98%。农村电商方面，电子商务进农村实现对832个贫困县全覆盖，支持贫困地区发展“互联网+”新业态新模式，增强贫困地区的造血功能。

北京大学国家发展研究院余淼杰表示，随着手机的广泛使用，互联网在农村普及更为便利，对扶贫工作有正向促进作用。一方面，电商让农村网民购物更便利，城镇的家电产品更容易下乡，大大提高了生产力和生活条件；另一方面，互联网的联通，让更多农村地区的产品通过互联网渠道，销往城镇。

自2013年起，中国已连续八年成为全球最大的网络零售市场。2020年，网上零售额达11.76万亿元，网络购物用户规模达7.82亿。网络零售进一步激活城乡消费循环，其中，直播电商成为广受用户喜爱的购物方式。

过去一年，在西部不少地区，直播卖货成为乡镇干部扶贫工作的妙招，甚至催生了不少现象级网红。电商平台2021年“下沉”到农村市场的大趋势，也让更多乡村人口接触、融入互联网经济。

除了电商，公共服务类应用如在线教育、在线医疗等不断涌现，也在推动优质公共资源向贫困边远地区延伸，让偏远地区共享互联网发展成果。

余淼杰强调，农村地区网民的增量，比起城镇数据的增量更有意义。不管是电商还是教育、医疗，互联网打通了供需“信息差”，让城乡更均衡发展。他认为，尽管脱贫攻坚任务已经完成，但全民还未小康，互联网会继续发挥振兴乡村的作用。

原载于 香港中国通讯社 2021年2月3日 记者 陈卓仪

脱贫攻坚战取得全面胜利，国家乡村振兴局挂牌接力

用 8 年时间，中国实现了近 1 亿贫困人口全部脱贫，创造了又一个彪炳史册的人间奇迹。

2021 年 2 月 25 日，在全国脱贫攻坚总结表彰大会上，习近平庄严宣告："经过全党全国各族人民共同努力，在迎来中国共产党成立一百周年的重要时刻，中国脱贫攻坚战取得了全面胜利，现行标准下 9 899 万农村贫困人口全部脱贫，832 个贫困县全部摘帽，12.8 万个贫困村全部出列，区域性整体贫困得到解决，完成了消除绝对贫困的艰巨任务。"①

"这么短的时间、这么大的规模，可以说是人类减贫史上一个前所未有的伟大奇迹。"当日下午，从全国脱贫攻坚总结表彰大会会场出来后，北京大学国家发展研究院余淼杰对《第一财经》记者说。

余淼杰表示，中国成功走出了一条具有中国特色的减贫道路，坚持开发式扶贫，走精准扶贫道路，立足中国国情，把握减贫规律，保证中央出台的一系列超常规政策举措，能够纵向到底、横向到边。

脱贫攻坚任务完成后怎么干？习近平的讲话明确了要切实做好巩固拓展脱贫攻坚成果同乡村振兴有效衔接各项工作，对脱贫县设立过渡期，保持主要帮扶政策总体稳定等多项举措。

---

① 佚名. 习近平庄严宣告：我国脱贫攻坚战取得了全面胜利[EB/OL]. https://baijiahao.baidu.com/s?id=1692634997668175695&wfr=spider&for=pc[2021-02-15].

脱贫攻坚创造奇迹

回顾2012年底，十八大召开后不久，党中央就拉开了新时代脱贫攻坚的序幕。2013年，习近平首次提出“精准扶贫”，指明了新时期脱贫攻坚方向。

2015年底，党中央召开扶贫开发工作会议，发出打赢脱贫攻坚战的总攻令。2017年，十九大把精准脱贫作为三大攻坚战之一进行全面部署，锚定全面建成小康社会目标。

十八大以来，中国平均每年有1000多万人脱贫，相当于一个中等国家的人口脱贫。

2020年，尽管新冠肺炎疫情肆虐，中国仍然做好了“加试题”、打好了收官战，如期完成了脱贫攻坚目标任务，让收官之年的脱贫攻坚成色，显得尤其好、尤其足。

曾经的贫困村贵州省黔东南苗族侗族自治州雷山县丹江镇白岩村，靠着发展民宿产业，一举脱贫。即便是在2020年新冠肺炎疫情冲击旅游业的情况下，白岩村的民宿旅游还较2019年逆势增长40%，全村也在2021年春节前迎来了第一次分红。10万元分红现金，覆盖全村152户村民，每家每户都分得500元，刚脱贫的村民可分得1000元。

白岩村村委会主任唐文德对《第一财经》记者表示，“能够让贫困户在自己家门口就业致富，这是我最希望看到的”。

习近平指出：“我们在解决困扰中华民族几千年的绝对贫困问题上，取得了伟大历史性成就，创造了人类减贫史上的奇迹。”[①]

与此同时，中国也创造了世界减贫治理的“中国样本”，为全球减贫事业做出了重大贡献。

从世界来看，摆脱贫困也一直是困扰全球发展和治理的突出难题。

改革开放以来，按照现行贫困标准计算，中国7.7亿农村贫困人口摆脱贫困；按照世界银行国际贫困标准，中国减贫人口占同期全球减贫

① 佚名. 习近平庄严宣告：我国脱贫攻坚战取得了全面胜利[EB/OL]. https://baijiahao.baidu.com/s?id=1692634997668175695&wfr=spider&for=pc[2021-02-15].

人口 70%以上，特别是在全球贫困状况依然严峻、一些国家贫富分化加剧的背景下，中国提前 10 年实现联合国《2030 年可持续发展议程》减贫目标。

湖北省十堰市郧西县涧池乡下营村党支部书记刘廷洲也参加了全国脱贫攻坚总结表彰大会。他对《第一财经》记者表示，听了习近平的讲话，很受鼓舞，回到湖北后，会继续发扬“脱贫攻坚精神”，把特色产业做大做强，做好“巩固拓展脱贫攻坚成果同乡村振兴有效衔接”这篇大文章，让下营村在未来的乡村振兴中，能够继续走在前列。

这场脱贫攻坚也锻造形成了“上下同心、尽锐出战、精准务实、开拓创新、攻坚克难、不负人民”的脱贫攻坚精神。

中国丝绸桑蚕品牌集群主席、中国共产党中央纪律检查委员会驻农业部纪检组原组长、党组成员朱保成对《第一财经》记者表示，这一精神诞生于脱贫攻坚的伟大事业，既传承了民族精神，又体现了时代精神，是一笔宝贵的精神财富，需要我们大力弘扬。

朱保成表示，“脱贫攻坚激励了人民群众自力更生、艰苦奋斗的内生动力，调动了广大贫困群众的积极性、主动性、创造性，让脱贫群众的精神风貌焕然一新，增添了自立自强的信心勇气，这是由内而外的深刻改变”。

走出具有中国特色的减贫道路

中国的脱贫攻坚取得举世瞩目的成就，习近平指出，我们立足中国国情，把握减贫规律，出台一系列超常规政策举措，构建了一整套行之有效的政策体系、工作体系、制度体系，走出了一条中国特色减贫道路，形成了中国特色反贫困理论。

坚持党的领导，为脱贫攻坚提供了坚强的政治和组织保证。坚持以人民为中心的发展思想，坚定不移地走全体人民共同富裕道路。坚持发挥中国社会主义制度能够集中力量办大事的政治优势，形成脱贫攻坚的共同意志、共同行动。坚持精准扶贫方略，用发展的办法消除贫困根源。

坚持调动广大贫困群众积极性、主动性、创造性，激发脱贫内生动力。坚持弘扬和衷共济、团结互助美德，营造全社会扶危济困的浓厚氛围。坚持求真务实、较真碰硬，做到真扶贫、扶真贫、脱真贫。

习近平强调，这些重要经验和认识，是中国脱贫攻坚的理论结晶，是马克思主义反贫困理论中国化最新成果，必须长期坚持并不断发展。

对比全世界反贫困实践经验，中国农业大学国家乡村振兴研究院常务副院长李小云对《第一财经》记者表示，从减贫的领导体制、减贫的过程和减贫的机制等方面看，中国的脱贫攻坚具有明显的中国特色。

根据西北农林科技大学人文社会发展学院邢成举的研究，中国特色的脱贫攻坚制度体系在于将脱贫工作作为各级党委和政府的中心工作，同时还建构了社会各方力量共同参与的大扶贫格局。在扶贫的举国体制下，扶贫干部队伍的配置、扶贫资金的投入都能够得到充分保障。

此外，中国特色的脱贫攻坚制度体系形成了市场性政策、发展性政策和保护性政策的结合。产业扶贫主要是市场性政策和发展性政策，教育扶贫主要是发展性政策,生态扶贫是发展性政策和保护性政策的结合,兜底扶贫则是典型的保护性政策。

无论是何种性质的扶贫政策，其在地方政府层面形成了统筹，即按照职能部门的具体职能，分领域且形成协作的扶贫政策体系，每一种类型的贫困家庭都能够在特定的政策框架内获得资源扶贫、政策引导与帮扶力量的支撑。

除了帮扶方面的政策体系，针对扶贫资金和项目管理、扶贫工作成效和过程的考核等，也都形成了具有中国特色的制度体系。在管理当中，审计部门和财政部门都尽力加快资金拨付并防止资金闲置和沉淀。在考核方面，通过交叉考核和第三方考核，扶贫的内外动力被最大程度激发。

设立 5 年过渡期，“扶上马送一程”

在脱贫攻坚目标任务完成后，中央“三农”工作重心发生了历史性转移，将致力于全面推进乡村振兴。

然而，从贫困发生的客观规律而言，消除农村绝对贫困并不意味着贫困的最终解决。返贫问题、脱贫不稳定的问题及相对贫困问题，都可能会在脱贫摘帽地区存在。

党中央也充分认识到这一问题的重要性，决定在脱贫攻坚目标任务完成后，对摆脱贫困的县，从脱贫之日起设立5年过渡期，做到“扶上马送一程。”

邢成举称，设立5年过渡期的做法，是中国扶贫工作的首创。在过渡期内，刚摘帽的贫困县主要工作是巩固拓展脱贫攻坚成果。

在全国脱贫攻坚总结表彰大会上，习近平明确部署，要切实做好巩固拓展脱贫攻坚成果同乡村振兴有效衔接各项工作，让脱贫基础更加稳固、成效更可持续。对易返贫致贫人口要加强监测，做到早发现、早干预、早帮扶。对脱贫地区产业要长期培育和支持，促进内生可持续发展。对易地扶贫搬迁群众要搞好后续扶持，多渠道促进就业，强化社会管理，促进社会融入。对脱贫县要“扶上马送一程”，设立过渡期，保持主要帮扶政策总体稳定。要坚持和完善驻村第一书记和工作队、东西部协作、对口支援、社会帮扶等制度，并根据形势和任务变化进行完善。此外，党中央决定，适时组织开展巩固脱贫成果后评估工作，压紧压实各级党委和政府巩固脱贫攻坚成果责任，坚决守住不发生规模性返贫的底线。

中华人民共和国农业农村部称，2021年和“十四五”期间，要把巩固拓展脱贫攻坚成果，同实现乡村振兴的有效衔接摆在首要位置，继续压实压紧责任，一定要确保工作不留空当，政策不留空白。

2021年中央一号文件明确提出，在西部地区脱贫县中确定一批国家乡村振兴重点帮扶县集中支持。支持各地自主选择部分脱贫县作为乡村振兴重点帮扶县。

邢成举认为，这些乡村振兴重点帮扶县之所以集中在西部，体现了中央通过政策导向，缩小区域差异，强化西部发展基础的政策意图。此外，尽管名义上是乡村振兴重点帮扶县，但在5年过渡期内，还是旨在帮助巩固脱贫攻坚成果压力较大的县，通过乡村振兴政策的接续支持，不仅能够巩固拓展脱贫攻坚成果，同时还可以衔接乡村振兴的推进工作。

值得一提的是，就在全国脱贫攻坚总结表彰大会召开的同一天，国家乡村振兴局在北京正式挂牌，“国务院扶贫开发领导小组办公室”的牌子此前已经摘下。

李小云表示，刚脱贫摘帽的地区是未来一段时间稳固和拓展脱贫攻坚成果、与乡村振兴有效衔接的主要地区。国家乡村振兴局在未来将会承担起这方面的主要任务。而原国务院扶贫开发领导小组办公室系统培养了大批了解农村的专业型干部，这正是乡村振兴工作所极为需要的。

山东农业大学地方政府与乡村治理研究中心主任、公共管理学院教授陈国申对《第一财经》记者表示，要实现脱贫攻坚与乡村振兴的有效衔接，需要从四个方面着眼。

具体来说，第一，要因地制宜，建立长效机制，保障脱贫人口不返贫。第二，要勇于创新，打破乡村封闭性，促进城乡融合发展。随着城镇化的快速推进，乡村空心化、人才匮乏是乡村贫困的一个重要原因。因此，中央指出“乡村振兴，人才振兴是关键”。第三，协同推进乡村宜居、宜业，不搞“面子工程”。第四，组织振兴分类推进，不搞“一刀切”。

原载于《第一财经》 2021 年 2 月 25 日 作者 邵海鹏

虹桥国际开放枢纽引领构建全面开放新格局，推动长江三角洲一体化发展

2021 年 2 月 24 日，国家发改委发布《虹桥国际开放枢纽建设总体方案》（以下简称《总体方案》），提出以“一核两带”为发展格局，到 2025 年基本建成虹桥国际开放枢纽，到 2035 年全面建成虹桥国际开放枢纽。

中国建设虹桥国际开放枢纽有何战略意义？如何体现以国内大循环为主体、国内国际双循环相互促进的新发展格局？对此，澎湃新闻日前专访北京大学国家发展研究院余淼杰。

“国内大循环中很重要的一点是要通过自由贸易试验区、自由贸易港的建设来推进贸易自由化，通过改善营商环境来推进投资便利化。”余淼杰对澎湃新闻表示，虹桥国际开放枢纽的建设，特别是构建高标准的国际化中央商务区和高端资源配置国际贸易中心新平台，均是此前自由贸易试验区成功基础上的向外拓展和外溢。

他认为，虹桥国际开放枢纽并不仅仅只是一个综合交通枢纽或交易平台，而更多的是通过制度创新，以及不同区域的协同合作来达到更高水平的开放，用开放带动国内经济发展。

虹桥国际开放枢纽的设立能提纲挈领地将长江三角洲资源更好统筹结合，长江三角洲地区“前店后厂”的商业模式将更加明显。“虹桥国际开放枢纽不只是对虹桥地区，也不只是对上海，它把中国经济最具有活力的长江三角洲地区搞得更活了。”

虹桥国际开放枢纽是自由贸易试验区成功基础上的向外拓展和外溢

国家发改委发布的《总体方案》提出，到2025年，虹桥国际开放枢纽基本建成。中央商务区和国际贸易中心新平台功能框架与制度体系全面确立，综合交通管理水平显著提升，服务长江三角洲和联通国际的作用进一步发挥。到2035年，虹桥国际开放枢纽全面建成，成为推动长江三角洲一体化发展、提升中国对外开放水平、增强国际竞争合作新优势的重要载体。

余淼杰认为，《总体方案》的发布对推动长江三角洲地区乃至推动全国对外开放、构建全面开放新格局具有非常重要的引领示范作用，虹桥国际开放枢纽的建设非常好地体现了以国内大循环为主体、国内国际双循环相互促进的新发展格局。

虹桥国际开放枢纽的建设，特别是构建高标准的国际化中央商务区和高端资源配置国际贸易中心新平台，在余淼杰看来，均是此前自由贸易试验区成功基础上的向外拓展和外溢。

例如，为建设高标准的国际化中央商务区，构建富有特色的现代服务业集聚区，《总体方案》提出，允许在中国（上海）自由贸易试验区临港新片区设立的境外知名仲裁及争议解决机构在虹桥商务区设立分支机构，就国际商事、投资等领域发生的民商事争议开展仲裁业务。

为构建高端资源配置国际贸易中心新平台，《总体方案》提出，要加强虹桥商务区保税物流中心（B型）建设；设立虹桥商务区至国际通信出入口局的国际互联网数据专用通道；支持虹桥商务区内贸易真实且信誉度高的企业通过自由贸易账户开展新型国际贸易。

国内大循环也强调通过积极的财政政策和稳健的货币政策来拉动内需，畅通国内贸易，畅通流通环节。“而虹桥国际开放枢纽并不仅仅只是一个综合交通枢纽或交易平台，它更多的是通过制度创新，以及不同区域的协同合作来达到更高水平的开放，用开放带动国内经济发展。”余淼杰表示。

上海“十四五”规划提出拓展“两翼齐飞”空间格局，是指依托上海自由贸易试验区临港新片区、长江三角洲一体化示范区、虹桥商务区、张江科学城等战略平台，发挥对内对外开放枢纽作用。

余淼杰对澎湃新闻表示，临港新片区有自由贸易试验区的基础，张江科学城的科技含量相对较高，虹桥商务区主要以虹桥的商务作为基础，同时结合其有利的交通运输枢纽地位发展商业及国际贸易。“上海这几个地区各有特色、相辅相成，在发挥自己特色的基础上做大蛋糕，把上海的全面开放以及国内经济的发展带动起来。”

统筹长江三角洲资源，“前店后厂”商业模式更加明显

中国的五大城市群包括长江三角洲城市群、粤港澳大湾区、京津冀城市群、成渝城市群及长江中游城市群。五大城市群中，其实发展最为成熟、最具活力的就是长江三角洲城市群及粤港澳大湾区。

余淼杰对澎湃新闻表示，在《总体方案》发布前，长江三角洲的开放就已经可圈可点，而虹桥国际开放枢纽的设立能提纲挈领地将长江三角洲更好统筹结合，“前店后厂”的商业模式将更加明显。

“前店后厂”原是珠江三角洲地区与港澳地区经济合作中地域分工与合作的独特模式。其中“前店”指港澳地区，“后厂”指珠江三角洲地区，主要是优势互补、互惠互利的关系。

《总体方案》提出，建设虹桥国际开放枢纽，要形成“一核两带”的发展格局。“一核”是上海虹桥商务区，面积为151平方千米，主要承担国际化中央商务区、国际贸易中心新平台和综合交通枢纽等功能。

“两带”是以虹桥商务区为起点延伸的北向拓展带和南向拓展带。北向拓展带包括虹桥—长宁—嘉定—昆山—太仓—相城—苏州工业园区，重点打造中央商务协作区、国际贸易协同发展区、综合交通枢纽功能拓展区。

南向拓展带包括虹桥—闵行—松江—金山—平湖—南湖—海盐—海宁，重点打造具有文化特色和旅游功能的国际商务区、数字贸易创新发展区、江海河空铁联运新平台。

“向北主要是工业，向南主要是文化、新兴的服务贸易、数字贸易。”余淼杰对澎湃新闻表示，“原来只是上海一枝独秀，现在把江苏及浙江几个地区联系在一起，同时安徽合肥地区给上海提供了产业基础。”

《总体方案》提出，要强化国际贸易产业支撑，推动苏州工业园区、嘉兴科技城与周边地区建立产业协作机制，支持嘉定、昆山、太仓在汽车、智能制造、新材料等领域进一步延伸产业链，加快打造杭州湾北岸高端产业集聚区（金山），以现代化产业体系提升国际贸易能级。

《总体方案》要求强化服务长江三角洲的功能，发挥虹桥国际开放枢纽金融资源优势，支持合肥打造国际金融后台服务基地，为长江三角洲企业提供便利金融服务。依托虹桥国际贸易新平台，鼓励专业贸易、跨境电商等交易平台为长江三角洲省市设立专区，定期发布国际贸易企业机构名录、进出口商品供需信息，推动国际贸易企业、机构到长江三角洲省市设立加工、仓储基地。

余淼杰认为，这种“前店后厂”的商业模式有利于促进国际贸易。虹桥国际开放枢纽的设立“把整盘棋都搞活了”，使得长江三角洲经济更加走向一体化发展，到 2035 年或将变成一个更巨大的长江三角洲城市群。

“虹桥国际开放枢纽不只是对虹桥地区，也不只是对上海，它把中国经济最具有活力的长江三角洲地区搞得更活了。”余淼杰说。

原载于 澎湃新闻 2021 年 2 月 28 日 记者 张静

新发展理念引领高质量发展

“十三五”时期，以全面建成小康社会为目标，以实现高质量发展为导向，创新、协调、绿色、开放、共享的新发展理念作为发展指挥棒，贯穿“十三五”经济社会发展全过程。党的十九届五中全会擘画了“十四五”和面向2035年的发展新蓝图，强调要坚定不移地贯彻新发展理念。从“十三五”到“十四五”，新发展理念一脉相承，贯彻新发展理念成为自上而下越来越强的共识。

大沙河贯穿深圳市南山区，北起羊台山，南入深圳湾，全长13.7千米。5年前，它还是一条远近闻名的臭水河，水黑、味臭、鱼虾绝迹；5年后，这里水清岸绿，白鹭翻飞。沿着清澈的大沙河，高校、科研机构遍布两岸，腾讯、中兴、大疆等上百家高科技企业汇聚成“创新大道”，串联起粤海街道、大学城、深圳湾超级总部基地等城市“创新名片”，成为深圳源头创新的集聚地。5年来，大沙河的蝶变既是深圳高质量发展的成果，也是中国发展理念革故鼎新的缩影。

中国宏观经济研究院院长王昌林说：“理念是行动的先导，发展好不好，发展方向对不对，理念非常关键。新发展理念在整个经济发展当中处于统领地位，是管方向、管全局、管长远、管根本的重要发展指向。”

2015年，党的十八届五中全会提出创新、协调、绿色、开放、共享五大发展理念，为“十三五”乃至更长时期中国发展提供了基本遵循。

“十三五”时期，中国经济发展进入新常态，速度变化、结构优化、动力转换。新常态下，发展路向何方？新发展理念科学回答了实现什么样的发展、怎样实现发展的问题，是关系中国发展全局的一场深刻变革。十九大进一步明确提出，中国经济由高速增长阶段转向高质量发展阶段。

北京大学国家发展研究院余淼杰说：“新发展理念强调的是全要素，生产率的增长不再靠或者说不只是靠要素的简单投入，而是靠技术的进步来实现经济的增长。新发展理念的核心是高质量发展，从这个要义来讲，新发展理念是之后中国中长期一段时间发展的基本趋势。”

“十三五”时期，中国发展既要看速度，也要看增量，更要看质量，要着力实现有质量、有效益、没水分、可持续的增长，把脉发展大势，习近平的论断清晰而坚定。“十三五”时期，以新发展理念为指引，推动质量变革、效率变革、动力变革，中国经济发展从“有没有”转向“好不好”。5 年来创新引领，高质量发展打开动力转换之门。

2020 年 11 月 24 日，长征五号遥五运载火箭成功发射，将嫦娥五号探测器精准送入地月转移轨道，拉开了中国探月工程“绕、落、回”三步走收官之战的序幕。

2020 年 12 月 17 日凌晨 1 时 59 分，嫦娥五号返回器携带月球样品在内蒙古四子王旗预定区域安全着陆，圆满完成中国首次地外天体采样返回任务。作为中国复杂度最高、技术跨度最大的航天系统工程，嫦娥五号任务实现了中国首次月面采样与封装、月面起飞、月球轨道交会对接、携带月球样品返回等多项重大突破。

这 5 年，一系列的重大突破让中国航天技术达到世界先进水平。从太空驻留到火星探测，从运载火箭升级换代到北斗技术全球共享，前所未有的实践让自主创新成为中国航天的闪耀名片。

科技创新是中国发展的新引擎，抓住了科技创新就抓住了牵动中国发展全局的“牛鼻子”。5 年来，中国不断加强基础研发投入，加快打造原始创新高地，在铁基超导、中微子、脑科学等基础前沿领域取得一批标志性重大成果。在“国家科技重大专项”等项目支持下，中国深海科考迈入万米时代，超级计算机多次问鼎全球榜首，国产大飞机 C919 成功首飞，战略高技术领域硕果累累。5 年来，面对复杂多变的外部环境，中国打出了一系列科技体制机制改革的“组合拳”，优化科技计划布局、完善院士制度，促进科技成果转移转化，集中向科技创新中的难点痛点发力。“十三五”期间，中国研发投入强度从2.06%增长到2.23%，基础研究经费比重首次突破6%。基础研究经费增长近一倍，创新型国家建设取得重大进展。

创新是引领发展的第一动力，协调是持续健康发展的内在要求。2020年，重庆市璧山区30个运行了20多年的小型自来水厂全部更新换代，引入了智能监测系统，实现了全环节的水质监测监控，村民的饮水条件得到进一步改善。

让农民与市民一样喝上干净、优质的饮用水的背后，是“十三五”期间中国农村生产生活条件显著改善，城乡地区间差距不断缩小。5年来，1亿多农业转移人口成为新市民；2019年末常住人口城镇化率超过60%，城乡协调发展呈现新格局。

国家新型城镇化规划专家咨询委员会委员蔡继明说：“到2019年，（‘十三五’期间）每年年均城镇户籍人口的增长大概在1900万人，从绝对量上来说，超过了历史上任何一个五年规划的年均增长。这个目标的实现，有助于扩大国内消费，扩大内需，从而有助于实现以国内大循环为主、国际循环和国内循环双循环的（新发展）格局。”

这5年，是中国城乡融合发展稳步推进的五年，也是中国经济新增长极多点开花的五年。2020年10月，中央审议通过《成渝地区双城经济圈建设规划纲要》，中国区域经济又一次迎来重大战略布局。回望“十三五”，以习近平同志为核心的党中央着眼全国“一盘棋”，京津冀协同发展、长江经济带发展、粤港澳大湾区建设、长江三角洲区域一体化发展等多个区域协调发展战略向纵深推进，各大区域板块良性互动，为中国经济高质量发展注入新动力。

中国社会科学院经济研究所所长黄群慧说：“一方面促进本区域协调发展，从全国‘一盘棋’的角度来说，通过功能区的设定，实现全国区域发展。这些年应该说区域协调性逐步在提升，‘十四五’又强调了协调发展，同时在区域布局上也做了一些新的规定，所以协调发展的理念，从‘十三五’到‘十四五’都得到很好的（地）贯彻。”

2020年11月23日，贵州省宣布剩余的9个贫困县退出贫困县序列。至此，中国832个贫困县全部脱贫。2021年2月25日，习近平庄严宣告，中国脱贫攻坚战取得了全面胜利。回望“十三五”，以习近平同志为核心的党中央把人民对美好生活的向往作为始终不渝的奋斗目标，坚持发展为了人民、发展成果由人民共享，努力在推动高质量发展过程中办好各项民生事业、补齐民生领域短板，让发展成果更多更公平地惠及全体人民。

余淼杰说：“经济发展并不是终极目标，人民获得、人民幸福才是真正的目标，共享其实要强调的是不仅要把蛋糕做大，同时，一个都不落下。我们不只是要照顾好最前面的那一部分，同时也要拉一拉最后面的那些老百姓。”

黄群慧说：“以人民为中心，是习近平新时代中国特色社会主义思想的核心内涵、核心的要求，具体到经济发展中，经济思想中，也是居于核心的价值观指导，是五大发展理念最最核心基本的遵循。”

“十三五”期间，共享发展惠及民生，累计实现城镇新增就业超过6000万人；全国棚改开工约2300万套，帮助5000多万居民“出棚进楼”；义务教育质量不断提高，全国99.8%的义务教育学校办学条件达标；养老服务体系建设投资力度不断加大，养老服务床位数超过761万张；健康中国战略稳步实施，基本医疗保险参保覆盖率稳定在95%以上……回望五年，一个个数字，承载的是百姓心中满满的获得感、幸福感、安全感，撑起的是全面建成小康社会、实现第一个百年奋斗目标的历史征程。

2021年是“十四五”开局之年，也是中国共产党建党100周年。做好2021年经济社会发展工作、迈好“十四五”时期中国发展第一步，至关重要。而在“十四五”期间，新发展理念仍将发挥引领作用，贯穿发展全过程和各领域。既然是新发展理念，它的确立总是同旧发展理念的破除相伴随，所谓不破不立。贯彻落实新发展理念，涉及思维方式、行为方式、工作方式的变革，涉及社会关系、利益关系、工作关系的调整。

全面创新发展体制、重塑发展生态，破难题、建机制，把新理念转化为新实践、新行动，高质量发展才能更加稳健有力。

原载于 焦点访谈 2021 年 3 月 1 日

做好开局，2025 年中国 GDP 有望超过美国

回望 2020 年这极不平凡的一年，中国经济发展迎来了重要的里程碑。国家统计局 2021 年 1 月 18 日公布，2020 年，中国 GDP 首次突破 100 万亿元大关，逆势增长 2.3%，有望成为全球唯一实现正增长的主要经济体。

艰难而励志的 2020 年已经过去,发展的成绩彰显了中国经济的强大韧性和潜力。随着 2021 年的到来，挑战和希望并存。作为“十四五”规划的开局之年，同时，“十四五”时期也是继全面建成小康社会后，中国进入全面建设社会主义现代化的第一个五年。在这一关键时期，国际环境依然复杂多变，中国要坚持立足新发展阶段，贯彻新发展理念，构建新发展格局，推动高质量发展，建设现代化的经济体系。

随着新冠肺炎疫情防控常态化，两会的如期召开，将为我们带来中国经济复苏回暖的信心。

面对新冠肺炎疫情阴霾，防控依然不能松懈。面向未来，处于经济结构转型的中国，在“双循环”的新发展格局下，将会迎接哪些挑战和机遇？《商学院》杂志希望通过采访经济领域的专家，把脉 2021 年，逆风破浪，扬帆奋进。

北京大学国家发展研究院余淼杰在接受《商学院》记者采访时表示，2021 年中国经济的关键词，第一个是开局。

他指出，做好“十四五”规划的开局是 2021 年经济工作的重头戏，进而保证 2025 年达到既定目标。

具体来看，2020 年美国 GDP 总量 20.34 万亿美元，下滑 3.5%；中国 GDP 总量达到 15.8 万亿美元，增长 2.3%，中国占到美国的 77%。这也与人民币的升值及汇率的影响有关。在这一发展趋势下，如果从 2021 年开始，中国 GDP 年度增长按 5.5%增速，美国 GDP 年度增长 2%增速，再考虑到 2022 年底人民币有望升值到 1 美元兑 6 元的话，预计到 2025 年“十四五”结束时，中国 GDP 将赶上美国。

第二个关键词是“三新”，即立足新发展阶段，贯彻新发展理念，构建新发展格局。贯彻新发展理念，就是要贯彻创新、协调、绿色、开放、共享五大发展理念。

余淼杰分析，具体来看，关于创新，一方面，党的十九届五中全会明确提出，要在关键技术领域突破，产业向价值链中高端升级。

目前，中国的研发投入占 GDP 总值约 2.1%，OECD 国家达到 2.6%，还需要继续加大投入；另一方面，创新还体现在制度、规则上，如海南自由贸易港是制度创新的有力尝试，促进“外循环”，更好地融入全球经济贸易一体化，构建“以我为主”的经济贸易格局。

关于绿色，中国的奋斗目标是 2060 年达到碳中和，即实现碳排放和碳吸收相等，预计中国到 2030 年将达到碳峰值。目前生态保护已被写入《宪法》，“绿水青山就是金山银山”理念被写入《中国共产党章程》，我们需要加大力度投入节能减排，做好生态保护工作，构建绿色中国。

关于协调，主要指各区域之间协调平衡发展。通过打造五大城市群，拉引全国经济统筹均衡发展。

关于共享，要减小不断扩大的收入差距，实现全体人民共同富裕。在完成脱贫攻坚战任务后，继续加大乡村振兴投入，防止返贫，增强贫困地区造血能力，向更高水平的小康生活迈进。

关于开放，与构建国内国际“双循环”新发展格局呼应。首先通过促进消费，培育内需促进“内循环”，同时，要继续扩大开放，发展“外循环”。中国经济总量占全球的 18%，依然有广阔的拓展空间。从“一带一路”建设到签署 RCEP，以及积极参与 CPTPP，都体现了开放的理念。

打通内外“双循环”

加快构建以国内大循环为主体、国内国际双循环相互促进的新发展格局是党中央积极应对当前形势做出的重大战略决策，是“十四五”及未来更长时期中国经济发展的主线。

关于畅通“内循环”，余淼杰指出，要扩大内需，追根溯源要解决好两个问题：其一，居民可支配收入能持续性上升，这就需要不断减税降费，提高税后可支配收入比重；其二，确保居民就业稳定，保证市场主体，特别是创造 80%就业岗位的民营企业的发展。

从宏观方面，短期之内，有必要采取积极财政政策和稳健货币政策，保持一定的连续性，减少不确定性。

从微观方面，采取各种方式，如通过税收政策打破区域之间的税费壁垒，通过信息化手段，打破信息壁垒，打通城乡，加快形成国内统一大市场。

关于国内大循环的“梗阻”，余淼杰强调，首先是关键核心技术的突破，特别是在交通信息产业方面的“卡脖子”问题。作为制造大国要向制造强国、智造强国迈进。

其次是打通产业链上下游，确保关键节点顺畅，形成“内循环”。同时，不排斥外国的技术、人才，通过不断吸收创造出自己更好的产品。

加入 RCEP 的利好和挑战

目前世界经济持续低迷，中国在 2020 年加入 RCEP，并且与欧盟达成《中欧双边投资协定》。同时，亚太经济合作组织（Asia-Pacific Economic Cooperation，APEC）上，中国未来考虑加入 CPTPP。

余淼杰分析，从与东盟等 14 个国家签订的 RCEP 看，未来中国对外的商品贸易、服务贸易和投资方面，都将有不同程度的利好和挑战。

第一，从关税方面看，RCEP 要求中国在 10 年之内，与其他 14 个成员国家的关税下降 90%。目前中国进口平均关税是 7.5%，在发展中国家处于比较低的水平。

一旦关税继续下降，对国内同类产品提出更高要求，特别当日本、韩国的进口品、进口中间品、机械设备等产品以更低关税水平进入国内市场后，会对国内同类产业造成一定挑战。所以，中国必须在 10 年内提升内功，提高企业生产率全要素。

第二，在通关方面，要求对需快运、易腐等货物争取实现 6 小时通关，这对海关监管水平进一步提出要求，特别是在产品标准统一和互认等方面加快落实，同时，有效降低中国生产型企业进口投入成本，提升利润率。

第三，RCEP 在执行“双反双保”（反倾销、反补贴、保障措施和特别保障措施）时提出“禁止归零”。归零法是美国在反倾销调查时估算涉案产品倾销幅度的一种方法，即核算倾销产品总差额时，仅将出口价格低于正常价格的产品纳入计算范围，而将高于正常价格的产品“归零”。

归零法提高了倾销幅度和倾销税率，而“禁止归零”则有利于中国企业出口，减少中国企业受到外国反倾销的概率和力度。

第四，RCEP 提出原产地累计规则。由于中国出口产品附加值较低，依靠进口原材料、元器件等，无法享受到原产地优惠，如国产苹果手机的附加值不到 5%，达不到增值标准 35%左右的原产地资格。根据原产地累计规则，中间品出口国的货物（材料）具有原产资格以后可以被进口国累积，这样中国从 RCEP 成员国进口中间品，生产的成品出口后，原产地资格允许累计计算，达到要求后可以享受到原产地优惠条件。

第五，从服务贸易看，RCEP 采取正面与负面清单相结合的原则。其中，新加坡、文莱、澳大利亚、日本、韩国、马来西亚、印度尼西亚采用负面清单模式；中国及另外 7 个国家采用了正面清单模式，但是 6 年之内还要转化为负面清单模式。未来国内的运输、教育、医疗、健康、产业、养老等服务贸易产业会面临着更大地挑战，需要进一步开放。

中美关系短期稳定，长期竞争

关于国际关系方面，随着拜登任职新一任美国总统，中美经济贸易摩擦未来的走向将呈现怎样的态势？

余淼杰分析，拜登政府上台后，预计中美关系不会像特朗普时期那么紧张，特别是 2021 年，因为 2021 年是中美经济贸易协议第一阶段执行的第二年，目前中美都有意愿保证这个协议更好地执行。

关于之后的关系进展，余淼杰分析，如果双方相向而行，中美可能会签署第二阶段的协议，进一步废除掉现在依然生效的美国对华 3 700 亿美元出口产品加征关税的政策。

“不过，我们应该清醒地看到，拜登上台后，不会改变‘美国优先’的战略方向，只是拜登政府处事会更圆滑，对华贸易压制可能更精准，所以中国的产业和企业要继续提升应对挑战的水平。”余淼杰说。

原载于《商学院》 2021 年 3 月 1 日 记者 陈茜

构建新发展格局的重点是要做好“双循环”工作

2021 年是“十四五”开局之年，也是中国现代化建设进程中具有特殊重要性的一年，做好 2021 年经济工作至关重要。那么开局之年应该怎么做，需要做好哪些要紧事？就此，中国网特别推出《中国圆桌》2021 全国两会专场，邀请五位知名经济学家研判“十四五”规划中经济发展领域的要紧事并提出政策建议，把脉中国经济。

朱光耀：坚持新发展理念，把创新放在首位

国家财政部原副部长朱光耀在论坛上谈到，在错综复杂的国际形势下，中国发展有机遇也存在挑战。在这种情况下，《中共中央关于制定国民经济和社会发展第十四个五年规划和二〇三五年远景目标的建议》极具战略意义。保持中国经济持续健康发展，坚持创新、协调、绿色、开放、共享的新发展理念对中国非常重要。

他表示，中国要坚持新发展理念，把创新放在首位，把科教兴国战略和人才强国战略密切结合起来，同时坚定不移地保护知识产权，使中国社会不断向前发展。在这个过程中，中国也要和世界紧密融合，应对好复杂严峻的外部环境带来的挑战，同时也要加强与广大发展中国家的团结合作，共同为世界和平发展做出贡献。

余淼杰：构建新发展格局的关键是“双循环”

2020 年 12 月 16～18 日召开的中央经济工作会议指出，构建新发展格局，2021 年要迈好第一步。

北京大学国家发展中心研究院余淼杰分析认为，构建新发展格局的重点是要做好“双循环”工作。在实现经济“内循环”方面，他给出了六点建议：一是要以公开、公平、公正的原则推动要素的市场化配置。二是要通过深入推进自由贸易试验区、自由贸易港的改革来实现贸易自由化。三是通过改善营商环境推进投资便利化；四是拉动内需；五是通过产业链、价值链和供应链的融合来推进“四化”建设；六是区域协同发展。

余淼杰在发言中强调，拉动内需对推动经济“内循环”是非常重要的。他认为，拉动内需需要积极的财政政策和稳健的货币政策合力支撑。一方面，促进居民消费的前提是居民可支配收入必须提升。而想要可支配收入占比较高就要降低税费，因此实施积极财政政策是必需的。另一方面，对居民来讲，扩大消费的前提是要有工作，要就业。而稳就业的前提是稳市场主体，让企业在新冠肺炎疫情和逆全球化的背景下依然能够生存下去，这就需要通过货币政策要来对企业进行帮扶。

“外循环”方面，余淼杰表示，尽管全球化出现了一些“回头浪”，但全球化作为基本的趋势并没有发生根本改变。得出这个判断，是因为全球化的两个核心特征——生产的地区化和贸易的全球化依然存在。他认为，在实现“外循环”方面，中国要积极推进区域贸易，积极考虑加入 CPTPP。

杨瑞龙：“十四五”期间要进一步理顺政府和市场的关系

党的十九届五中全会提出了“十四五”时期经济社会发展主要目标，其中包括经济发展取得新成效和在质量效益明显提升的基础上实现经济持续健康发展。

中国人民大学一级教授杨瑞龙认为，想要实现上述目标，必须要进行经济增长新旧动能转换，努力提高全要素生产力。“这两个都和改革有很大的关系，没有改革，所有的布局从某种程度来讲就是一个构想，而这个构想能不能落地，就靠改革。”杨瑞龙说。

2020 年 4 月 9 日，中央出台了《中共中央 国务院关于构建更加完善的要素市场化配置体制机制的意见》，同年 5 月 18 日，《中共中央 国务院关于新时代加快完善社会主义市场经济体制的意见》印发。

在杨瑞龙看来，这两个文件在“十四五”规划之前出台并非偶然，这表明了中央的战略意图——坚定不移地推进市场导向的经济体制改革。只有这样，才能为实现“十四五”规划保驾护航。

经济体制改革的核心问题就是进一步处理好政府和市场的关系。杨瑞龙认为，“十四五”期间中国要进一步理顺政府和市场的关系，第一，进一步界定政府与市场的权力边界。政府失败有可能是做得过多，也有可能是做得过少。因此，厘清政府权力边界非常重要。第二，构建健康良性的政商关系。

伍戈：把握政策退出速度，部分行业要保持审慎态度

“与早些年相比，现在的中国经济难言轻装上阵。”长江证券首席经济学家伍戈表示。前期中国积累的很多红利现在正逐步消退，债务杠杆也处于相当高的位置。在这种情况下，该怎样让中国经济“腾笼换鸟”，重新激发活力？

对此，伍戈认为，一方面要从微观主体制度改革创新出发，另一方面是解决历史遗留问题，或许能够为中国“十四五”打开广阔天地。

“这些问题从金融角度来看，最重要的就是处理好债务问题、杠杆问题，这是回避不了的。”伍戈表示。解决这个问题可以从存量和增量两个视角进行创新性的思考，解决融资平台借新还旧造成的压力，或有助于“十四五”期间经济发展轻装上阵。

此外，伍戈认为，随着新冠肺炎疫情退潮和政策逐步回归常态，中国要把握好政策回归的速度，处理好中小微企业发展与救助之间的平衡。

“从总量上看，中国很多政策可能是要逐步退出的，但是对于需要救助的行业，如服务业、接触性消费行业等，要保持一定的审慎态度。”伍戈预测，2021 年全国两会将提出的财政赤字目标等会与政策不急转弯的基调相契合。

任泽平：尽快确立城市群和都市圈的发展模式

著名经济学家任泽平在论坛上提出，应尽快确立城市群和都市圈的发展模式。他表示，过去的几十年，中国的区域规划和国土空间规划是有争论的，基本上分为两派：小城镇派和城市群派。小城镇派认为，要控制大城市人口、积极发展中小城市和小城镇、区域均衡发展，而城市群派认为，要尊重人口迁移的基本规律，以此来进行资源的配置。

任泽平认为，房地产领域长期看人口，中期看土地，短期看金融。人并非均衡分布的，而是源源不断向都市圈和城市群迁移。“这是几十个代表性经济体在过去很多年来发展的基本规律，产业和人口是有集聚效应的，对空间规划、国土规划和区域发展的布局有重大启示意义。”他呼吁尽快确立都市圈和城市群的发展模式，改变小城镇派“控制大城市人口、积极发展中小城市和小城镇、区域均衡发展”的思维。以“人地挂钩”为抓手，使土地指标、建设用地指标最终服务于人。

原载于 中国网 2021 年 3 月 2 日 记者 张紫祎

促进外贸外资稳中提质，贸易数字化是关键

3 月 5 日，2021 年政府工作报告提请十三届全国人民代表大会第四次会议审议。其中提到：实行高水平对外开放，促进外贸外资稳中提质；实施更大范围、更宽领域、更深层次对外开放，更好参与国际经济合作。对 2021 年的外贸形势应如何研判？如何继续做好稳外资工作？加入高水平自由贸易协定，对中国探索制度型开放会起到什么作用？

《南方都市报》对话北京大学国家发展研究院余淼杰，对中国外贸外资形势进行解析。

余淼杰表示，2021 年的出口形势和 2020 年相比，并没有发生根本性改变，增长势头将会延续。中国全产业链配套体系，长期来看，外资企业离不开中国市场。下一步，服务贸易优化应扩总量、调结构、树特色，尤其是发展数字经济服务贸易。签署 RCEP、积极参与 CPTPP 对中国提出了更高要求，但同时也将推动中国构建全面开放新格局，以及参与制定国际经济贸易规则和标准。

谈外贸形势

出口增长势头将延续，原材料价格上涨影响不大。

《南方都市报》：2021 年政府工作报告中关于对外开放的内容，您对哪些印象深刻？您对 2021 年的外贸形势怎么看？

余淼杰：“实施更大范围、更宽领域、更深层次对外开放”，这对

构建全面开放新格局非常重要。现在全球仍然面临新冠肺炎疫情的不确定性和全球化前景的不确定性，在两种不确定性交织的背景下，我们2020年外贸取得了非常好的成绩，特别是出口再创新高。

2020年上半年许多朋友担心出口会比较困难，但后来事实证明这样的事情并没有发生。我的判断，2021年这一增长势头将会延续，出口形势可能会更好，进口也有所增加，顺差会跟2020年大致持平或略多一点。

之所以有这样一个判断，主要是因为中国2021年的出口和去年相比，并没有发生根本性的改变。因为中国已经从新冠肺炎疫情中恢复过来了，但海外尤其是欧美国家仍然面临比较严重的挑战。换言之，它们的消费仍然依赖中国产品，依然需要从中国进口大量产品。所以中国2021年的出口形势应该和2020年下半年差不多。

《南方都市报》：近期原材料价格上涨，会对出口带来哪些影响？

余淼杰：原材料价格上涨会导致出口产品的成本上升，但因为中国已经深度融入全球一体化分工，如果进口成本上升，那么中国的出口定价可能也会相应上升。所以企业的利润空间并不会因此而压缩。

那么，出口产品定价相对上升，是否会被其他国家的产品替代？由于中国出口体量巨大，欧美等国家在新冠肺炎疫情中还没办法完全恢复，因此这些国家对中国产品的需求是有一定刚性的。这就意味着，尽管中国面临原材料价格上涨的挑战，但并不会对出口态势有大的改变。

谈稳外资

中国有全产业链配套，长期来看，离不开中国市场。

《南方都市报》：您认为促进外贸外资稳中提质的关键是什么？

余淼杰：促进外商投资，目前主要着力点是负面清单的不断“瘦身”。这方面我们已经积累了许多经验，如一些工业园区，都在探索怎样优化营商环境，打造一个亲商的环境。全国已经建立了21个自由贸易试验区，这些自由贸易试验区的一个重要着力点就是试行准入前国民待遇加负面清单。确保外资企业来华后，在公平、公正、公开的环境下，受到一视同仁的待遇，促进它们对华投资。

当然，中国也可能遇到一些挑战，如中低端的制造业可能向海外分流、高端制造业面临回流风险。这意味着部分外资企业不见得会留在国内。那么，中国如何应对？一方面要继续做好国内统一大市场，优化营商环境，降低贸易成本；另一方面，也要让海外企业深切理解，中国有全产业链、有配套的经济体系，尽管短期内某些高端制造业可能回流到本国；但从长期来看，回流是不太现实的，从供的方面和需的方面，它们都离不开中国市场。

从分产业来看，劳动密集型产业分流到其他国家，是世界产业转移的大势所趋，因为它们劳工成本更加便宜。但从企业自身角度来讲，资本密集型产业应该还是会选择留在我们国内。劳工成本固然是一个考量，但更为重要的是中间品、原材料能不能很好地和产业链配套。中国全产业链配套这个特征，就导致中低端的资本密集型产业，其实应该向中国的中西部内陆转移，而不是向海外分流。

《南方都市报》：2020 年政府工作报告提到要创新发展服务贸易，下一步如何优化服务贸易结构？

余淼杰：中国在服务贸易方面已经取得了长足发展，但依然面临一些挑战。一是服务贸易存在不小的逆差；二是与货物贸易相比结构太小，2020 年服务贸易总额近 8000 亿美元，占货物贸易不到 20%。三是特色项目的服务贸易出口不多。

应对这三个挑战，我认为有三个关键词：扩总量、调结构、树特色。

第一个关键词是扩总量。2020 年 8000 亿美元的总额其实是比较低的，当然有新冠肺炎疫情因素的限制，如国际旅游、运输等都受到了负面影响。新冠肺炎疫情总会过去，当世界经济回到正轨的时候，还是要努力提升总量。

第二个关键词是调结构。目前中国的结构不是特别合理，传统服务比重过高，运输、旅游也占比比较大。但是金融、保险、留学、教育等高端服务业还相对较弱，应该再加以提升。

如何提升？就是第三个关键词，树特色。其实仔细观察，很多板块都有进一步挖掘的空间。例如，在旅游方面，中国一直存在比较大的逆差，就是中国人去海外旅游的多，外国人来中国旅游的少。这并不是因为中国缺乏旅游资源，主要是因为中国的软环境还存在不足。很多国家4A级、5A级旅游景区语言翻译做得不够，海外游客来旅游不是很方便。提高旅游设施的便利程度，就是一个可以努力的方向。

其中要抓住一个关键，就是发展数字经济的服务贸易。数字经济是各国今后经济发展的一个方向，而且也是中国经济可以“弯道超车”的一个方向。相对于其他资本密集型产业来讲，中国尽管跟美国、德国的距离在缩小，但仍排在它们之后；数字经济则基本是在同一起跑线上的。中国是有可能通过快速发展实现“弯道超车”，这也是服务贸易发展的重点。

谈区域合作

对开放提出更高要求，“海上丝路”利好大湾区。

《南方都市报》：签署 RCEP、积极表态加入 CPTPP 这些高水平的自由贸易协定，对中国探索制度型开放会起到什么作用？

余淼杰：2020年中国和其他14个国家签署了RCEP，这对我们的开放提出了新要求，也指明了新方向。比如就要求协定生效后，区域内90%以上的货物贸易最终实现零关税。

ROO方面，RCEP在本地区使用区域累积原则也是一大亮点，即来自RCEP任何一方的价值成分都会被考虑在内，这将显著提高协定优惠税率的利用率。比如一些产品尽管是中国出口的，但因为附加值较低，所以原产地不能够被界定为中国。原产地价值区域累积有什么好处呢？就是说该产品来自15国的附加值都可以累积计算，这样就更容易达到关税优惠标准，享受更好的关税待遇。

服务贸易方面，RCEP 采取了负面清单和正面清单相结合的方式，日本、韩国等7个国家采用负面清单，中国和几个发展中国家采用正面清单。当然采用正面清单的8个国家，在6年之内必须转为负面清单模式，有一个循序渐进的过程。

投资方面，成员国都采取了负面清单模式，允许其他国家来投资。这三个方面都是对 WTO 下经济贸易规则的再提升。

CPTPP 比 RCEP 标准更高。RCEP 有灵活性和高标准相协调的机制，对 15 个成员国并不“一刀切”，可以渐进式推进，但 CPTPP 就要求对所有成员一视同仁，同时在环境、劳工、服务贸易、知识产权保护等几个领域提出了更高的要求，如每小时工资与欧美相比是不是太低等。下一步中国积极参与 CPTPP，就是要争取早日达到这些高标准、高要求，构建全面开放新格局，并且通过深度参与国际贸易合作来参与制定经济贸易规则和标准。

《南方都市报》：《中欧双边投资协定》谈判已经完成。同时，在一些具体领域，中欧也存在竞争。您怎么看待这种竞争与合作的关系？

余淼杰：中欧两大经济体在不同领域相互开放投资，欧盟在能源、汽车等产业对中国开放，中国在旅游运输、制造业也对欧盟开放。从更宏观的角度来观察，全球经济贸易大致形成了“三足鼎立”，即以美国为首的美墨加三国协议、以德国为核心的欧盟区和以中国和日本等国为主的东盟“10+6”，但“三足鼎立”不等于三者独立，也不是三足孤立，三者之间也有相互联系，所以《中欧双边投资协定》就是加强中国和欧盟经济贸易联系的重要举措。

中欧之间既有贸易的合作，也有贸易的竞争，怎么样处理好这个关系？我觉得可以从一种全新的维度来理解。通常理解，之所以有国际贸易是因为各国存在成本优势，但其实只对了一半。经济学除了比较优势理论，还有一个规模经济理论。换言之，就是两国可以生产类似但又有差异化的产品。比如中国可以出口汽车到德国去，德国也可以出口它的奔驰到中国来，消费者根据不同的需求来购买差异化的产品。因为差异化产品的存在，两个贸易主体实际上合作大于竞争，扩大开放后就可以通过更大的市场来降低企业生存的固定成本，实现规模经济的递增。从这个角度来分析，今后中欧的合作大于竞争，前景是非常光明的。

《南方都市报》：您怎么看下一步“一带一路”的发展？

余淼杰：现在“海上丝绸之路”的重要性越来越凸显。之所以这么讲，是因为中国和东盟等东亚国家的经济贸易联系越来越紧密，东盟已经成为中国第一大贸易国，未来对中国经济也会越来越重要。通过“海上丝绸之路”，我们就不只是有贸易合作，还可以在投资、教育、健康等领域进行更深层次的合作。东盟国家也非常需要中国市场。

这对粤港澳大湾区来讲也是一大利好。粤港澳大湾区是中国经济中最健康的板块之一，对接“海上丝绸之路”可以发挥桥头堡的作用。可以看出，国内区域协调其实与对外开放也是紧密联系在一起的。

原载于《南方都市报》 2021年3月5日 记者 马嘉璐

为什么中国对增速目标的态度在改变？

《中华人民共和国国民经济和社会发展第十四个五年规划和 2035 年远景目标纲要（草案）》（以下简称《纲要草案》）提出，“十四五”时期推动高质量发展，必须立足新发展阶段、贯彻新发展理念、构建新发展格局。

2017 年，十九大做出了“中国经济已由高速增长阶段转向高质量发展阶段”这一历史性论断，“高质量发展”首次进入公众视野。

彼时，中国正处在转变发展方式、优化经济结构、转换增长动力的攻关期。4 年过去，高质量发展走过了怎样的阶段？2021 年是“十四五”的开局年，中国进入新发展阶段，新阶段又将赋予高质量发展怎样的内涵？

北京大学国家发展研究院余淼杰认为，当前形势下，外部环境不稳定、不确定因素增多，高端产业回流、中低端产业分流等风险加剧，同时内部面临人口红利下降、市场流通不畅等不利因素，更需要全面把握高质量发展所面临的新情况和新问题，关键在于贯彻新发展理念。

高质量发展完成了从“转向”到“进入”的过程

《新京报》：从十九大提出高质量发展到现在，中国经济走过了怎样的阶段？

余淼杰：高质量发展完成了从“转向”到“进入”的过程。2017 年十九大提出，中国经济转向高质量发展阶段。2020 年的中共中央政治局会议上，党中央做出明确判断，中国经济已经进入高质量发展阶段，也就是我们平时所讲的，我们现在要立足新发展阶段。

十九大之所以提出要转向高质量发展，是因为人口红利下降、劳动成本不断上涨，靠资本、劳动力、土地等基本生产要素投入来拉动经济增长的传统粗放式的经济增长模式已经难以持续。为了保持中国经济的健康发展，我们必须转向以提升质量为主的集约型增长，也就是以提高企业生产率为主导的增长模式来推动中国经济增长。

2017 年到现在，中国经济在高质量发展方面取得了一些成果。一方面，不断地深化供给侧结构性改革，“十三五”期间主要推动了“三去一降一补”，加速推进新旧动能转换。另一方面，推进三链融合，即产业链、价值链和供应链的融合，通过提升企业全要素生产率，提升产品附加值，促进产业升级，向全球价值链的中高端爬升。

大力发展制造业的同时，也强调加速发展现代服务业，通过抢抓数字经济发展机遇，利用区块链技术探索数字经济模式创新，引导数字经济与实体经济深度融合，从而推动经济高质量的发展。我们现在讨论很多的新基建，如 5G、AI、充电桩、智能城市等，都是中国推动高质量发展的重要举措。

《新京报》：当今世界正经历百年未有之大变局，中国高质量发展面临哪些新情况新问题？

余淼杰：产业发展方面，中国的制造业面临着高端产业回流欧美的风险，中低端产业也面临分流海外的发展中国家的情况。高端制造业回流欧美是因为全球化遭遇了一些“回头浪”，贸易单边主义、本国优先的思潮抬头，导致一些国家不顾全球一体化发展的一般规律，而是要走“回头浪”的道路。中低端产业分流则是因为随着中国劳动成本不断上涨，中国在传统低端劳动密集型产业上逐渐丧失了国际分工的比较优势。

背后更深层次的原因是，中国的人口红利在不断下降，2021 年甚至会出现新生人口小于死亡人口的情况。人口红利下降已经成为制约中国经济发展的一个主要障碍。同时，国内市场流通不畅，商品的地区贸易壁垒还需要进一步下降，要素流动应该进一步加强，特别是通过破除落户限制等鼓励高端人才的要素流动。

“十四五”推动高质量发展关键要贯彻新发展理念

《新京报》：现阶段推动高质量发展需要把握注意什么？

余淼杰：《纲要草案》提出，“十四五”时期推动高质量发展，必须立足新发展阶段、贯彻新发展理念、构建新发展格局。贯彻新发展理念为把握新发展阶段、构建新发展格局提供了行动指南。

这就说明，推动高质量发展从行动上、落实上必须聚焦围绕新发展理念，也就是创新、协调、绿色、共享、开放五大关键词。

创新包括技术的创新和制度的创新。我们要加大投入、注重产出，解决关系到我们发展的重要主导产业和关键性产业，关键技术必须掌握在自己手中，努力解决“卡脖子”的问题。

协调，包含了城乡协调和区域协调，要和共享放在一起去理解。城乡协调方面要通过全面推进乡村振兴缩小城乡间的差距，使得改革开放的红利人人共享。区域协调需要我们通过推动京津冀城市群、长江三角洲城市群、粤港澳大湾区、成渝城市群、长江中游城市群这样五大城市群的发展，带动全国其他地方经济发展。

未来，我们要实现碳中和、碳达峰的目标，生态文明被写入了《宪法》，“绿水青山就是金山银山”理念被写入了《中国共产党章程》，因此，追求绿色 GDP 是高质量发展的应有之义。

开放方面，现在我们面临一些全球化“回头浪”的冲击，中国必须要深度地融入全球一体化中去，并参与国际经济贸易规则规定标准的制定，成为拉动世界经济增长的“火车头”。

同时，通过对外开放，克服中国服务贸易发展的短板，扩大总量，调好结构，打造特色，发展数字经济。提升企业全要素生产力，促进企业自主创新，实现产品附加值和产业的价值链提升。在外资方面要突出双向发展，更大力度吸引外资企业来华投资，形成全球最大市场，同时鼓励企业“走出去”，拓展国外市场。

高质量发展阶段，中国对增速目标的态度在改变

《新京报》：这个过程中，应该如何把握“质”与“量”的关系？

余淼杰：量变才能引起质变，要推动中国经济的发展，需要有一定的量。体现在市场规模上，不断扩大的国内统一大市场是中国经济在“十四五”期间发展的一个核心的国际竞争力。同时，我们也要保持一定的出口份额和国际市场份额。

高质量发展要求我们不能够只顾“量”而忽视“质”，我们要改变过去大而不强的局面，做到又大又强。在产品的数量、种类，特别是主导产业新兴产业，要寻求质的提升。例如，使我们的产品在国际市场上可以针对不同的市场定向出口。中低端产品价优就主打发展中国家市场，高质量产品就主打欧美市场。

所以，“质”与“量”要同步并进，寻求量变引起质变，以提升产品的质为终极目标。

《新京报》：近些年中国的增速目标有一些变化，从固定目标，到区间目标，再到 2021 年许多省份都提出底线目标，这样的变化体现了什么？是否表示我们对发展的认识在变化？

余淼杰：这说明，我们不再简单追求数字上的增长，不再凭着经济增速去判断经济“好不好”，质量跟速度都要兼顾。我们需要辩证地看待这个问题，一定的增速是必需的。就像踩自行车，必须通过不断的发力才能保证自行车平稳行驶下去。也就是说，中国经济只有保持一定的增速，才能够解决在改革开放中产生的新问题。

我认为，如果中国经济能够保持每年 5%～5.5%的增速，那么就是一个符合实际的健康的经济发展速度，是符合高质量发展的要求的。拿 2021 年来说，在 2020 年低基数的情况下，2021 年定一个高一点的目标不会达不到，但很多省份还是给出了一个底线目标。这样一方面是避免

外界对高增速有误读，另一方面也是为了防止回到追求速度的老路上。这体现了增速目标作为“指挥棒”的信号意义，从这些年的变化来看，中国对增速目标的态度的确是在淡化。

原载于《新京报》 2021 年 3 月 5 日 记者 姜慧梓

相约 2035 展望社会主义现代化壮美图景

打造硬实力：综合国力将大幅跃升

展望 2035，现代化气息扑面而来。

“初步实现社会主义现代化是我们立足新发展阶段、贯彻新发展理念、构建新发展格局的目标和方向。”全国人民代表大会常委会委员、国务院发展研究中心创新发展研究部研究员吕薇说。

今天，在通往社会主义现代化的道路上，中国奔跑的速度正震惊着世界。

实现现代化的目标愿景，离不开科技实力的支撑。按《中华人民共和国国民经济和社会发展第十四个五年规划和 2035 年远景目标纲要（草案）》（以下简称《纲要草案》），15 年后，中国科技实力将大幅跃升，关键核心技术实现重大突破，进入创新型国家前列。

今天的中国，走到了推动高质量发展的关键节点，我们对自主科技创新的需求尤为迫切。

大国之崛起，如同巨木之成长，一棵大树枝叶有多繁茂，根系就要有多发达。“中国的发展目标指向需要长期沉淀的核心竞争力。”北京大学国家发展研究院余淼杰说。

党的十九届五中全会强调，要“坚持创新在中国现代化建设全局中的核心地位，把科技自立自强作为国家发展的战略支撑”。

中国科学院院士方复全代表对近些年党和国家对科技创新的重视感受颇深：“很多政策向基础研究倾斜，对于鼓舞学者潜心研究、进行原始创新有很好的导向作用。”

一系列重要指示和重大战略部署，让中国科学院金属研究所研究员孙明月备受鼓舞："《纲要草案》为中国科技创新指明了方向，也为我们科研人员研究选题提供了根本遵循。科学家的天地更开阔了！"

孙明月及其团队在过去 10 年里潜心研究大锻件构筑成型技术，对于保障重大装备核心材料的自主可控发挥了重要作用。2020 年孙明月因此项工作获得了陈嘉庚青年科学奖。"中国科学家当心系国家事，肩抗国家责。瞄准国家重大需求，突破核心技术。"孙明月言语里，是青年科学家投身祖国科技事业的热情。

高度发达的工业化是现代化的核心。新型工业化、信息化、城镇化、农业现代化及现代化经济体系……这是一个现代化国家的硬核实力。

今天的中国，各行业中，无数的力量汇聚起来，将推动国家工业化的巨型齿轮飞速旋转。

提升软实力：社会文明程度将有新提高

文化是一个国家更为持久、更为根本的力量。《纲要草案》提出，建成文化强国、教育强国、人才强国、体育强国、健康中国，国民素质和社会文明程度达到新高度，国家文化软实力显著增强。

完美世界首席执行官萧泓认为，"社会文明程度达到新高度"这一目标令人印象深刻，它的实现，离不开文化事业和文化产业的繁荣发展。相信整个业界都将从中得到鼓舞，努力增加文化产品供给。

2021 年春节期间，中国电影票房突破 78 亿元。其中，国产电影涌现出高品质的现象级作品和热度持续多年的系列作品。从追逐国外大片到中国电影市场火热，中国朝着文化强国迈进的足音清晰可辨。

展望未来，人们对美好生活的向往包含着对美丽中国的期盼。《纲要草案》中指出：广泛形成绿色生产生活方式，碳排放达峰后稳中有降，生态环境根本好转，美丽中国建设目标基本实现。

生态环境部环境规划院管理与政策研究所副所长董战峰认为，"美丽"是全面建设社会主义现代化国家的重要组成部分，通过政府、企业、社会组织及公众等各个治理主体的共同努力，美丽中国一定能够建成。

腾讯董事会主席兼首席执行官马化腾持续关注生态环保领域，2021 年 1 月，腾讯正式宣布启动碳中和规划。马化腾说："推动这项工作，更重要的意义在于鼓励科技企业加强技术研发创新，以碳中和为契机，倒逼中国低碳技术转型。"

基本建成法治国家、法治政府、法治社会；建成文化强国、教育强国……《纲要草案》对中国的软实力做出了完整的规划。现代化的梦想，在今天的中国大地上逐渐变为现实。

在中华全国律师协会副会长吕红兵委员看来："规划与远景，就是未来的样子，就是蓝图和方向。科学制定五年规划与远景目标并切实施行，这正是我们党的执政理念和治理经验，充分显示了我们的道路自信和理论自信。"

保障民生：让人民生活更美好

一家外国媒体感言：在中国，党的计划也是人民的计划，因为这些计划致力于改善民众的生活。

江苏连云港有个永联村，村民人均年收入超过 5.8 万元。几十年来，这里一直探索以工业化带动城镇化，进而实现农业现代化的发展道路。当地人常拍着胸脯说，"我们早就过上了跟城里人差不多的生活"。

永联村以外，还有成千上万个奔向富裕之路的农村人。近日发布的《中华人民共和国 2020 年国民经济和社会发展统计公报》显示，2020 年全年农村居民人均可支配收入比 2019 年实际增长 3.8%，快于城镇 2.6 个百分点。

中国社会科学院副院长、学部委员高培勇认为，城乡区域协调发展和居民收入水平显著缩小是衡量公平正义的一个重要维度，要实现人的全面发展，让人民生活更加美好，需要在公平正义、民主法治、安全环境三个方面持续发力。

对此，中国人民大学国家发展与战略研究院研究员赵忠做了细致的分析与提炼，即少有所学、老有所养、病有所医、壮有所为。

劳动者是中国的重要财富，应该充分发挥劳动者的积极性和创造性，使人力资源在区域之间、行业之间、单位之间得到合理配置，使劳动力和人才得到合理流动。

采访中，代表委员和专家谈到最多的是，2035 年，收入更多、教育更好、民生保障更有力、人的全面发展更趋近实现……一幅中国未来发展的壮美图景正在人们眼前逐渐显现。

原载于《光明日报》 2021 年 3 月 7 日 记者 尚文超 李晓

何为新发展，如何高质量——解读中国五年规划发展密码

中国两会闭幕，大会审议通过的《中华人民共和国国民经济和社会发展第十四个五年规划和2035年远景目标纲要（草案）》，被认为是指导今后5年及15年中国发展的“密码”。除了外界关注的GDP增长不再设具体目标，规划中提到的高质量发展，勾画出未来五年中国治理的蓝图。

新的五年规划开局之年，中国经过了抗击新冠肺炎疫情的2020年，环球新冠肺炎疫情和国际环境仍存在诸多不确定性。2021年，正是中国经济和发展的重要战略机遇开篇年。

规划中强调“推动高质量发展，必须立足新发展阶段、贯彻新发展理念、构建新发展格局”，那么如何理解高质量、新发展的内涵呢？

北京大学国家发展研究院余淼杰对香港中国通讯社记者表示，中国的高质量发展完成了从“转向”到“进入”的过程。2017年十九大提出“转向高质量发展阶段”。2020年8月的中共中央政治局会议上则提出“已经转入”。高质量发展的内涵，其实就是新发展理念，概括为“创新、协调、绿色、开放、共享”十个字。

在创新方面，科技领域的“卡脖子”问题凸显，未来五年，中国将加大基础研究经费投入。中国（深圳）综合开发研究院公共经济研究所副所长汪云兴对香港中国通讯社记者表示，新发展阶段，转型、加码、

改革将成为科技创新的主要特点，未来国家将更注重发挥体制优势，激发人才活力。

“创新不仅包括科技的创新，也包括规则、制度方面的创新”，余淼杰认为，在加大对外开放进程中，参与国际经济贸易规则规章标准的制定，也是创新的应有之义。

高质量发展不仅仅指经济的发展，也包括对社会发展各方面的要求。其中，“协调”“共享”就涵盖了乡村振兴促进区域协调发展，带动全体人民共同富裕。

随着中国经济发展到一定阶段，老龄化低生育率等问题提前到来，尽管近一亿农村贫困人口全部脱贫，但人口红利不再，告别粗放型经济后，区域发展不平衡、社会结构新难题有待解决。

五年规划对于社会发展失衡难题也都一一提出了“药方”，包括东北振兴、中部崛起，都已经在研究制定可落实的方案。另外，“十四五”规划也提出了要研究制定促进全体人民共同富裕的行动纲要，扩大中等收入族群。

中国发展研究基金会副理事长刘世锦指出，要争取用 10 年左右时间实现中等收入族群倍增，重点要放到 2.8 亿进城农民工身上，这类人是现阶段最有可能由较低收入水准进入中等收入水准的人群。乡村振兴，也是对促进区域发展平衡，带动全体人民共同富裕的重要政策。

在不可逆的全球化趋势下，中国的发展规划也与区域经济、全球发展紧密结合。余淼杰认为，新发展理念中，“绿色”代表碳中和、碳达峰方案，也代表生态文明被写入《宪法》，而“开放”代表区域经济一体化建设。这也是中国作为世界第二大经济体，对世界高质量发展的承诺。

原载于 香港中国通讯社 2021 年 3 月 14 日 记者 陈卓仪

企业出口目标应向新兴市场倾斜，未来需考虑中日韩三国的自由贸易区建设

2021 年 3 月 18 日，中国经济观察（China economic observer，CEO）第 56 期：全国两会之后的政策与经济在北京大学举行，北京大学国家发展研究院余淼杰在演讲中表示，在外贸领域要做好企业的出口多元化，不能总是把企业出口目标瞄准欧美这种比较成熟的市场，还应该向新兴市场方面考虑。接下来首先要把 2020 年 11 月签署的 RCEP 贯彻落实，其次还需考虑中日韩三国的自由贸易区建设。

余淼杰指出，在外贸方面要稳量提质。首先，继续落实 2020 年 8 月 5 日提出的国务院办公厅 15 项工作措施，特别是涉及稳外贸、稳外资、稳投资方面的内容。其中一点就是对中小外贸企业做好出口信贷工作，同时要做好人民币的跨境结算工作。

其次，要做好企业出口多元化的工作。一是出口目的的多元化，不要总是把企业出口目标瞄准欧美这种比较成熟的市场，还应该向新兴市场方面考虑。二是形态的多样化。也就是说，不仅要做好线下贸易，跨境电商的工作也要做好。“加工贸易随着我们的沿海省份在实施‘腾笼换鸟’的政策，资本密集产业应该转向内陆省份，因为中国有全产业链的比较优势。”

再次，有效利用外资的关键是要缩小服务贸易的负面清单。外资的一个重点是创建公开、公正、公平的国内竞争环境，让不同性质的企业主体在这个环境中公开竞争。

最后，做好“一带一路”的共建工作，“海上丝绸之路”跟我们国

家的联系比较紧密，所以通过出口、进口，或者对外投资的方式更为恰当。“陆上丝绸之路”的合作要保持在相对比较初期的阶段，应该以进出口的形式为主。

余淼杰认为，接下来的工作重点是对外改革、对内开放。一是把 2020 年 11 月签署的 RCEP 贯彻落实；二是出台落实推进 CAI 的工作；三是积极参与 CPTPP。除此以外就是考虑讨论中日韩三国的自由贸易区建设，还要做好中美经济贸易的合作。“总之，我们的目标就是达到更大范围、更宽领域、更深层次方面的开放。”

原载于 搜狐智库 2021 年 3 月 19 日

（三）中美经济展望

美国大选倒计时，谁能重振美国经济？

经济，民调中少有的例外

“我们做得很好。你们看到今天发布的数据了吗？33.1%，GDP！”美国时间 2020 年 10 月 29 日，佛罗里达州的一场竞选活动上，特朗普语调昂扬：“我们经历了封锁，我们了解了这种疾病，现在我们的经济正在恢复。”74 岁的特朗普身穿一套深蓝色西装，白色衬衣前，泛着微光的红色领带被风向左微微吹起，一顶同样亮眼的红色棒球帽将他金棕色的头发盖住，帽子正中是那句著名的 MAKEAMERICAGREATAGAIN（让美国再次伟大）。

40 年前，罗纳德·里根首次使用这句竞选口号。2016 年，它被同为共和党总统候选人的特朗普沿用。之后，在经历了一场被美媒称为“近几十年来最丑陋、最分裂的总统选举”后，这位打出“对抗华盛顿建制派”旗号的地产商人入主白宫。与众多民调结果相悖，特朗普击败了民主党候选人希拉里·克林顿，成为美国历史上首个参选前没有担任过任何军职或公职的总统。

4 年后，特朗普再次戴回了他的标志性红色棒球帽。在民调落后的情况下，他意图力挽狂澜，证明自己仍是那个最有能力带领美国走向伟大的人，“33.1%”是他当下能拿出手的最有力的论据之一。2020 年 10 月 29 日，美国商务部公布的初步数据显示，美国经济在第二季度创纪录下跌 31.4%后，第三季度 GDP 按年率计算增长 33.1%[①]。

需要注意的是，虽然 33.1%的数值创下了自 1947 年有记录以来的最高增幅，但这一增幅是建立在第二季度暴跌基础上的，并非与 2020 年同期相比得出。这也是一些媒体和经济学家认为这一数据意义有限的原因。鉴于第三季度的成绩建立在政府累计超 3 万亿美元的救济措施之上，在新冠肺炎疫情出现反复、国会和白宫未能就新一轮财政刺激政策达成一致等背景下，市场普遍认为，第四季度美国的经济复苏仍存在不确定性。

目前，美国绝大多数权威民调、分析家、媒体和博彩网站都一致看好民主党候选人拜登会赢得竞选，拜登在绝大多数领域的支持度都超过特朗普，少有的例外出现在了经济领域。

9 月 29 日，特朗普和拜登的首场总统候选人电视辩论后，《华尔街日报》和美国全国广播公司（National Broadcasting Company，NBC）进行的一项民调显示，在处理经济问题方面，特朗普比拜登得分更高。而依据知名民意测验机构盖洛普（Gallup）9 月进行的一项调查，虽然特朗普在处理破坏经济的新冠肺炎疫情方面得分低于拜登，但有 56%的美国人认为自己的生活比 4 年前更好，高于里根或奥巴马连任时的比例。上述结果与 7、8 月《华尔街日报》和 NBC 面向摇摆州选民进行的一项民调结果相符[②]。

在 2016 年和 2021 年的总统竞选中，特朗普都强调自己是商人，更懂经济。在新冠肺炎疫情应对这一败票黑洞背后，是否能鼓动更多摇摆州选民出于相信其经济治理能力而投出选票，成了特朗普翻盘的关键。

如今，第三季度 GDP 数据成了两个候选人互相攻讦的焦点。10 月 29 日 21 点 55 分，特朗普在推文里写道，“这是我们国家史上最大和最好的一次经济增长，幅度之大前所未有。2021 年的增长一定会更加惊人!!!”在接连打上三个惊叹号后，他宣称如果让“困乏的拜登”上台，

① 注：美国商务部公布的季度 GDP 采用的是环比折年率算法，就是经过季节性因素调整后的年化增长率，其计算方法是假设全年四个季度均保持本季度增速，将环比增长率推至全年再折成年度增长率。

② 注：在被问到谁是更有能力处理经济问题的候选人时，更多被调查者选择了特朗普。

将会扼杀经济的增长。

当晚22点39分，拜登发推文回击称，虽然GDP增长了，但贫困在增加，美国在特朗普的带领下正在步入70多年来最严重的经济衰退期，而特朗普将成为自胡佛①后首个任期末失业率较期初上升的美国总统。

原载于《南方人物周刊》 2020年11月2日 作者 陈洋

① 注：第31任美国总统，共和党人，任期为1929年3月4日至1933年3月4日。

过去四年，特朗普交出了一张怎样的经济答卷？

特朗普究竟是不是一个好的经济决策者？从数据来看，特朗普执掌白宫期间，以新冠肺炎疫情大流行为分界线，美国经济呈现出截然不同的走向。

2020 年 3 月新冠肺炎疫情大流行前，特朗普延续了奥巴马时代良好的经济走势。虽然“史上最好”的说法有待商榷，但确实超出了其上任初期多数学者和机构的预期。

“在六项核心指标，即失业率、贸易赤字、就业增长、制造业岗位增长、股市表现和家庭收入增长中，特朗普有四项是领先于奥巴马的。当然，其中一部分也是享受了奥巴马时代的经济红利。”北京大学国家发展研究院余淼杰在接受《南方人物周刊》采访时表示。客观来看，特朗普在 2016 年竞选时对美国民众做出的几项经济承诺，包括减税降费、增加就业岗位、寻求公平贸易、改变多边主义等，基本都做到了。

以 GDP 为例，据《经济学人》统计，2017～2019 年，美国 GDP 的增速比奥巴马在任的任何一届都快。全球经济增速在 2017 年达到峰值后，从 2018 年开始放缓，美国经济却依然保持着 2.9%的实际增速。2019 年，美国 GDP 的实际增速虽然下降至 2.3%，但相较于日本、德国、法国等其他七国集团经济体，仍然优势明显。

股市方面，美股三大指数[①]在 2020 年初均创下历史新高。失业率方

---

① 注：即道琼斯工业指数、纳斯达克指数、标准普尔。

面，根据美国劳工统计局的数据，2020 年 2 月美国的失业率一度创下半个多世纪以来的历史新低（3.5%）。从增加工作数量这一指标来看，特朗普任期前三年，美国新增了 640 万个工作岗位，略低于奥巴马离任前三年的 700 万个。而在实际工资增长[①]方面，特朗普任期的头三年也延续了奥巴马第二任期的稳定上升局面。

2020 年 10 月 30 日，在接受本刊采访时，万博新经济研究院院长滕泰表示，特朗普任期内推出的政策中，对美国经济刺激最显著的当属减税。2017 年 12 月 22 日，特朗普签署了被称作“30 年来美国最大规模减税法案”的《减税与就业法案》，一方面对个人税制进行了简化，另一方面大幅降低企业税。其中，联邦企业所得税税率从 35%降至 21%，并在税率和征税原则上为海外企业利润回流提供便利。

“特朗普的大规模减税对生产的促进效应明显,加上美联储又长期执行低利率和货币扩张政策，这样一来，减税的财政刺激叠加货币扩张政策，催生了美股的持续上涨，而美股持续上涨形成的正财富效应，又进一步促进了美国消费和投资的增长，所以经济整体呈现出向好趋势。”滕泰称。

这项以微弱优势通过的大规模减税法案，曾引发美国国内的激烈争论。反对者认为，特朗普的减税降费政策主要利好富人。海通证券研究院依据美国税收联合委员会的数据统计，特朗普的个税改革推行后，美国收入最低的 20%的家庭税后收入变化为 0.8%,收入最高的 20%的家庭则达到了 6.6%。总体来看，美国前 1%的富有群体享受了这一政策福利的 61%。余淼杰支持上述观点，他认为特朗普的减税降费政策加大了贫富差距，加深了社会阶层的割裂。

海银资本创始合伙人王煜全常年生活在美国。在他看来，美国共和党和民主党在税改上长期存有不同政见，民主党一般反对减税，主张增加政府的社会福利开支；共和党则反对政府干预经济和社会生活，主张减税、削减社会福利，认为减税可以释放企业活力，对经济的带动作用

① 注：剔除通货膨胀影响。

超过对穷人的直接补贴。

王煜全认为，减税、加税孰好孰坏，各有历史数据支撑，但特朗普推行减税的最大问题在于时机。“他执政前三年，经济总体表现良好，甚至存在一些过热迹象，在这种情况下还推行大规模减税，把所有的利好在当期释放，只顾任期内的经济成绩单，长期来看，必然有所损伤。一旦未来经济真正出现问题，就会无招可用。”

大幅减税给美国经济带来的隐忧还体现在债务危机上。批评者认为，特朗普任期内美国的经济增长，建立在大幅减税、国债增速升高的基础上，要避免出现国债失控，必须保证减税后国家的平均 GDP 增长率维持在一个较高区间内，而事实上即便是税改刚刚推行的前两年，特朗普都没能兑现他“保 3（即全年 GDP 增长不低于 3%）”的承诺。

2020 年初，一场突然暴发的新冠肺炎疫情横扫全球，美国成为新冠肺炎确诊病例最多的国家。随之而来的是人员隔离，造成收入、就业和经济活动大幅下降。随着失业率等关键经济指标屡屡刷新大萧条后的最差纪录，特朗普在执政前三年取得的大部分经济成就，面临着消失殆尽的窘境。

虽然在 3 月 27 日美国出台史上规模最大（总额约为 2 万亿美元）的财政刺激计划后，部分经济指标开始回弹，但也只是局部改善。另外，美联储“无招可用”的局面也成为现实。10 月 28 日，前纽约联储主席杜德利（Bill Dudley）在彭博社发文称，美联储已濒临“弹尽粮绝”，美国经济未来的繁荣将比以往任何时候都更依赖政府支出计划。

出于对未来美国实行负利率的预期，为避免“倒贴利息”，全球投资者（包括具备国家背景的大型机构投资者）纷纷选择减持美国国债，一旦美元流动性由旱转涝，则会直接冲击美元的国际货币地位和美国资产的价值，这种影响可能将在后疫情时代延续。

触怒经济学家

特朗普备受质疑的经济政策不仅有减税，更多的“槽点”体现在他的贸易政策和应对国内新冠肺炎疫情大流行的态度上。

2020 年 10 月 23 日，包括多名诺贝尔奖获得者在内的 700 多位经济学家联合签署了一封公开信，力劝选民不要为特朗普投票。公开信中，经济学家给这位总统贴上了“自私鲁莽”的标签。在此之前，特朗普在宾夕法尼亚州的一次选举集会上宣称，如果他能连任，美国经济将迎来“超级复苏”，如果投给拜登，则会将美国拖入萧条。总统票选进入倒计时，特朗普拿经济治理能力大做文章的举动，让一些经济学家选择联名公开反对。

公开信列举了 15 条理由，其中包括：“（特朗普）混乱而无效的谈判方式破坏了与贸易伙伴的关系，扰乱了供应链，蔑视国际准则，并伤害了美国农民的利益。可即便如此，他依然没能实现他降低贸易逆差的许诺”，“他过分强调了新冠肺炎疫情大流行期间经济增长和公共卫生之间的冲突，实际上，如果我们能更有效地控制疫情，美国经济的表现会更好”，等等。截至 2020 年 11 月 1 日 18 时，已有 1073 名经济学家在公开信后署名。

公开信发表后，特朗普竞选办公室回应称，联名发“公开信”是“左翼学者”对特朗普无根据地指控。事实上，早在 2018 年 5 月 3 日，美国国家纳税人联盟就曾向特朗普和国会发出公开信，反对美国政府采取的贸易保护主义措施。这封公开信同样由超过 1100 名经济学家联合签署。2018 的公开信指出：提高保护性关税是错误的，这将导致商品价格上涨，令多数美国公民受到伤害；建筑、交通、零售、银行、酒店等领域的工作者也将成为“关税战”中的受害者；同时高关税措施不可避免会影响美国的国际关系，贸易战也不利于世界和平。

显然，特朗普并未采纳。在“美国优先”的外交原则指引下，特朗普的关税武器不仅对向了中国，也瞄准了传统盟友。在特朗普执政期间，美欧贸易关系屡屡陷入紧张。2019 年 10 月，美国为报复欧盟补贴空客，对包括法国葡萄酒和奶酪、苏格兰威士忌在内的欧盟商品加征价值 75 亿美元的关税。2020 年 10 月 13 日，欧盟获得了自己的反制武器。当日，WTO 做出仲裁裁决，允许欧盟以美国违规补贴飞机制造商波音公司为由，向美国货物和服务施以总价约 39.9 亿美元的关税等惩罚措施。

在余淼杰看来，特朗普在外贸领域的一系列举动貌似在短期内使美国经济受益，但政策带来的破坏影响深远，“美国一直标榜的自由民主的国际形象被破坏，软实力被摧毁，得不偿失”。

王煜全认同“特朗普后遗症”的说法。“特朗普一直攻击传统美国政客在关乎美国利益的问题上妥协，没能实现竞选诺言，是虚伪的表现。特朗普自己确实说到做到，毫不妥协。但在政治领域，妥协有时并不意味着吃亏，而是一种更大利益的交换。”

大选结果会如何影响美国经济？

2020 年 9 月，欧洲资产管理巨头东方汇理资产管理公司（Amundi）发布的研报认为，在特朗普执政期间，跨大西洋关系已显著恶化。“自第二次世界大战以来，两大洲建立联系的共同价值观，包括倡导民主、尊重人权、自由贸易等，不再被特朗普政府倡导。现任总统毫不掩饰对所有国际组织以及各种形式的多边谈判的蔑视。”鉴于欧洲和美国长期是彼此最大的贸易伙伴，Amundi 对拜登抱有期望，“下一任总统是谁将决定贸易关系的发展走势，可能会带来两种截然不同的结果”。

余淼杰认为，无论是拜登还是特朗普当选，美国利益优先的大原则不会改变，“只是拜登会行事更隐蔽，会遵循基本的规则，让一切披上一层温情脉脉的面纱”。

在滕泰看来，特朗普和拜登在经济政策主张上的差别，主要源自不同的执政理念。“复兴经济、提高就业等，两个人的纲领里都提到了，但差别在于，是促进融合还是利用分化、分裂（获取政治利益），是加税还是减税，是单边主义还是多边合作，是急于恢复经济还是加大力度控制新冠肺炎疫情。”接下来，无论是特朗普连任还是拜登上台，新任总统面临的最主要的经济和社会挑战仍然是如何控制新冠肺炎疫情。“如果新冠肺炎疫情继续蔓延，经济一定会越来越差，导致政治分裂和社会不稳的因素也会越来越多。”

王煜全将这种紧张局势视作一场赛跑。“目前总体上看，美国民众并没有太大担忧，因为政府在发钱，也允许房租延期，股市表现不错，大家的退休基金也有保障，但问题是让政府持续输血不现实。”

即便疫苗成功上市，进入后疫情时代，多元的美国社会依然会存在很多的分歧和冲突。滕泰认为，特朗普只是利用了美国社会群体的分化和分裂，并没有能力改变背后的症结。在他看来，美国这些年的经济增长是不平衡的，传统制造业和服务业的增长空间受限，新经济的增长仅发生在电子信息、文化娱乐、生物医药等少数行业，以及纽约、波士顿等部分地区的少数人口身上。

“虽然这是经济规律，但政治家是有选择的。你是利用不平衡来挑起社会分裂、激化社会冲突，为自己谋取更多的政治利益，还是负起责任，弥合这种不平衡性？”滕泰称，不论谁当选下一任美国总统，都需要拿出有效的措施来增加经济增长的普惠性，或通过财政转移支付来弥补增长不平衡所带来的社会问题。

不只是美国，各国都会面临增长不平衡的阶段性难题，但对于理性的选民来说，相比“四年后，我过得更好了吗”，更值得问的是“四年后，我们过得更好了吗”？

原载于《南方人物周刊》 2020 年 11 月 2 日 记者 陈洋 实习记者 方沁

拜登能让经济重回正轨吗？

随着拜登宣布当选美国总统，尽管后续仍面临特朗普法律诉讼等尾部风险，但分析人士认为大选基本终局已定。路透社列举数据分析称，无论最后拜登或特朗普谁执政，都将面临经济方面的巨大挑战。

拜登当选之后是否会加大财政拨款，以舒缓新冠肺炎疫情带来的影响？中美、欧美间贸易将会呈现怎样的局势？拜登是否会推进加税计划？本期做客欧时经济茶座的专家认为，一旦拜登正式入主白宫，新的财政刺激方案可能在 2021 年初出台。此外，拜登政府可能在经济外交方面采取多边主义策略，欧美之间的贸易冲突未来大概率会得到缓解，拜登在中美经济贸易摩擦方面的态度可能也有所缓和，但在高科技领域打压中国企业、竭力与中国“脱钩”的方向很可能不会改变。

财政刺激金额有待两党博弈，预计为 1 万亿～1.5 万亿美元

截至目前，美国新冠肺炎疫情仍在持续恶化，受新冠肺炎疫情影响，美国经济也遭受重创。无论最后拜登或特朗普谁来执政，美国经济都将面临巨大的挑战：经济衰退使得逾 1 年的经济产值及逾 5 年的就业增长化为乌有；劳动力比特朗普上任前一年还要少；消费者支出比 3 月新冠肺炎疫情暴发后强，但仍仅回到 2019 年 6 月的水平；制造业就业仍逊于整体就业形势。美联储决策者预估到明年底失业率在 5.5%，高于特朗普刚当选总统时的 4.7%，但较目前的 7.9%有所改善。

英国广播公司（British Broadcasting Corporation，BBC）指出，过去几个月，众多经济学家向华盛顿请愿，要求加大财政拨款，舒缓新冠肺

炎疫情带来的影响，但由于共和党人拒绝民主党人提出的开销计划，谈判陷于僵局。拜登上台后，僵局能否打破？

11 月 16 日，拜登与包括通用汽车、微软首席执行官在内的 4 位商界领袖、5 位工会领袖会面，并就经济问题发表讲话时再次承诺，他所领导的美国政府将积极抗击新冠肺炎疫情，并在 2021 年推动美国经济复苏。一旦正式入主白宫，他的团队将与企业、工会合作制订计划，以应对与新冠肺炎疫情有关的经济低迷。

此外，拜登还敦促国会应在 2020 年通过财政刺激法案，规模应与此前推出的 2.2 万亿美元《英雄法案》相当。

中国社会科学院世界经济与政治研究所国际投资研究室主任、国际金融研究中心副主任张明认为，正如拜登所言，一旦入主白宫，新的财政刺激方案将会在 2021 年初出台，但是这一方案的规模取决于民主党人能否拿下参议院的多数席位。

“目前来讲，如果民主党人能够在参众两院都占多数的话，这一刺激方案的规模可能会很大，但是如果共和党拿下了参议院的话，这一刺激方案的规模可能就会缩小。”张明表示。

随着美国新冠肺炎疫情日趋恶化，经济压力也愈演愈烈。近日，拜登选择的白宫幕僚长罗恩·克莱因直言，虽然很多事情的确要等到拜登正式就职之后才能做，但促进两党在财政刺激上妥协显然不是可以等的。

在复旦大学美国研究中心副主任宋国友看来，共和党也有推行经济刺激方案的意愿，虽然特朗普没有连任，但是在拜登民主党的众议院的配合之下，应该会通过经济刺激方案，同时，共和党的一些要求也将被纳入其中。

中国现代国际关系研究院研究员陈凤英认为，参议两院虽然未就财政拨款的金额达成一致，但双方仍有妥协余地。预计双方博弈将持续到 2021 年初。“预计规模会在 1 万亿美元到 1.5 万亿美元。”

北京大学国家发展研究院余淼杰指出，在当前的形势下，拜登一定要将这一开销计划来投入到抗击新冠肺炎疫情中，可以采用总统紧急法，因为当前美国新冠肺炎疫情不容乐观，启动总统紧急法师出有名。

欧美贸易摩擦或缓解中美贸易尚待观察

特朗普在任时采取的贸易保护主义措施，使得中美、欧美间贸易摩擦不断。拜登上台后，中美、欧美之间的贸易格局将会呈现怎样的趋势？

宋国友认为，拜登上台之后，贸易摩擦会有所好转，特别是欧美之间的贸易摩擦会因为特朗普没有连任而得到很大缓解，但是中美之间的贸易摩擦还有待观察。

张明认为，拜登上台后将摈弃特朗普政府的单边主义外交姿态，重新拾回多边主义外交策略，重新充当全球领袖。此外，与特朗普相比，拜登对俄罗斯、土耳其的态度可能会更加强硬，对伊朗的态度可能会更加温和（重返伊朗核问题协议）。同时，与特朗普不断“退群”相比，拜登可能会重新“入群”，如重返《巴黎协定》谈判、重返 WHO、重返 TPP 与跨大西洋贸易与投资伙伴协议（Transatlantic Trade and Investment Partnership，TTIP）谈判等。并且会很快致力于修复与欧洲主要盟国的关系。

“中美经济贸易冲突未来会长期化和持续化，可能会有一些新的方式来演进，但是美欧之间的贸易冲突，未来可能会大概率放缓。”张明表示，拜登政府将会更加重视采取多边主义策略对中国施压，如联合欧洲、英国、日本、韩国、澳大利亚、新西兰等盟国，以及一些新兴市场大国，如印度，集体向中国施压。因此，从经济、外交方面中国未来面临的环境，实际上可能会更加的恶劣。

余淼杰认为，稳定外贸是新冠肺炎疫情缓和之后外拜登的重要政策任务。拜登将优先考虑美国和欧盟之间的贸易关系，是因为中美经济贸易关系已经达成第一阶段贸易协议。中美并不存在急于进行新一轮谈判的压力，但美欧之间目前压力更大，如果拜登暂时不考虑中美之间的贸易，那就意味着，美国依然对中国出口征收高关税，只不过按了一个暂停键，并不是停止键。因此，从这个角度来说，拜登上台后，短期中美贸易并没有明显改善。

“当然，如果等到 2021 年中美经济贸易合作更加顺畅的话，有可能会存在中美的第二阶段的贸易协议，当然从长期上来看，美国把中国定义成为战略竞争对手的基本方针是不会改变的。”余淼杰认为，在拜登任期的第一年，是中美经济贸易谈判的第二年，拜登任期的第二年，有可能出现新一轮的经济贸易谈判。因此，拜登在任期的前两年中，中美经济贸易关系应该是还是能够找到一个和解和共识。

陈凤英认为，欧洲与美国的贸易很有可能会达成一个 TTIP 的新版，中美的合作交流空间将会扩大，但是贸易战不可避免。

随着近期 RCEP 的成立，中国与欧盟很可能达成新的投资贸易协议。业内人士认为，加入 RCEP 虽不能完全抵消中美贸易摩擦对中国的负面影响，但减缓作用明显。

而随着中国与周边国家的贸易往来将进一步紧密，中国在亚太地区的影响力也会被大大强化，这在一定程度上也破坏了美国遏制中国的计划。

重塑美国税收政策加强科技企业监管

当前，美国收入不平等问题处于 50 多年来最严重的时期，自由派为此正推动对富豪加税。据悉，拜登曾表示，将要重塑美国的税收政策，进一步缩小深深困扰美国人的贫富差距问题。

美国联邦预算问责委员会在 7 月 30 日就拜登的税收政策发表了一篇分析报告。该报告评论认为：拜登的税收计划将在未来十年内大幅增加美国联邦政府的税收收入。新的税收增加几乎完全由高收入的家庭承担，并且可能会适度减缓经济增长的步伐（缩减 0.2%～1.5%）。

在推进加税计划这一问题上，宋国友表示，推进加税计划是拜登的承诺，同时也是民主党相较共和党一贯的理念，即用高税收来增加政府收入，同时来补贴穷人或是发放福利。因此，拜登执政之后，应该会推行这样一种增税措施，至于能不能取得成果，或者能不能完全增税，还要看共和党控制的参议院的意愿。

“在上任初期，拜登未必会很快地推进加税的计划，过高的税率会影响经济增长，但是适当的税率可以提高中低阶层的收入，这对经济增长是有利的。”张明表示。

余淼杰认为，高税率并不见得就会损害经济，也不一定会带来高的财政收入，这取决于美国的劳动力供给曲线的敏感度。换言之，只有税率达到最优税率时，才能够缩小贫富差距，降低社会矛盾，促进经济发展。

陈凤英直言，美国的问题是结构性问题，贫富差距的问题即便给拜登 8 年时间也是解决不了的。除非有次革命，但这样的革命在美国似乎也不太可能发生。

近期，脸书、推特、谷歌三大科技巨头屡屡因隐私和内容监管问题受到国会质询。特朗普在任时一直呼吁加强对科技企业的监管力度。此外，欧盟正持续加大对大型科技企业的监管力度。拜登会选择加强管制科技企业吗?

张明认为，针对这种高科技巨头的垄断，如在数据方面的垄断，实际上其实全球范围内可能未来都会加强监管，在这方面欧洲国家走在前列，中国可能也会很快跟进，但无论是共和党还是民主党上台，最后可能都会出台对高科技互联网巨头更加严格的监管措施，这是大势所趋。

宋国友指出，对高科技企业的调查，在民主党控制的众议院时，就已经开展得较多，因此，拜登上台之后应该还会在这方面有所加强。

余淼杰认为，拜登也会更好地执行美国的反垄断法，防止企业过于庞大，出现垄断的情形。

原载于《欧洲时报》 2020 年 11 月 30 日 记者 陈婧

耶伦若任美财长，美中贸易战会终止吗？

美国当选总统拜登当地时间 11 月 30 日提名美国联邦储备委员会前主席珍妮特·耶伦为财政部部长。耶伦一贯反对特朗普政府的关税政策，她若上任，美中贸易战会偃旗息鼓吗？研究中美贸易的学者认为，相信未来 1 年，中美经济贸易不会再起新战端，但现有征税未必会很快取消。

时年 74 岁的耶伦在美国经济政策界颇具声望。如果拜登的提名获参议院批准，耶伦将成为美国历史上首位女财长。她也曾于 2014～2018 年担任美联储主席，是担任该职的首位女性。耶伦还曾在克林顿政府时期担任白宫经济顾问委员会主席，在布什政府时期出任旧金山联邦储备银行行长。耶伦有望成为美国历史上首位执掌过白宫经济顾问委员会、中国人民银行、财政部这三大经济决策机构的人。

此外，耶伦还有着深厚的学术背景。这些使得美国两党普遍较认可她的专业性，分析人士认为，这一提名会较轻松地在参院通过。

市场分析人士还将耶伦称作“市场的朋友”，认为她的政策主张正统、可预测、温和，能给市场带来“稳定因素”，包括她已表示有意通过扩大财政支出来刺激经济。

分析人士还指出，耶伦若上任，就将站在中美角力，特别是贸易战的最前线，其经济政策将对美中经济贸易关系产生深远影响。耶伦一贯对特朗普政府的关税政策持批评立场，她曾多次表示，现任总统特朗普对中国进口货品加征关税毫无益处，这些关税实际由美国消费者和企业买单，伤害美国经济。有分析指出，正是因为她和特朗普的经济观念相左，导致她 2018 年初离开美联储。

耶伦若上任，中美贸易战会终止吗？北京大学国家发展研究院余淼杰 12 月 1 日在接受香港中国通讯社记者采访时指出："相信耶伦就任后，短期内不会废除美国目前对 3700 亿美元中国产品的征税。所谓'不打贸易战'，应该只是不再加征新关税。相信中美贸易战在第一阶段贸易协议结束前，不会转差，相信 2021 年不会再起新战端。"

余淼杰续指："2021 年之后，若第一阶段贸易协议执行良好，我判断中美有望重新谈判，讨论第二阶段贸易协议。"

此外，美国知名智库彼得森国际经济研究所的贸易专家哈夫鲍尔预计，耶伦会主张美国重新加入 CPTPP，将其作为美中竞争的一部分。同时，哈夫鲍尔预计耶伦会反对进一步针对中国施加金融限制，并会支持开放经济和全球化。

余淼杰也认为："耶伦对开放经济总体抱着较为积极、正面的态度，我的判断是：第一，耶伦势必支持美国重返 CPTPP，并在其中扮演重要角色，强调在亚太地区的经济贸易合作；第二，耶伦也会继续加强区域经济合作，继续推动北美自由贸易协议（North American Free Trade Agreement，NAFTA）。"

特朗普任内曾对华施加金融制裁，如他上月签署《应对为中国军事企业提供融资的证券投资威胁行政令》，禁止美方企业、机构、个人对相关中企提供融资支持等，此前他还曾禁止金融机构为与《香港国安法》有关的制裁对象提供服务等。

耶伦会如何处理对华制裁问题？余淼杰认为："相信耶伦短期内还会继续实施这些制裁，不见得会很快撤销，但也不会扩大。"对于特朗普任内一度认定中国为"汇率操纵国"，余淼杰指出，耶伦对此一直持反对态度，因为查无实据，相信她就任财长后，也不会有类似动作。而且人民币过去半年受市场影响，快速升值，也不存在将中国定为"汇率操纵国"的事实基础。

原载于 香港中国通讯社 2020 年 12 月 2 日 记者 陈卓仪

华裔美国人凯瑟琳·戴或任美贸易代表，美对华贸易会更强硬吗？

据多家美国媒体披露，美国当选总统拜登预计提名众议院筹款委员会首席贸易法律顾问、华裔美国人凯瑟琳·戴（Katherine Tai），担任美国贸易代表。由于凯瑟琳·戴主张以强硬和具有策略性的方式对抗中国，引发舆论关注，拜登政府是否会对中国采取进攻性贸易政策。

美中贸易全国委员会官网数据显示，凯瑟琳·戴出生于美国，毕业于耶鲁大学和哈佛法学院，曾在华盛顿多家律师事务所的国际贸易部门工作。如果提名获通过，戴将成为首个担任该职务的有色族裔女性，并将开始在中美经济贸易磋商中扮演重要角色。

据美媒报道，凯瑟琳·戴对中国事务十分熟悉，她曾在前总统奥巴马执政期间，作为中国贸易政策专家，负责监督中国的贸易执法，并曾在 WTO 成功起诉了几起有关中国贸易的案件。她能说流利的中文，曾在 1996～1998 年期间，代表耶鲁大学来到中国，在广州的中山大学教授英语。凯瑟琳·戴还具有成熟的外交技巧。

在中美贸易方面，凯瑟琳·戴曾表示，需要以强硬和具有策略性的方式对抗中国。她曾在 2020 年 8 月的一次会议上称，现任总统特朗普对华的关税政策“主要是防御性的”，一个好的贸易政策也必须包含进攻性内容。她还曾提出，美国可以利用补贴和激励措施来摆脱对中国进口商品的“过度依赖”，美国和盟友可加强贸易，达成购买协议，即便付出更高成本也在所不惜。

美国有线电视新闻网（Cable News Network，CNN）称，拜登这项提名，是在向外界发出一个明确信号：他正在切实履行竞选活动中关于应对中国贸易规则的承诺，将迅速着手处理悬而未决的贸易问题。拜登曾在竞选时承诺，将与美国的盟国一道，严厉打击中国的贸易政策，他近日表示，上任后不会立即取消《中美第一阶段经贸协议》，也不会调整任何现行关税，首要目标是让盟友站在同一阵线。

拜登为何做出这一选择？北京大学国家发展研究院余淼杰 10 日在接受香港中国通讯社记者采访时分析指：“拜登选择深谙中国文化，且具备外贸专业知识及丰富贸易谈判经验的凯瑟琳·戴担任美国贸易代表，足见拜登团队对对华经济贸易关系的高度重视，会将其作为美国国际贸易的重点。”

拜登与特朗普的对华贸易政策将有什么不同？会包含更多进攻性内容吗？余淼杰指出：“我认为不能简单用所谓‘进攻性’‘防御性’政策，来描述拜登与特朗普的对华贸易政策。因为事实上，特朗普的对华经济贸易政策已经包含许多进攻的成分。”

余淼杰认为：“短期内，拜登的贸易政策将延续特朗普的政策。换言之，他不会马上废除目前对 3700 亿美元中国产品的征税，同时将继续推动第一阶段贸易协议的主要内容落地。另外，相信拜登希望和中国相向而行，在 2021 年底签署第二阶段贸易协议。”

拜登一上任，就将面临“中美第二阶段经贸协议”的谈判。若美国国会通过所有任命，第二轮贸易谈判将由耶伦和凯瑟琳·戴这一组合进行，谈判过程会较第一轮更顺利还是更艰难？

余淼杰分析指：“耶伦类似于现任财政部部长姆努钦，相对较为公允、温和，也希望中美经济贸易关系能相向而行。这一新组合有一个特点——专业水平特别高，耶伦是著名经济学家，凯瑟琳·戴也有着长期的经济贸易谈判经验。因而，我对中美达成第二阶段贸易协议感到乐观。”

原载于 香港中国通讯社 2020 年 12 月 11 日 记者 张婕舒

拜登急推1.9万亿新冠肺炎疫情救助计划，对世界经济是喜是忧？

美国总统拜登上任不到1周，已迫不及待推动1.9万亿美元新冠肺炎疫情救助方案。这一重磅计划能否在国会闯关成功？有学者认为，成功可能性较大，这项计划有助美国纾困，但对世界经济未必是好消息。

综合媒体报道，拜登政府当地时间24日与民主党和共和党议员针对总额1.9万亿美元新冠肺炎纾困方案达成共识，该方案中最重要的优先事项应是疫苗生产和有效分发。

拜登的高级经济助手、白宫国家经济委员会主任布莱恩·迪斯(Brian Deese)当日表示，通过1.9万亿美元新纾困计划是“刻不容缓的”，因为美国民众急需援助。白宫发言人卡琳·让-皮埃尔(Karine Jean-Pierre)也表示：“我们不能等了，华盛顿先前的僵局不应持续下去。”

尽管国会此前已授权4万亿美元的新冠肺炎疫情应对举措，但由于美国新冠肺炎疫情仍然肆虐，感染数字屡创新高，白宫认为，还需1.9万亿美元来负担抗疫费用，并为家庭增加失业救济和提供补贴。

这项计划最早是由拜登在1月14日上任前夕提出的，他提出救助、复苏“两步走”计划，计划中约4000亿美元将用于抗击新冠肺炎疫情，约1万亿美元将为受新冠肺炎疫情冲击的美国家庭经济纾困，约4400亿美元为在新冠肺炎疫情中挣扎的小企业、州和地方政府等提供援助。此外，他计划通过投资基础设施、清洁能源、研发创新等，推动经济复苏。

有分析指，尽管拜登所在的民主党在参众两院都占据微弱多数，但该项立法可能需要两党支持，才能清除程序性障碍，在参院过关。而一些共和党人已对救助方案的规模表现出抵触态度，他们很可能反对继续累积数万亿债务。连拜登也承认，他的计划“来得并不便宜”。

国会可能通过拜登的这项计划吗？同济大学国际与公共事务研究院院长夏立平25日在接受香港中国通讯社记者采访时指出：“这一计划对拜登政府非常重要，有助他在上台初期稳定民心、争取民众支持。若上台后第一项重大举措就遭遇失败，会大大影响拜登政府的公信力。因而拜登必须全力推动国会通过该计划。相信民主党在参众两院都掌握多数，要通过应该没有问题。”

路透社近日对100多位分析师的调查显示，多数人认为，拜登的一揽子财政计划将大幅提振遭受新冠肺炎疫情蹂躏的经济，他们预计美国经济将在1年内恢复到新冠肺炎疫情暴发前的规模。

北京大学国家发展研究院余淼杰同日向香港中国通讯社指出：“这项刺激计划确实可以帮助美国纾困，大大帮助美国从新冠肺炎疫情中走出来。如果美国2020年能走出困境，2021年或许可以回到正常的经济水平，即保持2%左右的经济增速；而若美国2020年新冠肺炎疫情更加恶化，2020年要保持2%经济增速，哪怕有1.9万亿美元的支持也不太现实。因而，这项刺激计划对经济的提升作用相对温和，并更偏向长期。”

不过分析也指，这一计划对于全球金融市场可能意味着巨大的风险。知名经济学家、香港大学亚洲环球研究所所长陈志武此前表示，一些国家无节制的量化宽松政策和财政救济政策将使得贫富差距更加显著，从而使全世界在未来5～10年内的地缘政治和国际秩序陷入溷乱的压力大大增加。

余淼杰也指出：“第一，美国不断实行量化宽松政策，实际上就是掠夺外国投资者的财富，令其手中财富不断缩水；第二，量化宽松本身也会令美国贫富差距更为悬殊；第三，量化宽松也会导致物价上升，造成较明显的通货膨胀。”

余淼杰续指：“对于全球经济而言，美国量化宽松无疑会令美元贬值，从而令人民币、欧元、日元等货币相对升值，削弱其他国家产品的出口竞争力。这也会对这些国家，尤其是贸易顺差国的国内经济产生较明显的影响。”

原载于 香港中国通讯社 2021 年 1 月 25 日 记者 张婕舒

拜登政府维持对华关税旨在赢得谈判筹码

美国财政部部长耶伦于 2021 年 2 月 18 日表示，目前会继续保留前任特朗普政府针对中国商品加征的关税，但强调会彻底进行审查，再最终决定去留。中国专家指，拜登政府坚持保留对华关税，目的是为下轮贸易谈判累积筹码。预计中美有望在 2021 年底前达成第二阶段贸易协议。

耶伦 18 日在接受采访时表示："目前，我们保留了特朗普政府设定的关税水平，我们将在全面评估后，决定合适的关税水平。"在被问到关税措施是否有效时，报道形容，耶伦"有些犹豫"，表示"我们将进行评估"。

白宫在 2021 年 1 月曾表示，将审查所有前总统特朗普设置的国家安全措施，包括与中国签署的临时贸易协议。

耶伦的表态，实际上是贯彻了拜登的竞选承诺。拜登 2020 年 12 月当选后，在接受《纽约时报》访问时表示，他将保留与中国的第一阶段贸易协议，对关税也不会立即采取任何行动，同时将与关键盟友磋商，就美国对华政策进行全面评估。拜登当时还表示，美国需要重新赢得在对华谈判中可以使用的筹码，"在我看来，我们还没有筹码"。

对此，中国外交部发言人华春莹 19 日在记者会上回应指，中美经济贸易关系的本质是互利共赢，贸易战没有赢家，这已经为大量的事实所证明。中方希望美方倾听工商企业界和国内外有识之士的呼声，纠正有关的错误做法，同中方一道加强对话沟通，在相互尊重、平等互利的基础上，扩大经济贸易合作，妥处经济贸易分歧，推动中美经济贸易关系健康稳定发展。

事实上，特朗普的对华关税政策对美国影响深远。此前就有美国专家估计，美国发起的破坏性的对华贸易战，最多时导致美国 24.5 万个工作机会流失。既然贸易战损人不利己，拜登政府为何至今仍坚持保留对华关税？是为了谈判筹码吗？

北京大学国家发展研究院余淼杰在接受香港中国通讯社记者采访时分析指："拜登政府之所以保留关税，的确是想将之作为 2021 年第二轮贸易谈判的筹码。因为尽管美国官员和学术界都有共识，贸易战的关税基本上 90%都会传递到美国消费者头上，但他们对此并不太在意。"

余淼杰阐述道："之所以不太在意，一是因为拜登政府和特朗普政府一样，都更在意产业的利益，虽然加征关税不利于广大消费者，但有利于美国相关产业界。二是由于价格的传递需要时间，普通老百姓可能不会直接将价格上涨归因于贸易战。"

耶伦的前任姆努钦将大部分时间用在处理与中国的贸易冲突上。面对中国，耶伦也仍保留了批评口吻，特别是在知识产权、技术转让等问题上。两任财政部部长是否也展现出两届政府的差异？拜登政府的贸易政策对中国将更有利还是更不利？

余淼杰认为："耶伦的工作方式和姿态，和姆努钦较为接近，都属于'鹰派中的鸽派'，手段较为柔软，但核心还是维护美国的利益。拜登政府对中美贸易的态度，和特朗普政府也没有根本差别，也是想尽量减少贸易逆差。虽然认知是一样的，但两届政府在解决方案上可能有所不同。目前看，拜登政府还是希望累积筹码，和中国达成第二阶段贸易协议，而不是像特朗普一样，有着再打贸易战的打算。"

余淼杰续指："从这个角度讲，我认为中美两国 2021 年有望在经济贸易领域相向而行，年底前达成第二阶段贸易协议。"

原载于 香港中国通讯社 2021 年 2 月 20 日 记者 陈卓仪